Last Child in the Woods

Saving Our Children from Nature Deficit Disorder

失去山林的孩子

修復身心靈、擺脫網路成癮4.0版

Richard Louv
理查・洛夫——著
郝冰、王西敏——譯

推薦序

孩子沒得選擇，有選擇權的是我們大人

文／周儒

很高興看到《失去山林的孩子》這本書中譯本的上市，雖然比原文初版慢了四年。對關心自然、關心教育、關心兒童發展及環境教育的大眾，這真是一本淺顯易懂又分析透徹、見解精闢的好書。

本書在美國一上市即獲得媒體、學術界、環境教育界、學校、家長、政治人物們的重視與關心。本書一開始從兒童與年輕人為何需要與自然共處，接下來描述為什麼他們不再親近自然，因而產生了身心方面的問題與缺失。最後提到我們需要共同來響應聯繫兒童與自然的運動，重新來面對並解決這些問題與裂痕。

原著甚至非常成功地引領風潮，激發出幾千萬美國人參與連署，敦促美國國會通過「讓兒童走向戶外」的立法運動，這本書的威力可見一斑。

我真的很高興這麼有影響力的書終於也到了台灣！我甚至夢想著本書的出現（對我來說，做夢本身也是一種享受），也能夠加速推動台灣緩慢的環境教育法的立法工作！

此刻，我的回憶已經飄到二〇〇六年的九月初，美國西雅圖的一間書店裡。

當時本書早已轟動美國一年多了。那次的美國之行，其實也與這本書的內容和關懷不謀而合。那時，我正與一群熱愛台灣山林保育與環境教育，想要共同開創台灣林務局自然中心的夥伴們，花了十來天走訪華盛頓州多處優質的自然中心與環境學習中心，來進行學習。當天晚餐前，我終於抽空在書店買到了這本久仰大名的書。當時我們這群夥伴對於如何幫助台灣的孩子離開電腦、電視，走入森林去體驗大自然的美好，以及從森林中的學習、體驗與探索中，建構可能影響孩子們未來一輩子的重要生命經驗，有著莫名的熱情與盼望。

很欣慰的，三年來，林務局真的逐步發展建構出了八處自然教育中心，幫助孩子們在森林學堂中，快樂學習！而這本我當時就急切著盼望有更多國人也能夠讀到的好書譯本，也終於在台問世。我很期盼有更多台灣的父母、教育工作者、行政人員、民意代表能夠有機會看到這本書。因為這本眾所矚目的書裡所提到的問題，台灣竟也如出一轍！

本書中提到上一代的童年是在自然中度過的，現今兒童卻是每天面對電視、電腦的虛擬世界。人們從有親近自然的特性（biophilia）逐步轉向至擁抱與親近影像（包含電視、影片、電腦及網路等）的特性（videophilia），在在嚴重影響兒童身心的正常發展。而我覺得台灣的實際情況更是慘烈，學生課業的壓力更大。課後的時間不是交給安親班即是補習班，零星的空檔都留給電視與電腦，這已經是全民運動了！與自然愉 接觸的經驗，對許多兒童來說已是奢侈的享受，不只身體健康狀況大不如前，心理的健康更是堪慮。我很期望大家能藉由此書的內容與啟示，一起來省思台灣的孩子，究竟該有什麼樣的成長經驗。一起來省思當我們把孩子當成小超人一般培養時，他們的未來將會是甚麼？而長久下去台灣的環境未來又將如何？

《失去山林的孩子》書中許多例子都頗有警醒作用。握有決定權與選擇權大人的我們，是不是該深呼吸一下喊個暫停！我們真的要讓下一代生活在與自然疏離的環境中嗎？忘卻了蟲鳴鳥叫的聲音、忘卻了倘徉在藍天白雲下的滋味？自然的美、自然的奇特不是在書中、光碟片中、電視影片中，更不是在網路的虛擬世界裡。唯有你願意讓孩子們真正親身靠近她、接觸她，所有奧秘的寶盒，都將逐步地為他們打開。

關鍵，就在我們大人自己！我常想台灣下個世代的環境與社會的永續，如果要仰賴於這個和自然與環境隔閡的世代，將是何等的虛無與飄渺。而我們每一個大人，都有不可逃避的責任。孩子是沒得選擇的，有選擇權的是我們大人，是我們該反省了！

（本文作者為台灣師範大學永續管理與環境教育研究所退休教授）

推薦序

讓孩子在自然中快樂學習

文／林耀國

我接觸過許多在城市中長大的孩子，他們普遍都反映：「在自然中活動既無聊且充滿危險。」孩子之所以會這麼認為，除了活動引導者在活動設計上需要不斷自我覺察與改變外，部分原因是長久在都市水泥圍牆的層層隔離下，已導致他們逐漸喪失與自然連結的本能，不知道如何在充滿驚奇的自然中找到樂趣，而寧願將自己鎖在冷氣房，從冰冷的螢幕框框裡尋求虛擬世界的自信與滿足。

還有部分原因則是來自媒體的過度渲染，很多視頻節目不斷在暗示中自然環境所潛藏的危險，似乎把自然描繪成危機四伏的戰場，固然對許多野生動物而言，弱肉強食的生存競爭與壓力未曾稍減，但這也是生物鏈中很自然的現象。以人類位居生物鏈頂端的位階，幾無天敵，所謂的危險生物均非以人類為掠食對象，會發生攻擊行為，充其量只是自我保護的一種機制罷了，只要不做出莽撞侵犯的舉動，通常彼此皆能相安無事。

父母的不安全感也會帶來深遠的影響。我曾經帶領一群孩子到野地，在一處綠草如茵的草原休息，我脫下鞋子，也請孩子打赤腳跟我到草原追逐玩耍，其中有個孩子不願意脫鞋，我問他原因，他說：「媽媽告訴我，野外會有玻璃碎片、釘子、尖銳的石頭和紅火蟻，不准打赤腳，否則你會受傷。」當時我浮現一種無奈的感覺：「孩子真是讓大人給嚇大的……」因為家長自身的不安全感也同時侷限了子女探索世界的範圍。我們一方面埋怨這個世代的孩子過於依賴父母，缺乏獨立自主的精神，卻又不願鬆手，讓他們在未知的環境中闖蕩、體驗、學習，培養自我照顧的能力。

本書作者理查・洛夫建議在野外要鼓勵孩子去「注意」，教導他們如何克服恐懼，而不是「要小心」。我們在野外活動中，其實也從來沒有遇過任何生物讓我們感到恐懼，成人需要做的只是幫助孩子學習判斷，例如，在岩石上爬的時候，絕對不能將手伸進沒有檢查過的石縫中，只要對自然的運作多一點觀察和覺知，是可以很容易避開危險的。

我也頗認同書中所說：「給孩子們機會去體驗『控制中的冒險』。」當父母陪同子女在野外徒步旅行的時候，讓他們跑在前面，父母則故意落在後面，刻意保持在只能看見和聽見他們的距離，讓他們擁有足夠的自由深入自然探險，並從而建立自信。我兒子從小也經常陪著我到野地觀察，通常我會為了拍照而停留，兒子沒耐性就獨自忽前忽後地觀察他感到新鮮的事物，但總會保持在可以看見我的距離，那是孩子為自己劃設的安全距離，我根本無需擔心。直到他發現新奇的生物時才會呼喚我，但我並不想教導他太多知識，而是引導他透過觀察去思索：「這真是好美的蟲子！你為何會欣賞牠？牠的獨特之處是什麼？牠為何會出現在這裡？牠究竟在做什麼？周圍還有什麼生物與牠的出現有關？……」孩子發現自然的喜悅是必須被肯定的，因為那是發展探索觸角的原始動力。

理查．洛夫是美國知名的青少年發展議題研究者，對於這個世代的年輕人身心靈狀態和外顯行為都有很獨到的洞察，同時基於對自然的熱愛與關懷，為重建人類與自然環境的連結，書中也提供了許多精闢的解析和深富價值的解決方案，絕對值得為人父母、教育工作者和關心孩子與整個社會未來趨勢的人細細品讀。

（本文作者為荒野保護協會第五屆理事長）

推薦序

請回歸愛自然的天性

文／陳藹玲

近二十年前，我們開始成立基金會的同時，為了更了解服務的對象——青少年，特別做了一項全省大規模的調查。發現孩子們的價值觀也好、生活模式也好，和他們的父母那一代大相逕庭，除了深受同儕相互間的影響，社會大環境的變遷亦有關係。這是拜科技之賜、文明進展，對所有人類造成的衝擊。特別是過去十年以來，在台灣我們觀察到，自報禁開放、有線電視普及開始，緊隨著電腦、手機等通訊科技的發展，年輕世代的思維方式不一樣了、生活型態不一樣了！這樣因為「資訊革命」帶來的巨大影響，致使年輕族群產生很大的「質變」的同時，許多後遺症實在非常值得大家關切。其中最嚴重的，應該是這本書提到的「大自然缺失症」。

書中指出，所謂大自然缺失症，是指人因為跟自然疏遠而產生的各種表現，甚至會改變城市人的思維和行為模式。自然對於人類的發展與健康到底有多少影響，近年來才有比較多的科學研究調查，但作者提出了一些相關資料幫助我們了解，例如二〇〇三年《精神病學服務》發表的調查，近五年美國兒童服用抗憂鬱劑的比例，學齡前兒童增加了六六％。二〇〇二在英國的一項研究顯示，八歲的孩子更認得皮卡丘、胖可丁，勝過甲蟲、獺等當地動植物。作者還提到，今天的孩子都活在第三邊疆中，大家都不知道肉是從哪裡來的；機器、人類、動物之間的界限愈來愈模糊；關於人類與其他動物的知識不斷增加；野生動物入侵城市；新的郊區形態的興起。

總之，這一整個世代的人都在「去自然化」，不僅英美如此，其他世界各地亦然。

無需數據證明，所有的師長父母都可以發現，現在的孩子愛待在室內遠勝過室外，「因為室外沒有插座！」當孩子們坐在電視、電腦前時，我們叫他們去玩，但是到哪兒玩呢？怎麼玩呢？室內的吸引力增加、室外的吸引力減少、戶外活動空間設計糟糕、安全考量等等因素，都使得這個自然缺失症的現象日益嚴重。

作者很用心地提出許多佐證，告訴大家親近大自然的好處，例如可以改善注意力不足過動症、兒童憂鬱症，也有助壓力管理、提升認知能力等等。我最贊同的還有他提到的一段：

愛德華．里德在《體驗的必要》一書中寫道，我們花了太多錢，付出太多努力，只是為了使一點點無關緊要的資訊能夠被世界上任何地方的任何人看到，然而我們對這個世界本身所做出的探索卻太少了，甚至沒有，這樣的社會是不對的。所謂基本體驗，就是自己去看、自己去聽，去聞、去感受、去嘗試。

在養育自己的四個子女，並投身關注年輕人二十年的此刻，我徹底贊同作者的看法並要大聲呼籲，自然可以安定人心，培養觀察力、創造力。父母家長們！跟隨你自己的本能吧！親自去體驗自然遠重要過學習知識。幫助自己也幫助孩子，從自然中得到最大的力量。

（本文作者為富邦文教基金會董事）

推薦序

親近自然，心會變軟；遠離山林，心會變硬

文／陳木城

離開三十年的教育工作，本來我想：終於可以好好為孩子寫作了。但是，有股神祕的力量強烈吸引著我。退休後，大部分時間我都在山林走動，拍攝天空的雲朵、調查水生植物。徜徉在大自然裡，我感到自在、幸福而滿足；如果能為土地做點事，心裡更有一種自我贖罪的感覺。

有許多機會，帶領孩子的自然體驗營，在大草原上，我要求孩子脫下鞋子和襪子，我希望孩子可以赤腳走在土地，這應該是個很平常的經驗。可是事情並沒那麼順利，孩子的反應是：草地乾淨嗎？會不會有蟲？我可以只拖鞋，不脫襪子嗎？我發現，現在的孩子都是穿著鞋長大的，從沒有赤腳的經驗。但如果孩子連一雙鞋都脫不下來，更遑論在闊葉雜林裡探索，在溪流河階上紮營露宿。

這樣一個在公寓裡、在電視前、在插座中、在商家林立城市長大的孩子，就難怪他們看來自信，其實自我自私；看來強壯，其實膽小懦弱；看來很有知識，其實非常狹隘無知。遠離自然山野的他們，不懂得在草原上學到開闊，在海浪衝擊岩石激起浪花飛濺的海邊，領悟大自然偉大的力量。閱讀這本《失去山林的孩子》，我深受震撼。尤其，我在生態農場工作，看到太多來自城市的孩子，書中揭示的「大自然缺失症」，的確存在，而且非常嚴重。

孩子的教養，真的不只有食物和知識，孩子需要在自然環境中學習感動、感念和感悟，不要把孩子關在屋子裡，讓他們走出戶外，沉浸在大自然，把他們的心變軟，變得溫柔而善良。

（本文作者為中華民國兒童文學學會第九屆理事長、台灣創意遊學協會榮譽理事長）

推薦序

重拾與大自然親近的機會

文明都市中的孩子，經常因為電腦、電玩、電視、課業占去生活、休閒的大部分時間，而失去了原有的童真、童趣，更失去與大自然親密互動的樂趣。人類原本就是大自然的一份子，在過度文明後，我們的下一代真的會失去體驗大自然的能力，以及在原野中求生的本能。而野人文化推薦給我們的這本書，可以讓我們與孩子們重拾與大自然親近的機會，並試著還原固有本能，這真是本值得推薦的好書！

林明瑞（台中教育大學環境教育及管理碩士班教授）

與自然共舞，讓孩子活出生活、熱愛生態、享受生命！

簡邑容（台北市南港國小第十四屆校長）

初版自序

幫助孩子與自然重修舊好

當我的兒子都還小的時候，有天晚上，十歲大的馬修隔著餐桌看著我，正經八百地問：「爸，為什麼你小的時候比較好玩？」

我問他這句話的意思。

「唔，因為你老是在講你的樹林和樹屋，還有你以前經常騎那匹馬到沼澤去的事。」

起先我以為他被我惹惱了，因為我不停在向他描述我小時候如何用碎豬肝和細線誘捕小溪裡的螯蝦，而那是這年頭的孩子不太會做的事。跟許多父母親一樣，我往往會把自己的童年浪漫化——而且，就如我所擔心的，小看了孩子們自己的遊戲與冒險經驗，但我的兒子是認真的，他感覺自己錯過了某個重要的東西。

他是對的，年紀跟我差不多大的美國人，無論是嬰兒潮世代或者年長的一輩，都曾經享受過一種自由、天然的玩樂方式，然而對於現今這個充斥著兒童呼叫器、即時通訊和任天堂遊戲的世代來說，這似乎是過時而落伍的玩意。

不到數十年的時間，孩子認識及體驗大自然的方式已經徹底改變，而且關係整個顛倒過來，現在的孩子雖然對於全球環境所面臨的威脅已經有所察覺，但他們跟大自然的肢體接觸和親密關係正在消逝之中，這跟我小時候的情形恰好相反。

當我還是個小男孩時，我並不曉得我那片樹林跟其他森林有著生態上的關連，一九五〇年代，沒有人會談論酸雨、臭氧層破洞或溫室效應這些問題，但我熟悉我的樹林和田野，我熟悉小溪的每個轉彎處以及泥巴路上的每個坑洞，我連作夢都會在樹林裡漫遊；現在的孩子或許能告訴你有關亞馬遜雨林的事，但卻說不出他們上一次獨自到樹林裡探險，或者閒躺在田野聆聽風聲、看著雲朵在空中飄過是什麼時候。

本書所探討的，就是下一代與自然逐漸疏離的現象，以及這股變化所帶來的環境、社會、心理及精神意涵，除此以外，很多揭露自然經驗對兒童及成人的健全發展有其必要性的研究報告，也會在書中闡釋。

除了對兒童投以特別的關注，我也把焦點放在過去二、三十年出生的這一代身上。我們跟自然界關係的轉變，已經到了令人震驚的地步，就連一般人認為以山林經驗為訴求的場合也不例外。不久之前，夏令營還是個讓人們露營、在林中健行、認識動植物、還有圍著營火說鬼故事或山獅奇譚的地方，但現在，很多「夏令營」都成了減重營或電腦營，對下一代的年輕人來說，大自然愈來愈抽象而不真實，而且慢慢成為某個純粹供人欣賞、消費、耗損還有忽視的東西，像前陣子就有個電視廣告，描述一輛四輪休旅車如何在美得令人屏息的山澗旁盡情奔馳，但鏡頭一轉，後座的兩個孩子卻盯著車用電視螢幕看電影，完全無視於窗外的山川美景。

一個世紀以前，歷史學家透納（Frederick Jackson Turner）宣告美國的邊疆已經消逝，從那時開始，他的論點就一直受到討論和爭辯，今天，另一條相似但更重要的邊疆正在被跨越。

我們的社會不斷教導年輕人避免跟大自然直接接觸，這種訊息不僅在學校、家庭，甚至在投身戶外活動的團體之間傳遞，並且被制定成許多社群必須遵守的法律和規範，我們的機關學校、都市／郊區規劃及文化觀，經常無意地把大自然跟劫難畫上等號，同時切斷野外跟喜悅及僻靜之間的關係；立意良善的公立學校、媒體和父母們，正有效地把孩子從樹林和田野中嚇跑；在不具優勢就被淘汰的高等教育環境裡，動物學這類偏重實驗操作的學科，讓步給偏重理論且報酬性較高的微生物學和基因工程學，從中我們看到了自然史的衰亡。科技的日新月異正在模糊人類、動物和機器之間的界線，把現實純粹看成一種概念的後現代觀點——我們設計什麼，就成為什麼——雖然透露了人類無窮的可能性，但隨著年輕人親近大自然的時間愈來愈少，他們生理與心理上的感受也愈來愈窄化，而這大幅縮減了人類經驗的豐富性。

然而，就在下一代跟自然界之間的連結陷入崩解之際，有愈來愈多的研究報告顯示，我們的心智、生理和靈性健康跟自然經驗之間存在著直接關係，而且是正向的關係。其中有些研究認為，透過周詳的安排，讓兒童跟大自然接觸，甚至可以有效治療注意力缺失過動症及其他疾病，如同一位科學家所假設的，現在我們可以做出假設，既然孩子有營養和睡眠的需求，或許他們也有跟大自然接觸的需求。

彌補這種缺失，亦即修補下一代跟大自然之間的斷裂關係，事關我們自身的利益，這不只是基於美學或正義上的要求，更因為它是我們心智、生理與靈性健康之所繫；地球的健康跟人類一樣岌岌可危，而年輕人回應大自然以及未來養育子女的方法，將會形塑出我們未來城市和家庭日常生活的架構及狀態，因此本書接下來的章節將會探索通往未來的另一條道路，它包括某些最創新的環境教育計畫、都市環境的再造與再規劃——某位理論家口中的下一波「動物園都市」、善加處理環保團體較為敏感的議題，以及透過信仰團體重新詮釋大自然對兒童靈性發展的重要性。在這些章節中，我們將看到來自全國各地的父母、子女、祖父母、老師、科學家、宗教領袖、環保人士和研究者提出自己的見解，他們不僅認出這股正在發生的轉變，有些人還勾勒出另一個未來，一個讓孩子重回大自然懷抱，自然界也受到更多重視和保護的未來。

在為本書進行研究的過程中，我深感振奮地發現，許多正值上大學這個年紀的年輕人，亦即在嚴重疏離自然環境下成長的第一代，已經擁有恰好足夠的自然體驗，可以直覺了解到他們正在錯過什麼，而那股渴望就是力量的源頭，這些年輕人想要對抗一種從現實到虛擬、從山林到科幻電影的急遽沉淪，他們不想成為失去山林的孩子。

我的兒子們或許會面臨作家麥奇本（Bill Mckibben）所謂「自然的終結」，一種無人能逃離那個國度的終極遺憾，但是他們仍然有另一個可能性——不是自然的終結，而是驚奇，甚至喜悅的重生。透納對美國邊疆的終止宣告只說對了一部分：一道邊疆確實已經逝去，但下一道緊接著出現，那就是美國人對大自然的緬懷、開拓、保護及破壞；如今，這道存在於家庭農場、小路盡頭的樹林、國家公園以及我們心中的疆域，不是正在消失，就是變得面目全非。

但，如同過去一樣，我們跟大自然之間的關係可以演化到另一個層次，因此本書不僅關於上一道邊疆的消逝，也關於下一道邊疆的再起——一種更和諧的與自然共存之道。

新版自序　一場運動如何成形，你又如何參與其中

一場將孩子重新帶回大自然懷抱的運動正在全國如火如荼進行中。

——《今日美國》，二〇〇六年十一月

就在二〇〇五年《失去山林的孩子》出版後不久，我無意間在一條通往密爾瓦基河的小徑上漫步，這條河流經威斯康辛州密爾瓦基市市區的河濱公園。我在路上碰到的人乍看之下似乎很尋常：有一群從城市裡來的高中生，身上穿著標準的嘻哈流行服裝，我以為會在他們眼中看到不屑的神色，那種眼神在目前的城市裡、郊區，甚至偏遠社區都極為常見，也就是很久以前D・H・勞倫斯所說「心裡認為自己無所不知」的漠然表情。但今天卻非如此。

當他們從泥濘河岸拋出釣線時，他們快樂地哈哈大笑，這條緩緩流動的棕色河流與公園四周的景物讓他們喜不自勝。我一面低頭躲過幾次他們甩到身後的釣線，一面穿過樹林來到城市生態保育中心，這是一棟兩層樓的建築，使用的是圓木與其他從廢棄建築物回收的材料。

這座公園建於十九世紀晚期，設計者歐姆斯德（Frederick Law Olmsted, 1822-1903），也是美國景觀建築的創始人，當時公園裡有周圍遍植樹木的山谷和瀑布，可以玩雪橇的山坡，以及供人溜冰、游泳、釣魚和划船的場所。但是到了一九七〇年代，為了興建運動場地而將整片公園夷平。河川的汙染使人望而卻步，公園的維護品質下降，一般家庭不再到公園來，取而代之的是暴力犯罪和毒品交易。公園成了敗壞的代名詞，而不是美麗。接著在一九九〇年代發生了一連串重要事件。他

們拆除了河上的攔水壩，讓天然的水流沖走汙染物。一位退休生物學家開始進行一個小型戶外教學計畫，後來演變成非營利性的城市生態保育中心，來自二十三個地區學校，超過一萬八千名學生每年都會到此一遊。

中心的主任萊恩巴哈（Ken Leinbach）以前在學校教授科學，他為我做了個導覽。我們爬上木塔的頂端，俯視整個公園。「過去五年來沒有發生過嚴重的暴力犯罪事件，」他這樣告訴我，「我們將環境教育視為城市新生的重要工具。」這個中心歡迎四周鄰近的孩子和家庭到訪，這樣他們就能以歡樂的心情去探索森林，開始和大自然產生聯繫，讓危險的記憶淡去。

在河濱公園，大自然不再是問題，而是解決問題的方法。

在這數十年間，環境教育人士、保育人士、自然主義者以及其他致力於這方面的人，經常在缺乏立法人員的適當支持下，勇敢帶著孩子接觸大自然。現在的一些趨勢，像是對人類身心健康、學習能力與環境衛生之間關係的重視；兒童過胖的問題；以及媒體開始注意到大自然缺失症這議題，都讓長久以來從事這方面工作的先驅所關切的問題，得以展現在更廣大的民眾面前。儘管有些人認為「運動」這個字眼言過其實，但我們的確覺得這似乎正切中要點。現在我們要面對的是最大的挑戰，也就是深入而持久的文化改變。

二〇〇六年，一群志同道合的人成立了一個非營利組織「兒童與自然網絡」（Children & Nature Network），目前由我擔任主席。這個組織主要是希望能追蹤和鼓勵這項行動。等你讀到這本書時，更多的活動和法案已然舉行或實施，不過到了二〇〇八年的春天，在美國、加拿大和其他國家，不論是在地方或中央的立法機構、保育團體、學校、財團法人和公民組織當中，我們都已經看到發展的腳步持續前進。

撰寫本文時，我們發現超過四十個地區已經舉辦或是組織了相關的活動，譬如辛辛那提、克里夫蘭、芝加哥、舊金山灣區、康乃狄克、佛羅里達、科羅拉多、加拿大英屬哥倫比亞等地所推動的「讓兒童走向戶外」活動。最重要的是，這些帶有明顯地方特色的活動都是在市民團體和商業社團的支持，以及政治和宗教領袖、不分自由派和保守派的聲援下獨立發起的。（關於如何舉辦地區活動的進一步訊息，請參考以下文章，或前往兒童和自然網絡的網站，網址是 www.childrenandnature.org/。）

幾乎全國每個層級都有人出面領導。二〇〇六年九月，國立保育訓練中心和保育基金會在西維吉尼亞的薛普爾城舉辦了全國兒童與自然研討會。共有來自全國各地超過三百五十位的領導人士與會，其中包括教育、醫療看護、戶外休閒活動、社區發展、都市計畫、環境保育和學術界各方面的專家學者。眼見社會大眾對國立和州立公園的使用率急遽下滑，國家公園管理處與全國州立公園管理人協會共同簽署了一項兒童與自然計畫方案。二〇〇七年，美國森林管理處發起一項「讓更多兒童探訪森林」的活動，他們贊助地方活動，讓孩子到戶外去。同年，新任的美國內政部長坎普松（Dirk Kempthorne）強烈要求下面三百位高階主管決定他們的部門能做什麼事，以扭轉社會大眾愈來愈少接觸大自然的趨勢。至少有十位州長，不管是民主黨或共和黨，都舉辦了州際性的研討會或活動，當中包括康乃狄克州率先實施的計畫，亦即第一個正式稱為「讓兒童走向戶外」的活動。該計畫用意在鼓勵家庭前往使用率不足的州立公園活動，影響所及，各州紛紛起而仿效。

在政策制訂方面，一些法案已獲通過。二〇〇七年三月，新墨西哥州的州議會批准了戶外教室議案，希望能藉此增加該州的戶外教學時間。接著在四月二十一日，也正是環保運動先驅繆爾（John Muir）的生日，華盛頓州州長貴格爾（Christine Gregoire）簽署了「讓兒童走向戶外」法案，內容是每年由政府撥款一百五十萬美元給戶外教學計畫，去幫助那些需要的孩童。在加州，類似的法案已經提出，主要用來協助問題兒童的長期戶外教學和休閒活動計畫。而在國家層級上，由參眾兩院提出的「讓兒童走向戶外」法案主要內容是將環保教育帶回課堂上，並間接讓更多年輕人走到戶外去。更多的法案計畫也正在進行中。

兒童和自然的隔絕在其他國家同樣引起很大的關注，像是荷蘭由政府贊助《失去山林的孩子》的翻譯工作，同時，保育團體和環境教育團體的領袖在農業部的配合之下發起了一項連署，要求議會支持主要的相關活動，減輕荷蘭國內大自然缺失症的問題。

在美國，非營利性保育團體領袖已加快了行動的腳步，因為他們看到團體內成員的流失，並且體認到創造未來年輕族群的重要性。二〇〇七年，由山巒俱樂部（Sierra Club，美國歷史最悠久、規模最大的保育團體）主辦的「築起通往戶外的橋樑」活動，吸引了超過一萬一千名年輕人進入大自然的世界，其中許多都是來自城市。其他保育團體也不遑多讓。美國國家野生生物基金會提倡「綠色時刻」運動，希望能說服父母鼓勵自己的孩子一天花一個小時待在戶外。美國奧杜邦協會主席弗利克（John Flicker）正四處奔走，希望能夠在全國每個國會選區裡興建一座以家庭為取向的自然中心。

另外，一些自然保育組織擴展了傳統上對於保育的定義。美國公共土地信託基金會逐漸強調孩子和大自然之間連繫的重要性，希望能夠確保現今保育的自然區域，到了未來世代手中仍然能夠繼續維護下去。保育基金會是另外一個以購買和保護土地為主旨的組織，他們也採取了行動。二〇〇七年，基金會的主席塞爾澤（Larry Selzer）創立了美國兒童與自然論壇，成員包括了州長、市長、內閣閣員、企業總裁和私部門的組織，目標是募集到二千萬美元去補助現有的計畫和擬定新的活動。

諸如此類的組織都體認到，身處在自然中的人類兒童也許就是自然未來存續的最重要指標。

就某方面來說，這項活動之所以如此風行草偃，是因為有組織團體作為推手，或是符合了經濟利益，不過有些更深入的影響仍持續在此。二〇〇六年，一個從事保育方面的市場調查團體「環保美國」，委託商業諮詢資訊公司SRI針對美國人的環保價值觀進行了全面的調查，涵蓋的層面包括健康、動物、全球暖化、賦稅等等。環保美國的主席波寇維茲（Robert Perkowitz）在報告中指出：「我們從這份深入的報告中可以發現，社會大眾對於大自然最共同的關切就是孩童對它的疏離。」在「未來世界學會」預測未來主要的七十多個全球主要發展當中，就把大自然缺失症列在第五位。

從這個幾近全球共通的訴求當中，這個問題似乎隱藏著更原始的動機。這個訴求也許跟哈佛大學教授愛德華・威爾森（Edward O. Wilson）提出的「親生命性」有關，這在《失去山林的孩子》書中曾經提及，也就是人類天性會自然受到大自然的吸引。從生物學的觀點來看，我們仍然是進行捕獵和採集的人，內心當中有某些東西是我們尚未完全明瞭的，需要和大自然接觸。可以確知的是，當人們談到兒童和大自然的隔絕問題時，如果這些人年紀夠大，仍然記得戶外活動是再平常不過的那個年代，他們幾乎免不了要說些童年時的事情：這間樹屋或是堡壘，那片特別的樹林或是水溝、小溪或草地。他們會回憶那些「啟發自己的地方」。用自然學家派爾（Robert Michael Pyle）的話來說，「那些地方也許讓他們一開始心生敬畏，接著他們會思考這個世界的寬廣，不管眼睛是否看得見。」

當人們分享這些故事時，他們在文化、政治和宗教上的藩籬就此崩解。在這些阻礙人們溝通的障礙消失時，不太可能成為夥伴的人都能融洽相處，意見想法就此源源不絕，這將使我們在面對牢不可破的社會問題時有更深入的解決方式。用心的土地開發業者已經注意到這個頗具潛力的新市場。例如，由克林伊斯威特（Clint Eastwood）發起，請加州一些最大的土地開發業者在卡梅爾市齊聚一堂，共同討論要如何設計、興建與宣傳未來能夠把孩童和大自然聯繫在一起的社區。這些房產業者所提出的意見包括：將一些土地和居住其中的原住民留在原地（這是個好的開始）；運用環保綠化的設計方針；將天然的步道和天然水道囊括其中；拋棄或減少那些不鼓勵或是禁止兒童在大自然中玩耍的傳統法則和限制，並且重新制定規則以鼓勵兒童；允許兒童興建堡壘、樹屋或植物園地；並且就地興建小型的自然中心。在這樣的討論當中，大家討論的議題很快就從規劃更多綠地，跳到重新發展城市和郊區日漸凋零的區域，讓這些地方成為符合環保概念的社區，而大自然將會是日常生活中不可或缺的一部分。事實上，這些房產業者，營造業者和住屋銷售公司，都願意用真切熱忱的態度去面對這個挑戰（至少和我碰面的那些人是如此）。他們所看見的是一個全新的，不同的未來。

兒童和自然結合的運動，也證明了這是面對其他根深柢固問題的最佳方法。例如，現今以考試為中心的教育方針的改革。以大自然為重點的學校對於教育有不同的看法，這樣的學校在全世界如雨後春筍般紛紛出現，像是密爾瓦基《前哨報》在二〇〇六年四月報導的舒立茲奧杜邦自然中心幼兒園。「在這裡，」一個三歲的孩子能夠分辨杉樹和楓樹的不同，儘管她沒辦法告訴你她今天穿的褲子是什麼顏色。而一個四歲的幼童能夠辨認松鼠和兔子的足跡有何差異，即使他還看不懂地圖上任何文字符號。幼童經由戶外的聲音、氣味和季節變化去學習。」該報導中還提到，從這類幼稚園引導孩童的成功經驗當中所獲得的靈感，使得愈來愈多的自然中心計畫增設幼稚園，這不僅是為了符合早期兒童教育的需求，更是為了「讓孩子從小培養對戶外活動的熱情」。

會和大自然接觸的兒童已經屬於瀕臨絕種，而兒童的健康和這個地球的健康同等重要，正是這樣的認知激起兒童與自然結合的運動。

美國疾病管制局國家環境衛生中心主任弗朗姆金（Howard Frumkin）最近談到大自然的體驗，對於健全的兒童發展以及健康的成人身心有哪些明顯的好處。「正如我們以保護水源和空氣作為保護公眾健康的策略，保護自然景觀也可以視為一種有效的預防性醫藥。」他如此表示。他相信未來關於自然對健康有何益處的研究應該配合建築師、都市計畫專家、公園設計師以及景觀建築師來進行。「也許我們會建議父母在鄉間待個幾天，花時間做點園藝，」他在二〇〇一年《美國預防醫學期刊》一篇文章中寫道，「或者我們以後會在風景優美的地點興建醫院，或是在復健中心設置植物花園。也許那些給付醫療照顧的機構將會願意補助這類的創新方式，特別是在這種方式在花費和效果上證實比傳統醫藥來得好的時候。」弗朗姆金接著說到目前的情形，「當然，我們需要學習的知識還有很多，例如哪一類的大自然接觸對健康最有益處、需要接觸多久、如何測量，還有哪一些人對此受益最大。不過，就我們現在所知道的已經足夠我們採取行動。」

不管是從保育、健康，到都市計畫和教育等任一方面來看，這項運動都將有正面的影響，其益處是顯而易見的。在適當的條件下，文化與政治將迅速產生變革。環保回收與反菸運動將顯示社會和政治的壓力如何在一個世代的時間內改變社會。兒童和自然相繫的行動也許有更大的潛力，因為它碰觸到我們內心更深層的事物，不管是生理或心理。來自各個不同宗教背景的領袖，已經挺身而出支持兒童和自然重新連結的活動。像這樣的領袖人物，明白所有精神生活都出自好奇心，而好奇心探索的第一扇窗就是大自然。

除了上面所說的這些，最重要的進展就是有愈來愈多獨立的家長和其他家庭成員決定採取行動，將大自然帶進他們的生活，並且加以維持。我們這項行動成功與否並不在於到底進行了多少活動或是通過了多少法案，而是這個行動所造成的文化變革影響層面有多廣，是否能讓每個家庭、每個學校、每個鄰里社區不假思索就做出這樣的決定。我們不知道這個剛起步的運動是否能持續十年，但是那些追隨這項運動的人，以及那些在數十年前就率先投身其中尋求改變的人，接收到的將不只是大自然的回應，還有一種希望的渴求。金恩（Martin Luther King Jr.）博士教導我們，任何社會運動的成功與否，取決於這個運動有沒有能力描繪出一個人們希望前往的世界。思考兒童對於大自然的需求能幫助我們開始描繪那個世界的景象，而那是我們必須去做的，因為不去描繪那幅景象所需付出的代價實在太高了。

二〇〇五年一月，我參加了一個叫做「魁維拉聯盟」的集會，那是個新墨西哥州的組織，主要是將畜牧業者和環保人士集合在一起尋求共通點。這個組織目前正在研討一個計畫，希望能將牧場變成新的校園。輪到我發言的時候，我告訴聽眾，當我還是個小男孩時，對於我家附近那片樹林的地主有多氣憤，我跑去拔掉一大堆開發公司用來測量土地的桿子，儘管這麼做沒什麼用，但是我希望讓那些運送泥土的卡車別開過來。演說過後，一個畜牧業者站起來，他穿著一雙嚴重磨損的靴子，身上的舊牛仔褲看不到刷洗的痕跡，只有泥土和砂石。他的臉上有著晒傷和皺紋，垂下來的鬍子已經灰白，而且戴著一副塑膠粗框的厚重眼鏡，上頭還沾著汗漬。「你知道嗎？你剛剛說的那個拔測量桿的故事？」他說，「我小時候也幹過一樣的事。」

大家全都笑了起來，我也跟著一起笑。

接著那個男人開始流下眼淚，儘管他覺得不好意思，他還是繼續說話，向大家描述他為什麼突然感到一陣哀傷，因為他也許是美國最後一代會對人們那樣使用土地和自然有所感觸的人。

這項運動的動力正是出於那樣的感觸，出於我們內心那個特殊的位置，出於推土機無法到達的那片森林。土地開發業者和環保人士、企業總裁和大學教授、搖滾明星和畜牧業者，也許彼此都能認同的事情不多，但是他們都會同意這一點：我們沒有一個人希望成為教導孩子戶外活動樂趣的最後一個世代。

理查・洛夫，二〇〇八年三月

目次

第二部：為什麼年輕人需要自然

第三部：最好的動機：為什麼強尼和珍妮不再出去玩了

第四部：自然與兒童的重逢

第一部
兒童與自然的新關係

廣闊、狂野、孤寂，這就是我們的母親，
自然，無處不在，如此優美，如此舐犢情深，
就像那美洲豹；但我們早早就斷了奶，
脫離她的懷抱進入社會，進入只有
人和人交往的文明。

——梭羅（Henry David Thoreau, 1817-1862）

第一章 自然的賀禮

每當看到樺樹枝往左或往右彎……
我總想，是小男孩把它「盪」彎了吧。

——佛羅斯特（Robert Frost, 1874-1963）

小時候，我們曾在內布拉斯加州的棉白楊樹林中穿行，在皇后區的屋頂上養鴿，在密蘇里州釣魚，駕著小船乘風破浪駛向遠方。我們與自然息息相關，直到今天，自然始終承載著我們的生命。

對孩子來說，自然的面貌是多樣的：初生的牛犢、寵物的出生與死亡、年代久遠的林中小路、蕁麻叢的小窩棚、荒地邊緣的神祕溼地。雖然面貌各異，但自然總能給孩子更為廣闊遼遠的天地，既不同於父母給予的親情世界，也不像電視那樣「偷走」孩子的時光，相反地，她能豐富孩子的心靈。對於生活在不幸家庭的孩子來說，自然像一塊白板，他們可以天馬行空、任意揮灑，以釋放內心的傷痛；全心全意地感知自然，能激發孩子的創造力。有時，孩子們會把生活中的迷惑告訴小樹林，讓小溪洗去他們的煩惱。有時，自然也會讓孩子感到恐懼，但敬畏其實自有深意。自然為孩子帶來一個遠離於成人世界之外的，充滿幻想、自由、隱密、寧靜的領地。

除了那些入世的實用價值外，從更深層面來看，自然把自己送給了孩子，為給予而給予，而非某種文化的反映，在這個層面，自然的神祕激發出人性。

如傑出的自然派詩人史耐德（Gary Snyder）所言，自然有兩種解釋，一是源於拉丁文的natura

和nasci，natura意為「誕生、構造、事物的起源」，nasci意為「將要誕生」。對自然的廣義理解涵蓋了整個物質世界的客體和表象，據此，機器是自然的一部分，有毒垃圾也是自然的一部分。我們對自然的另一種解釋是「戶外」，根據這個定義，人造的東西就不是自然的一部分，而是脫離於自然的。紐約的外表看上去不是那麼自然，但這個城市裡確實隱藏著野地，中央公園土壤中的有機物和布朗克斯區上空盤旋的禿鷹都是證明。因此，從廣義理解，城市也是自然的，就像機器是自然的一部分一樣，同時城市之內也還有自然。

研究兒童與自然關係時，需要多元地定義自然。對自然的定義既不能過於寬泛以至無所不包，也不能狹義到只講原始森林。史奈德引用了詩人彌爾頓（John Milton, 1608-1674）「甜蜜的野性」的說法，他說：「米爾頓『野性』一詞是原生系統中力量和豐饒的真實寫照：大海中成群的魚、綿延數公里的磷蝦群、離離原上草，無一不是『甜蜜的野性』，這些小小動植物的強大繁殖力使自然系統保持平衡。但是從另一方面來說，野性也意味著混亂、欲望、未知、禁忌之地，狂喜與迷亂之狀。但總之，自然都是充滿原始力量的，意味著教誨與挑戰。」當我們把自然視作給孩子的賀禮時，這第三種解釋的內涵更為豐富，也更有幫助。在本書中，一般提到「自然」，譬如蔓生的後院和崎嶇的山脊時，我指的是自然野性的多元和豐富，但最重要的是，自然正是我們對驚奇事物接受度的反射。

儘管我們通常不認為自己是自然的一部分，但人類其實具有「野性」。我對感覺的記憶，最早可追溯到在密蘇里州獨立市一個清冷的春天早晨。當時我大概只有三歲，坐在我祖母家那幢有些掉漆的維多利亞式房子後的一塊乾燥土地上。我爸爸在旁邊的花園裡幹活。他隨手把菸頭扔在地上，當時中西部地區的人都是隨手丟垃圾，或直接從車窗往外扔啤酒瓶、汽水罐、菸頭。火星隨風飄舞，乾草堆一下子就著火了。我至今仍記得火苗發出的聲音、菸的味道，爸爸追著田裡蔓延的火苗迅速地用腳將火踩熄時發出的聲音。

在那裡，我會在梨樹的周圍走來走去，地上有很多掉下來的果子，有時我會彎下腰湊近那些正在爛掉的梨，屏住呼吸小心避開那股發酵的氣味，再悄悄地呼出一口氣。有時我乾脆坐下來，一呼一吸，和爛梨子的味道捉迷藏。那些火苗和發酵的氣味啊……

我在郊區的樹林和農場裡常常一待就是幾個小時。那裡有桑橙樹，周圍長滿了荊棘，枝杈縱橫，有時候掉下來的果子比壘球還大，又臭又黏，我要小心地躲開荊棘和臭果子。但是在防風林裡可以爬樹，交錯的樹枝就像天然的梯子，我順著樹一直向上爬，十五、六十公尺高，比桑橙樹還要高。在高高的樹頂上，密蘇里州古老的山脈與正在擴張的郊區新興房屋屋頂也都盡收眼底。

我常常一個人去爬樹。玩得起勁時，我走到林子深處，脫掉衣服，想像自己就是吉卜林（Rudyard Kipling, 1865-1936）筆下的狼孩毛克利（Mowgli），光溜溜地在樹上爬。越爬越高，樹枝變得越細，風一吹，整個世界都搖搖晃晃的。抓著樹枝隨風擺盪，讓我又緊張又興奮。我感到自己在風中打轉，周圍的葉子像彈手指似地啪啪作響，風在耳邊呼呼發出聲響，夾雜著各種味道。風也把樹木的味道帶向了遠方。最後，感覺只有風在來來去去。

現在我早已過了爬樹的年紀，但是我覺得早年在樹林中遊蕩的經歷大大影響了我的一生。樹枝上的遠眺讓我的視野變得更寬廣，在樹枝上隨風搖擺讓我變得平靜、專注、敏銳，使我終生受益。

室內才有電源插座

我們這一代人在成長過程中，理所當然地把自然視為生命的禮物，我們覺得下一代人也會和我們一樣。但是時代變了，現代兒童的成長過程中存在一種現象，我稱之為「大自然缺失症」（nature-deficit disorder）。這不是一個醫學診斷，不過它提供了一個視角，幫助我們思考自然對於兒童成長以及所有人的影響。

我最早意識到這一變化，是在一九八〇年代後期，當時我在為《童年的未來》（*Childhood's Future*）做研究，那是本有關家庭生活新趨勢的書。我在全美的城市、郊區和鄉村等地訪談了近三千名兒童和家長。無論是在學校還是家中，人們都會不時談起孩子與自然的關係。我時常想起聖地牙哥一位四年級小學生保羅說的一句實話：「我喜歡在屋裡玩，因為那裡才有電源插座。」

我在許多教室裡聽過類似的話。對一些孩子來說，自然的確還能帶給他們驚奇；但對其他孩子來說，在自然中玩耍似乎有點……沒出息、古怪、搞笑、幼稚或危險，是電視上才看得到的。

「就只是看，」一位來自賓州史沃斯莫爾的母親告訴我說：「我們現在變成了坐在那裡一動也不動的社會。我小時候在底特律長大，那時候我們總是在自然裡玩，不出家門的孩子才是古怪的。當時也沒有大片的室外場地，但我們總在街上玩，在荒地上跳繩、打棒球或跳房子。長大之後我們也喜歡待在自然裡。」

另一位母親補充：「我們小時候還有一點不同：我們的父母也都在戶外活動，他們並沒有參加健康俱樂部，但經常待在室外與鄰居聊天。從健康狀況來看，現在的孩子是美國史上最糟糕的一代；他們的父母可能會出去慢跑，但是他們自己卻總是待在屋裡。」

來自全國的爸爸媽媽、爺爺奶奶、叔叔阿姨、老師和其他的成年人都不約而同道出了上述的顧慮，甚至在那些我以為會有不同看法的地區同樣如此。例如，我在堪薩斯州的歐弗蘭帕克市郊採訪一個中產階級社區，小時候我就住在附近。在過去幾十年，郊區不斷擴展，許多林地都消失了，不過還是有足夠的空間供人們於室外活動，但那裡的孩子們還會在戶外玩嗎？有天晚上，我找了一些家長來討論孩子的童年生活，問起他們這個問題，他們說：「很少。」雖然有幾位家長來自同一個街區，但是那天晚上，卻是他們第一次見面。

一位媽媽說：「在我的孩子們上小學三、四年級的時候，我們房子後面有一小塊荒地。有天孩子們抱怨說很無聊。我就說：『覺得無聊，是嗎？到外邊那塊荒地上玩，出去待兩個小時，找點好玩的。相信我吧，去試試，你們一定會覺得很好玩的。』孩子們將信將疑地出去了，很晚才回來。我問他們怎麼樣。孩子們說：『真是太好玩了。我們做夢也沒有想到會那麼有趣！』他們爬樹、東張西望、嬉笑打鬧、玩遊戲，就像我們小時候一樣。第二天，我說：『嗨，你們這些小傢伙又覺得無聊了，為什麼不出去玩呢？』孩子們回答道：『不想去了──我們已經去那裡玩過了。』他們不願意出去玩第二次。」

一位爸爸回應道：「我不確定我是否完全聽懂了妳的意思。但是我的女兒們喜歡滿月、美麗的落日或者花朵。她們喜歡樹木一年四季的變化和其他自然的東西。」

另一位母親搖搖頭，說：「確實，他們會注意一些小東西，但是他們心不在焉。」接著她告訴我們最近他們全家去科羅拉多滑雪的經歷。「那天天氣棒極了，四周很寧靜。孩子們順著山坡往下滑，但是他們居然帶著耳機聽音樂。他們不會單純欣賞自然的聲音，不會自己玩，總要帶點什麼東西才行。」

一位一直沒說話的父親開口了，他從小在農場裡長大。他說：「我小時候，人們都自然而然待在戶外。不論你朝哪邊走，都是自然景觀──田野、森林、小溪。可是現在不同了，歐弗蘭帕克變成了大城市。孩子們並沒失去什麼，因為他們從不曾有過。我們現在所討論的變化，正是我們這一代在自然中成長的人造成的。如今，自然已經不復存在。」

家長們沉默了。沒錯，曾經是曠野的地區正被開發為城市——但向窗外望去，我們還能看見樹林，自然還在這裡。它的範圍是減少了很多，但確實還在那裡。

第二天，我開車穿過堪薩斯州和密蘇里州邊境，去密蘇里州境內雷鎮的南森林小學，那裡是我的母校。我驚訝地發現，鞦韆仍然在發燙的瀝青地上吱吱嘎嘎地盪來盪去；走廊上還是那種閃亮亮的瓷磚；舊的小木板凳，排得歪歪扭扭地，上面用黑的、藍的、紅的墨水刻著學生的名字。

當老師們去召集二到五年級的學生，而我在一間教室裡等候時，我拿出錄音機，朝窗外望去，看到藍綠色的樹林輪廓，可能是針櫟、楓樹、棉白楊，也可能是山核桃或洋槐樹，樹的枝椏在春風裡輕輕晃動。當我還是個孩子的時候，我不知有多少次看著這些老樹發呆，做著我的白日夢。

隨後的一小時，我問起孩子與自然的關係，他們告訴了我妨礙他們去戶外一些的原因：沒時間、看電視、有壞人……但這些理由並不代表孩子們缺乏好奇心。其實，這些孩子們談到自然時，表現出來的是迷惑、疏離與渴望的複雜情感，還有偶爾出現的反抗。後來，我經常感受到這種反抗。

「我爸媽覺得樹林裡不安全，」一個男孩說，「他們總是擔心我，不讓我走遠。所以我就偷偷溜出去，不告訴他們我去哪。這讓他們很生氣。其實我就坐在樹後頭，或者躺在田野裡和小兔子玩。」

有個男孩說電腦比自然重要，因為會電腦才有工作。還有幾個說他們太忙了沒空出去。但有個穿著素色洋裝的五年級小女孩非常認真地告訴我，她長大後想當詩人。

「在樹林中，」她說，「我覺得我就好像在媽媽的鞋子裡般安心。」

她是那種不多見的小孩，喜歡一個人長時間在自然裡玩耍。在她看來，自然代表著美，是她的安全島。「外面是那麼寧靜，空氣也特別好聞。雖然也有汙染，但肯定不像城市裡的空氣那樣。對我而言，那是非常獨特的地方，」她說，「在那裡我覺得特別自由，那是自己的時間。有時候我生氣了就去那裡，感受著那種平靜，我很快就會好多了。我可以高高興興地回家，我媽媽甚至都不知道為什麼。」

然後她開始談她在樹林裡的祕密花園。

「我有一個祕密花園。那裡有一個大瀑布，旁邊還有一條小溪。我在那挖了個大坑洞，有時就帶個帳篷過去，或者一條毯子，然後我就躺在坑裡，看著上面的樹和天空。有時我就這麼睡著了。我覺得自由自在；那裡好像就是我的地盤，我做什麼都可以，也沒人會來煩我。我以前幾乎每天都去那裡。」

說到這裡，小詩人的臉漲紅了，聲音也變得低沉起來。

「後來他們就把樹都砍了，我生命的一部分也好像隨之死去了。」

隨著時間推移，我才多少了解那個更喜歡電源插座的男孩和失去了林間祕密花園的小詩人所共同呈現的複雜性。我也漸漸明白：家長、老師、大人、學校，還有文化本身，都在一方面對孩子們說著自然的可貴，但是另一方面，我們知行不一，我們的實際行動和傳遞的訊息都和我們的說法背道而馳。有的時候，我們甚至都不知道自己到底在說什麼。

但孩子可是聽得清清楚楚。

第二章　第三邊疆

邊疆消失了，隨著馬靴的鞋帶死去。

——蒙哥馬利（M. R. Montgomery，美國作家）

我書架上有一本書，是畢爾德（Daniel C. Beard, 1850-1941）於一九一五年所著的《棲身的棚屋》（*Shelters, Shacks and Shanties: And How to Build Them*）。畢爾德原是土木工程師，後來成了藝術家，作為「美國童子軍」的創始人之一而聞名於世。半個世紀以來，他創作了一系列關於戶外生活的繪本，《棲身的棚屋》是我最喜歡的一本，因為畢爾德用他的文字與墨水畫記錄了一個青年人對自然的體驗與對美國西部邊疆的憧憬。

若這本書在今天出版，人們一定會覺得它很離奇，甚至政治不正確。作品的主要訴求讀者是男孩子，書中宣稱凡是有自尊心的男孩都應該盡可能地砍更多樹，否則算不上享受自然。其實，這類書的價值在於反映了拓荒時代的特色，人類應該透過行動獲得直接的自然體驗，而不是旁觀。

畢爾德在書的前言中寫道：「年紀小的男孩可以搭建簡單的遮蔽所，大一點的男孩可以蓋更複雜的……如果小讀者有興趣，他們可以從搭小棚子開始，直到建造出圓木木屋，就算畢業了。在搭房子的過程中，孩子可以了解到人類發展的歷史：當我們的祖先在樹上生活、在冰河期的大地上赤足奔跑時，他們就開始為自己建造臨時棲身所。」接著，他圖文並茂地告訴男孩們如何蓋各式各樣的屋子，種類多達四十餘種，如一般樹屋、單斜式屋頂棚屋、簡易遮蔽棚、以樹皮覆蓋而成的圓錐形小屋、帳篷式的簡易木屋等等。在書中他教孩子如何搭造海狸毛氈小屋和茅草屋；他教孩子如何劈柴，如何蓋印地安木屋、高腳屋或木板屋；以及如何建造直立支柱結構的屋子、秘密閘門和地下堡壘，甚至很有趣的，在現代房屋裡建造隱密的小屋子。

現在的讀者一定會驚歎於蓋房子需要的各種手藝，其中某些設計可能帶來的危險也會讓人大吃一驚。以美國男孩原創的泥蓋木屋[1]或地下穴屋為例，畢爾德就提出嚴正的警告。他承認，在建造這類穴屋時，「隨時存在著因屋頂坍塌而悶死孩子的危險，但若搭建合宜，土木結構的小屋將非常安全，不會發生事故。」

我喜歡畢爾德的書，因為我喜歡那個時代和那些失傳的手藝。小時候，我也蓋過不少各式各樣的棚屋，譬如在玉米田建造的地下堡壘，和有著祕密入口的精緻樹屋，後者的視野，一路從拉爾斯頓街延伸過來，越過人們已知近郊的界限，而我彷彿正站在邊境上。

舊邊疆消失，新邊疆出現

過去的一個世紀裡，在文化上對全世界深具影響力的美式自然經驗，已從直接的功利主義，到浪漫的眷戀，再到電子時代的隔絕，美國人拓展的不只是一道邊疆，而是三道。現在的年輕人正在第三邊疆中成長，像畢爾德般，在未知的世界裡探險。

一八九三年，紀念哥倫布發現美洲四百周年的世界哥倫布博覽會在芝加哥舉行，第一邊疆的消逝及其重要性在會上首次被提出。期間，威斯康辛大學的歷史學家透納在美國歷史協會的年會上提出了他的「邊疆理論」（frontier thesis）。他指出，「未開發土地的存在、消失和美國西進運動」解釋了美國民族、歷史及性格的發展，並援引一八九〇年的人口普查資料，說明美國的邊疆正在消失，即「關閉中的邊疆」（closing of the frontier）。同年，人口普查的負責人宣布「自由土地」（free land，即墾荒者可以自由耕種的土地）時代結束。

當時人們並未意識到透納的理論將成為美國歷史上最重要的宣言之一。透納認為隨著邊疆的消失，每一代美國人都會回歸到最原始的狀態，這裡的「邊疆」，意指「野蠻與文明的交會點」。西部開發和邊疆傳統塑造了美國的民族精神：「與敏銳和好奇結合在一起的粗獷和力量；擅長實際事務而疏於理論、但有能力達到偉大目標的特性；不知休止的緊繃精力；主宰一切的個人主義；還有那種隨著自由而來的開朗活潑與勃勃生機。」透納將邊疆作為理解美國歷史與情感的關鍵點，很多歷史學家對此持異議，他們指出移民、工業革命、內戰等也都對美國文化的形成造成深遠的影響。後來，透納修正他的理論，以涵括一些與邊疆有相近影響力的事件，譬如一八九〇年代的石油熱潮。

從老羅斯福總統（Teddy Roosevelt, 1858-1919）到作家艾比（Edward Abbey, 1927-1989），美國人毫無例外地把視自己為邊疆開拓者。一九〇五年，在老羅斯福總統的就職典禮上，牛仔們騎著馬走過賓夕法尼亞大道，第七騎兵團、美國印第安人，包括一度飽嘗恐懼的格洛尼莫族（Geronimo），都參與了典禮。這次閱兵標誌著第二邊疆的開始，而這畫面早存在於人們心中的想像近一個世紀之久。你可以在畢爾德的圖文中找到第二邊疆，也可以在急遽減少、卻是為美國文化重要組

1 泥蓋木屋（hogan），為美國亞歷桑那州和新墨西哥州納瓦霍（Navajo）族印第安人的傳統建築。泥蓋木屋屬於往地面下挖掘的穴屋形式，為粗糙的圓形結構，沒有窗戶和隔間，通常用圓木和泥土構築。屋頂是用圓木疊成圓蓋的形狀，整個屋子都用泥土外敷，只在屋頂留一個排煙的圓孔。門向東朝著初升的太陽，通常掛著毛毯。

成部分的家庭農場中找到；二十世紀的前半葉，你在美國城市中迅速興起的城市公園裡也可找到第二邊疆的蹤影。第二邊疆的是郊區和荒野的時代，那時，男孩憧憬成為樵夫和童子軍，女孩則嚮往生活在大草原上的小屋，希望自己能建造出比男孩們更棒的堡壘。

如果說第一邊疆是被路易斯（Meriwether Lewis, 1774-1809）、克拉克（William Clark, 1770-1838）征服的，那麼第二邊疆則是被老羅斯福浪漫化的；如果說第一邊疆屬於真人版的克羅基[2]，那麼第二邊疆的高峰則因迪士尼版的克羅基而掀起；如果說第一邊疆是個奮鬥的年代，那麼第二邊疆則是盤點慶祝的年代。第三邊疆關於自然保護的新觀念，使美國人沉浸在已馴化和浪漫化的田野、溪流和樹林中。

透納根據一八九〇年人口普查結果、於一八九三年所提出的理論，在一九九三年得到了驗證。在透納與美國人口調查局宣布第一邊疆時代結束後的一百年，該局是年所發布的人口普查報告成為新的分界線：標誌著第二邊疆的死亡、第三邊疆的誕生。據《華盛頓郵報》（Washington Post）報導，那年是「國家大規模轉型的標誌」，聯邦政府終止了長久以來對農民人口的年度調查。農民數量大幅減少，從一九〇〇年占美國總人口的四〇%銳減到一九九〇年的一．九%，農民不再是人口調查的項目之一。一九九三年的人口普查報告與當年引發透納提出邊疆理論的報告同等重要，《華盛頓郵報》指出：「如果想從細瑣的表象來理解這個大規模的社會變革，年度人口報告終止就是其中的一項指標。」

這條新的分界線說明嬰兒潮一代（生於一九四六年至一九六四年間的美國人）可能是將土地、溪河視為精神家園的最後一代。四十歲以上的人，都很熟悉和親近郊區的土地與森林，也有親戚住在農莊裡；或者，二十世紀前半葉很多人伴隨著移居潮從鄉村搬到城市，但爺爺奶奶或年事已高的親戚還在農莊生活。然而對於今天的年輕人來說，他們與農莊之間家族和文化的聯繫正在消失，這正是第二邊疆終結的標誌。

今天的孩子生活在第三邊疆中。

第三邊疆的特徵

第三邊疆正以透納和畢爾德無法想像的方式，塑造美國當今新一代和未來年輕人對自然的看法。

雖然新的邊疆尚未完全形成，但至少有五種趨勢可以呈現其特性：公眾和個人都不知道食物從哪來；機器、人類、動物之間的界線愈來愈模糊；關於人類與動物間關係的知識不斷增加；野生動物入侵城市（竟然發生在城市郊區規畫專家把荒野人工化之後）；以及新的郊區形態的興起。第三邊疆的大部分特徵在所有科技發達國家都能找到，但在美國尤為突出。乍看之下，各個趨勢間在邏輯上似乎沒有明顯相關，但變革的時代通常是沒有邏輯可言的。

在第三邊疆時代，畢爾德塑造的大自然中浪漫的兒童形象，如同十九世紀參加圓桌會議的騎士一樣過時。英雄的形象不再和自然相關，第一邊疆的英雄人物克羅基，甚至第二邊疆時代迪士尼版的克羅基，都漸漸消失、被遺忘。穿鹿皮短衣和阿嬤洋裝的一代，正養育出全身上下都是穿洞、刺

2 克羅基（Davy Crockett, 1786-1836）：美國政治人物、邊疆拓荒者。他的父親因生活貧困，打發他到偏遠林區的農場當雇工。一八一三至一八一五年間參加克里克戰爭（Creek War），因此成名。一八二一年當選田納西州議會議員，往後到一八三五年間幾次當選美國眾議院議員。在他任職國會議員期間，經過報章雜誌的渲染，他對抗印第安人的傳奇迅速流傳開來。

青等都市時尚的新一代。

●對年輕人而言，食物來自金星，農作來自火星

我的朋友尼克．雷文（Nick Raven），家在新墨西哥州的盧納港。他做過農夫、木匠，後來在新墨西哥的監獄裡當老師。多年來我和尼克結伴釣魚，但我們非常不一樣。我曾經說他是不容置疑的「十九世紀父親」，而我則是一個困惑的「二十一世紀父親」。尼克認為魚應該是抓來吃的，我則認為更多時候應該把釣上來的魚放生。尼克認為暴力不可避免，苦難會在未來得到補償，作為父親，他必須讓孩子透過體驗艱苦生活來了解活著不容易；而我則覺得，作為父母，我要盡力保護我的兒子，讓他遠離世界殘忍野蠻的一面。

在《生命之網》（*The Web of Life*）一書中，我曾描寫尼克和他的孩子與動物和食物間的關係：

> 孩子小的時候，尼克一家還住在農莊裡，門前是髒亂的泥土路，峽谷裡散布著磚房，四周有棉白楊樹和辣椒。有一天，女兒回家發現自己最喜歡的山羊被剝了皮，掏了內臟，倒掛在屋簷下。那隻羊雖然不是寵物，但牠每天跟著尼克的女兒四處逛。當時，尼克家的鞋子不夠穿，吃的肉也都是尼克屠宰或打獵而來，所以尼克殺了山羊，但對他女兒而言，實在是太可怕了。
>
> 尼克堅持他不後悔，不過他還是會提起這事。他說，她是受到了傷害，但從那一刻起，她一輩子都懂得肉是從哪來的，肉不是從塑膠袋裡長出來的。我和尼克不同，我可不想讓我的孩子和尼克的女兒有同樣的經歷。

大多數人都知道食物獲取過程中有其殘忍的一面，但其實對大部分的年輕人來說，也沒什麼可供參考的記憶。很多年輕人可能是素食者或是從健康食品店買東西吃，但是很少有人自己種菜或養殖，尤其是為了獲得食物而豢養動物。在不到半個世紀的時間裡，我們經歷了從小型農莊，或者說以尼克對食物的理解為主導方式的時代，到很多郊區的家庭菜園只提供休閒娛樂功能的過渡時期，再到今天在實驗室生產、用收縮膜包裝食物的時代。一方面，年輕人對於食物的來源有更多的資訊，動物權益維護運動讓他們了解家禽飼養場的狀況，並促使愈來愈多的高中生與大學生成為素食者，但這不意味著他們真正理解食物從哪裡來。

●生物絕對性的終結。我們是老鼠還是人類？抑或兩者皆是？

年輕人成長的這個時代是沒有生物絕對性（biological absolutes）的，甚至連生命本身的定義也開始不確定。

一九九七年的一個早晨，全世界的報紙都刊登了一張令人不安的照片：一隻張著人類耳朵的無毛老鼠。這是麻薩諸塞大學和麻省理工學院的研究成果。他們把人類的軟骨細胞注射到生物可分解的、以聚酯材料做成的人耳模型中，並將其植入老鼠的後背，發育成人造耳朵。

從那之後，有關機器、人類及其他動物的混合體的報導一個接著一個出現。國際技術評估中心——一個由民主、共和兩黨聯合設立，旨在評估科技對社會影響的非營利機構——認為這類研究隱匿在公眾的視線外至少有二十年了。人類的基因，包括決定人類發育生長及神經的基因，已被植入老鼠及靈長類動物的體內，創造出稱作「嵌合體」（chimera）的動物。這些新品種的動物目前主要用於醫學研究，但有些科學家已在認真考慮這些「嵌合體」走出實驗室的可能。二〇〇七年，內華達大學動物生物科技系系主任和其研究團隊，創造出世上第一隻同時擁有羊身和具人類細胞之器官的人羊嵌合體。這類的研究未來可能讓人類器官移植領域普遍導入動物器官的運用。

想想今天，長大對於孩子們意味著什麼？他們對自然的體驗，對生命的定義「已經」或者說「馬上」就和我們大人的體驗完全不一樣了。在我們小時候，人是人，老鼠是老鼠，一切都很分明。而一些最新技術在暗示我們：從原子和分子層面，生命和非生命物質無本質差別。有人甚至以此來證明把生命商品化的合理性，文化內涵的缺失使生命淪為機器。

二十一世紀到來之際，康乃爾大學的科學家設計出第一部真正能夠運作的奈米機器——用顯微鏡才能見的微型機器人，這個微型機器人有推動器、引擎，是從有機分子獲得動力。其中的一名研究人員說它打開了「在細胞層面製造機器的大門」、「使得機器與生命系統融為一體」。在阿布奎基的桑迪亞國家實驗室，有科學家預言「智慧廣布」（massively distributed intelligence）系統將迅速地提高奈米機器人的組織及交流能力，他說：「它們能協同完成一個機器人無法完成的事，就像蟻群一樣。」幾乎同時，愛荷華州一位昆蟲學家發明了一種把蛾的觸鬚與微處理器結合在一起的東西，當觸鬚嗅到炸藥氣息，就會發出不同的聲音信號。西北大學的研究人員則製造了有八目鰻腦幹的微型機器人。在馬里蘭州的洛克威勒，有一家公司把細菌附加到微晶片，並聲稱他們發明了「生化晶片」。

我們再也無法以文化為核心追求自然的完美了。對於以前的孩子來說，幾乎沒有比大樹更完美的生命形態。現在，研究人員從病毒或細菌裡提取基因，為樹注射，目的是讓樹快點生長，以生產更好的木材，或是清除土壤的汙染物。二〇〇三年，五角大廈高級國防研究專案處資助研究人員培育了一種遭到生化攻擊時能變色的樹。加州大學則大力促進「樹的計畫生育」，用基因控制的方式創造一種會「花更多精力生產木材而不是談情說愛的『太監樹』」。

對於嬰兒潮一代的人來說，這些新聞顯得奇特、怪異、令人不安。而成長於第三邊疆時代的孩子對此卻習以為常。

●對動物的超智慧化理解

從狩獵和採集時代，孩子們就開始了解人類與動物的相似之處。但今天的孩子卻以更為知識化的方式理解這種關係。

這種新的理解是基於科學知識的，而不是神話或宗教。譬如《科學》（*Science*）雜誌最近發表的研究成果描述了動物如何創作音樂。鳥類及座頭鯨的鳴聲分析顯示，牠們和音樂家一樣，會運用發音技巧進行創作。鯨魚的鳴聲甚至還有押韻疊句、分小節。研究人員說：「鯨魚將鳴聲作為一種助記方法，來幫助自己複雜的記憶。」根據他們的研究，從生理學角度看，鯨魚可以選擇使用無節奏且不重覆的音調，但是，牠們選擇了歌唱。

這些知識不能替代直接體驗，但的確可能激起人的好奇心。我希望這些研究可以幫助孩子更加理解和他們共存的生物。當然，與動物的浪漫接觸，像是和海豚一起游泳，可以緩解我們的孤獨感。不過，自然並非總是如此溫柔相對，譬如漁獵，或是尼克把肉放到餐桌上的方式，常常是殘忍的。完全不讓孩子們知道大自然原始粗獷的一面，對孩子或自然都沒有好處。

來自圖森的「雙駒麥克」（Mike Two Horses）說：「看看那些熱衷動物權益保護的年輕人，他們大多數都是優越感十足、叛逆的城市小孩。」麥克是「終結美洲印第安民族種族歧視同盟」的創始者，他們聲援印第安原住民，例如一直以捕鯨為生的西北部馬考族（Makah）。他說：「這些年紀輕輕的動物權益保護者所接觸的動物，要不是寵物，就是在動物園、海洋世界或是賞鯨（現在是摸鯨）之旅中見到的。他們根本不知道食物從哪來，包括他們吃的大豆和其他蔬菜。」

比起麥克，我能更正面地理解動物權益保護運動，不過他的觀點也確有道理。

●接觸自然：亦遠亦近

不管「雙駒麥克」說什麼，即使生命的定義有不確定性，實際上接觸更多野生動物的可能性卻不斷在增加。在很多城市，人類與野生生物正以至少消失了一個世紀的方式打交道。舉一個例子來說，現在美國鹿的數量創百年之最。

社會歷史學家及城市理論家麥克．戴維斯（Mike Davis）在其《恐懼的生態學：洛杉磯與災難的想像》（*Ecology of Fear: Los Angles and the Imagination of Disaster*）中描述了「荒野」與「城市」之間新的辯證關係：「曾為農莊環繞的大都市洛杉磯，現在周圍都是山和沙漠。在所有非熱帶的大城市中，洛杉磯有最長的荒野邊界線，邊界上排屋與牲口棚突兀地排在一起……北美黃銅色的郊狼現在成了好萊塢與托盧卡湖街景中不可缺的部分。」英國《觀察家報》（*Observer*）有位記者寫道：「美國移民者及其後裔用戰爭般的殘忍馴服環境。清除了當地的原住民之後，他們緊接著又開始清除熊、美洲獅、北美郊狼及野禽……然而美洲獅存活了下來。洛杉磯是世界上唯一有受害美洲獅保護組織的城市。」

本世紀中葉，數以百萬的美國人懷著擁有自己房子和一小塊土地的夢想，搬往郊區，那時還有擴展的空間。今天，恐怕無處可去了。大型購物中心、人工景觀和契約管理這些主流發展模式不僅占領了南加州和佛羅里達州最重要的商業區，也包圍了這個國家大部分的老城區。如此高密度的發展留出的自然空間比從前郊區還少。一些新興城市的自然空間甚至比老工業區還少。

事實上，雖然美國仍然擁有某些邊疆和開放空間，但西歐的城市從規模和品質而言，都比美國城區或市郊更加綠化。維吉尼亞大學城市與環境規畫系的教授比特里（Timothy Beatley）在《綠色城市運動：向歐洲城市學習》（*Green Urbanism: Learning from European Cities*）一書中寫道：「歐洲人對於城市的理解值得我們學習。」尤其是在斯堪地納維亞半島的城市，綠色設計非常流行，「有一種理念：城市本該是自然之地。在美國，城市與自然之間的隔絕，成為我們的一個挑戰。或許是因為生態資源及土地的擴張，我們傾向於認為自然在遠方，譬如國家公園、國家海岸和荒原。」

以上這些趨勢使得美國的孩子們正在去自然化，這個過程可能與微型機器人或是「嵌合體」的發明同樣神祕，不過兒童去自然化的研究肯定比後者少很多。

第三章　被非法化的自然遊樂

多年來，我都把自己當成暴風雨和暴風雪的巡視員……

——梭羅

以下是瑞克（John Rick）的社區所引發的思考。

十五年前，中學數學教師瑞克攜家帶眷搬到了斯克瑞普斯農場，因為聽說那裡的環境很適合孩子。斯克瑞普斯地處聖地牙哥北部一片蓊鬱古老的桉樹林裡，周圍的峽谷有自然步道相連。對於那些希望孩子能回歸自然，像自己小時候一樣盡情玩耍的家長來說，斯克瑞普斯真是一個少有的理想社區。它的入口處掛著一個牌子，寫著「鄉居生活」。

「我們這裡，人口組成中的童子軍占比是全國最高的，」瑞克說，「每個小區都有公園，規劃時盡可能為孩子們保留了大面積的荒地。」

可是，幾年後，瑞克開始在社區簡報上讀到關於「非法利用荒地」的文章。「以前，孩子們可以在樹叢中奔跑、搭堡壘，想怎麼玩就怎麼玩，」他回憶道，「他們自己建造自行車坡道，從上面衝下來；建攔水壩，划著小船漂流。換句話說，他們和我們小時候一樣盡情地玩，我們十分看重孩子在快樂嬉戲中留下的美好回憶。」現在，一切都不得不到此為止了。「某種程度，」瑞克說，「現在樹屋成了火災的代名詞，攔水壩則可能會引發水災。」

斯克瑞普斯農場社區管理委員會的主委把孩子們從公共圖書館旁邊的小水塘趕走了。十年前，斯克瑞普斯農場還在養牛的時候，小孩就在那裡釣淺藍色的太陽魚。面對嚴格的規定，有的家庭自行搭建籃球架，年輕人則將自家的車道當成溜冰場。但是管委會警告居民，這樣的做法違反購屋協定。

於是，坡道被填平，籃球架被撤掉，孩子們回到了室內。

「孩子的腦子裡全是電玩遊戲，」瑞克說，「爸爸媽媽對此很擔心，孩子也在發胖，得做點什麼事了。」因此，在熱心父母的張羅下，於十六公里外的一個友好社區開闢滑板運動場地。

雖然瑞克有搬家的自由，但是隨著多數美國城市呈圓環狀向外擴張發展的趨勢，類似的限制已經比比皆是。無數社區將沒有組織的戶外活動視為非法，一方面是因為怕引起官司，另一方面也是因人們日漸沉迷於所謂的秩序。眾多的家長和孩子現在都認為，戶外活動是被禁止的，人們的觀念限制了兒童的戶外活動。

然而，自然空間的緊縮，一方面也是私人管理造成的。近二、三十年新建的大規模住宅造鎮、共同公寓（condo）、具規畫性的社區等，都有物業管理公司根據契約進行嚴格管理，不鼓勵、甚至禁止我們小時候做的那些戶外遊戲。根據社區管理委員會協會的資料，現在有超過五千七百萬美國人，住在有管理委員會的共同公寓、合作公寓（cooperative）等社區。管理委員會的數目從一九七〇年的一萬個發展到今天的二十八萬六千個，他們制定各種針對成人和兒童行為的規定（如果小孩准許入住），在管理過程中有柔性勸導，也有強制執行。斯克瑞普斯農場的管委會相對是較為通融的，但即使在那裡，管委會的行政人員還是會定期拆除孩子們在樹木繁茂的峽谷中建起的堡壘和樹屋。

雖然可以理解擔心臨時露營地發生火災的想法，但其結果卻導致兒童不再積極從事戶外遊戲。

另一方面，官方的政策也在限制孩子接近自然的機會。雖然，在戶外遊戲可能觸犯法律經常是紙上談兵，但某些社區，那些依照爸爸媽媽小時候玩法的孩子們會被控行為不檢，父母甚至會被起訴。賓州有三兄弟，分別是八歲、十歲和十二歲，他們用了八個月的時間和自己的零用錢在自家後院蓋了一間樹屋，但嚴格的管委會卻命令三兄弟立即拆除，因為他們沒有申請建築執照。在密西西比的克林頓，一家人花了四千美元精心搭起一座維多利亞風格的兩層樓樹屋，滿心歡喜。他們曾經問過市政府需不需要申請執照，當時被告知不需要。五年後，市政府都市規畫部門公告該樹屋必須拆除，因為它違反了屋前違禁附屬建築的條例。

兒童戶外活動受到嚴格限制是因為自然保育，人類為降低自然所面臨的人口壓力而限制戶外活動。例如，洛杉磯國家森林公園一千兩百多公頃的露營地與釣魚場全年關閉，是為了保護瀕危的阿羅約西南蟾蜍（arroyo southwestern toad）；加州沙丘海灘地區禁止放風箏，因為這裡是保育類水鳥東方環頸鴴（snowy plover）的繁殖地，東方環頸鴴可能會把風箏錯當老鷹而受到驚嚇。禁令實施後，公園巡邏員通知塞馬斯，他不能再與外曾孫在那海灘上放風箏了。塞馬斯是這的老住戶，這海灘上曾留著他和他爸爸、爺爺一起放風箏的記憶。在我所居住的城市，「未經市執行官的書面許可而傷害、破壞、砍斫、移植市立公園裡的樹木或植被都是違法行為」。但到底什麼叫「傷害」呢？一個孩子爬樹會嚴重傷害樹木嗎？有些人的確這麼認為。另一條法令規定：「捕捉、殺害、弄傷或騷擾任何鳥類或動物都是違法的……除非市執行官明確聲明該物種有害……」

如果人類希望與瀕危物種共存，大人和孩子確實應該在行為上更謹慎。但糟糕的土地利用所導致的環境破壞遠比孩子要嚴重。舉兩個例子說明：乞沙比克灣每年開發二萬一千五百公頃的土地，大約每二十五分鐘就開發一公頃。根據乞沙比克灣聯盟的資料顯示，照這樣的速度，乞沙比克灣在未來二十五年所開發的土地比過去三個半世紀還多。位於加州北部的夏洛特，過去二十年森林覆蓋面積減少了二〇％；一九八二至二〇〇二年間，加州農田和森林以每天一百五十五公頃的速度消失。美國農業部門預計，從一九八二年到二〇二二年，該地森林面積將從三十一萬公頃下降到十五萬二千公頃。令人吃驚的是，加州北部的土地開發速度是該州人口數增長速度的兩倍。

自由開放的空間驟減，對土地的過度利用則不斷增加。人們以為郊區的空地應該比市區更多，但事實上，土地過度利用的現象在郊區同樣嚴重。諷刺的是，人們為得到更多的自由活動空間而搬到「陽光地帶」（Sun Belt）的城市去，結果，事與願違。美國人口密度最高的十個城市中，有八個位於西部，其典型的發展模式是人工開山、人工造景、墓地擴建，很少有天然的遊戲場所。快速的發展為原本為數不多的自然場所帶來了更大的壓力，原生植物被踩踏，動物滅絕或遷移，緊隨其後的是騎著摩托車或四輪傳動越野車、渴望親近自然的人潮。與此同時，明文規定：僅存的一小塊自然只能看，不能碰。

過度開發的影響、繁瑣的公園規定、善意的（且必要的）環保規章、建築規章、社區公約、害怕打官司，所有這一切都向孩子們傳遞一個掃興的信號：他們在戶外的自主遊戲玩耍是不受歡迎的，在修剪整齊的運動場裡進行有組織的運動，幾乎是唯一得到允許的戶外娛樂形式。「我們告訴孩子，傳統的戶外活動是違反規定的，」瑞克說道，「而當他們坐在電視機前看電視的時候，我們又對他們嘮叨個沒完，希望他們去外面玩。可是去哪裡玩？怎麼玩呢？參加另一項有組織的體育運動？有的孩子不想總是被組織。他們想任由想像的翅膀自由飛翔；他們想順著河流漂向未知的地方。」

並不是每個年輕人都會乖乖遵守這些規定。瑞克請他的學生描述在自然中的經歷，十二歲的蘿莉說她喜歡爬樹，尤其是在路盡頭的那片樹林裡。一天，她和一個朋友正爬著樹，「有個人過來對我們大吼大叫，『滾出這片樹林！』我們好害怕，嚇得躲在樹林某處不敢出來。那時我才七歲，所以覺得那老頭特別可怕。去年，類似的事又在草坪上發生了，但不是上次那個人，而我決定不理他，結果，安然無恙。」蘿莉認為這一切很愚蠢，限制了她「自由自在，不用隨時保持整潔，不必像那些女孩子那樣生怕被擦傷，或是沾上了泥」的機會。她補充說：「對我來說，我還被看作是個孩子，沒什麼好要求的。我們應該跟大人小時侯一樣有玩耍的權利。」

研究去自然化的童年

過去十年，有個小型研究團隊開始對「去自然化的童年」這一現象的多重原因、程度及影響進行研究和記錄。這當中的研究大多為嶄新的領域，譬如一正在發生但尚未引起關注的現象：在自然中玩耍逐漸被視為非法，而這現象既是轉變的徵兆，又是轉變的原因。各種研究顯示，美國家庭的閒暇時間愈來愈少，人們坐在電視或電腦前的時間愈來愈多，而因為飲食和久坐不動的生活習慣，成人和兒童的肥胖率正在增加。然而，我們確切地知道孩子們到底失去了多少戶外遊戲的時間嗎？「不，我們不知道。我們同樣不知道，孩子們在戶外自主遊戲的時間長短是否有地域或階級之分。」肯塔基州立大學環境心理學教授喬拉（Louise Chawla）指出。她是孩子應多接觸自然的倡導者和擁護者，但這項研究缺少幾十年縱向的時間跨度，因此缺乏說服力。她說：「我們缺少可供對照的資料，畢竟三、五十年前還沒人認為這是個問題。」

很多研究者跟我們一樣，認為孩子愛自然是天性，怎麼可能在短時間內就發生轉變呢？這類研究不多，有些人認為這只是一種懷舊的表現而不屑一顧，另一些人認為和商業驅動力不足有關。薩利斯（James Sallis）多年來致力於成人和兒童活躍性的比較研究。他在羅伯特・伍德・強森基金會主持「積極生活研究專案」，研究設計社區休閒設施，從而激發各年齡層的人更積極地生活。研究的重點是城市公園、休閒中心、街道及個人住宅等場所。「透過以往的研究，我們可以肯定，學齡前兒童最好的活動就是待在戶外，」薩利斯說：「小孩總待在屋裡，坐著不動，會影響心理健康。」

我問他，在他的研究中，在樹林、田野、峽谷和荒地裡這些非人工組織化的環境裡玩，對孩子有哪些好處？

「我們的研究不包括那些地方，」他答道。如果羅伯特・伍德・強森基金會都沒有搜集這些資料，那商業團體贊助的研究活動也不太可能做這項研究了。非組織戶外活動的好處之一就是不花錢，薩利斯解釋說：「因為能免費獲得，缺少足夠的商業利益，就沒人來贊助這項研究。如果孩子們只是在那裡騎自行車或是走路，沒有燃燒礦物燃料（引起火災等嚴重後果），沒人會關注他們；他們無法為任何人賺錢……一切都向錢看。」

然而，這一世代與自然脫節的證據，從一九八〇年代末期至今，正不斷增加，不僅美國如此，其他各地也是一樣。

一九八六年，北卡羅萊納州立大學的一名景觀建築學教授摩爾（Robin Moore），用圖表揭示英格蘭市區戶外活動空間的縮小，說明十五年間兒童玩耍的空間所發生的變化。二〇〇二年，英國的一項研究指出，比起水獺、甲蟲、橡樹等本地的動植物，八歲的孩子更容易認出交換遊戲卡片上的「神奇寶貝（精靈寶可夢）」角色。在日本，本來面積就很小的兒童戶外活動場所變得更小了。著名的日本攝影師萩野矢慶記用了將近二十年的時間拍攝日本孩子在城市中玩耍的照片。但近年來，「他從觀景窗中看到的孩子迅速減少，以致於他不得不結束這項拍攝工作。」摩爾指出：「一是因為室內變得更有吸引力，亦或室外的吸引力降低了，或者兩種原因都有。」摩爾是國際兒童遊戲權利協會的主席，及「自然學習行動」教案主持人，他認為導致戶外活動減少的原因很多，譬如：戶外活動空間設計不良、自一九五〇年代以來家用空調安裝率快速增加、父母擔心孩子的外出安全、州立課程沒有戶外學習的內容，以及家庭生活方式過度組織化等等。

對於這個問題，其他國家的研究更深入，也更廣泛。愈來愈多的證據顯示，與自然的直接接觸有益於兒童的身心健康，最新研究更證明，直接接觸自然能減輕注意力缺失過動症的症狀，並改善兒童的認知能力及面對壓力和抑鬱的抵抗能力。

大自然缺失症

為了突顯這項研究在各種文化變遷中的重要性，讓我們把這個現象簡稱為「大自然缺失症」。美國的文化術語中十分依賴疾病模型，所以在引入這樣一個說法時我有些猶豫，因此希望隨著研究的深入會有更恰當的定義出現。另外，正如我之前所提到的，「大自然缺失症」並不是醫學診斷，我只是借用這個詞與家長和教育工作者討論我們都了解的一種現象，它是指人類因疏遠自然而產生的各種表現，如感覺遲鈍、注意力不集中、好發生理和心理疾病。這樣的病症在個人、家庭和社區中均可發現。自然缺失甚至會改變都市人的行為及思考模式，長期的研究顯示，公園及露天場所的缺少與高犯罪率、抑鬱及其他都市弊病相關。

正如以下章節所闡明的，個人或文化層面的自然缺失可以被識別和糾正，但自然缺失只是問題的一面，另一面則是大自然的多元豐富。透過大自然缺失症的表現，我們可以更清楚地了解自然對於兒童生理、認知和精神等有哪些益處。事實上，新的研究焦點並不是在自然消失時，我們失去了什麼，而是有機會和自然共處時，我們能獲得什麼。「我們非常需要這類研究成果來說服家長，喚醒和激發他們在自然中玩耍的樂趣，從而使孩子親近自然成為可能。」喬拉說道。

這些知識可能會帶我們上路，一條讓孩子與自然重歸於好的路。

第二部

為什麼年輕人需要自然

那些感受大地之美的人，
能從中獲得生命的力量，直到一生的盡頭。

——卡森（Rachel Carson, 1907-1964）

玄之又玄，眾妙之門。

——老子

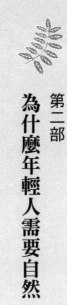

第四章 爬上健康之樹

只要能出門，我打賭自己能活一百歲。

——卡麗．瓦慈（Carrie Watts，電影《豐富之旅》女主角）

伊蓮．布魯克斯（Elaine Brooks）向山頂爬去，她的銀髮整齊地盤在腦後，一枝鉛筆像髮簪一樣插在髮上。她靜靜地穿過一大片的黑鼠尾草、桂葉漆樹和怒放的牽牛花，那些都是當地的原生植被；她垂落的手指輕拂過那些她稱作「外來入侵者」的非原生種，像是正綻放著金黃色太陽般花朵的酢漿草。她對這片被遺忘了的土地有著特殊的感情，腦海中閃過《溪畔天問》（Pilgrim at Tinker Creek）作者狄勒德（Annie Dillard）的話：「如果我們不知道自己為什麼會無法忘懷於某個地方，那麼我們必須去那附近走走，去看看景色，至少去找到那塊土地。」

「你知道嗎？我來這裡三年了，除了在自行車道上，我從沒見過小孩在這裡玩，」伊蓮說。她蹲下去撫摸那片像瘦貓掌似的葉子。「原生的豆科植物是氮氣的守護者，」她解釋道，「它們把入侵者（細菌）包裹在根部，細菌會從土壤中的空氣吸收氮氣，經過轉化，釋放出植物所需的可吸收氮。」由真菌和藻類植物共生而成的複合有機組織地衣，有些也同樣向周圍釋放氮氣，而且可以活超過一個世紀。

當土地被鏟平時，豆科植物和地衣就連同它們所維持的生態系統一併被摧毀。她說，這些植物生在一起，死也在一塊。

多年來，身為社區大學的教師，她把學生帶到這裡來接觸自然，那是多數學生未曾有過的經驗。她告訴學生，土地形塑人類的力量遠大於人類創造土地的力量，最終將沒有多餘的土地可供人類塑造。

她經常來到這個約十二公頃大的被遺忘的「拉荷亞」[3]。她有十五本筆記本，裡面夾滿了壓平的植物標本，並滿滿記載了降雨量和當地物種的觀察紀錄。此處是個長滿了禾本科植物、仙人掌與多肉植物的島嶼，也是加州海岸線仍能找到海岸鼠尾草和其他各種罕見原生植物的最後幾個地點之一。然而，這幅景象並非人們當初設想的。一九〇〇年代初期，還有輕軌鐵路從這片荒原穿過，後來鐵道廢棄了，鐵軌被拆走，土地從此荒廢。一九五〇年代後期，市政府計畫另外建造一條主要道路，穿過城市的這一區，並把這段路取了一個可能已被人遺忘的名字：費大道延長路段，但這個計畫卻無疾而終。近半個世紀過去，這個城鎮迅速發展，在一片繁榮景象中唯獨這片土地卻被人們遺忘，除了當年的鐵路線——現在變成一條柏油自行車道。

伊蓮穿著牛仔褲和邊邊已磨損的棉絨T恤，腳踏登山鞋，站在野生洋蔥、仙人果和原生種的茄屬植物之間。令人愉悅的甘草香氣來自地中海茴香，那是一八〇〇年代由開拓者當作香料帶到加州的。野生燕麥與大多數的抗旱沙漠植被相比，也是外來物種，但已經在這裡扎根。如果你是這裡的一株植物，最安全的做法就是保持低調地垂下頭。「看看這裡的藍迪克，」她一邊說，一邊用手指著野菊花旁邊盛開的紫色長莖花朵。最後，還有人們熟悉的雛菊，雖然並非當地土生土長，但人很

3 La Jolla，西班牙語中，意為「寶石」，是位於美國加州聖地牙哥市的一個海濱小鎮。

難不喜歡這些花。

也許有人會問：為什麼願意在一片荒地上花那麼多時間和精力？

答案在於伊蓮是同行中少見的懷舊復古派。由於自然史在一九四〇和五〇年代，是一門要花很多時間收集和命名物種的科學，於是其地位逐漸讓給了微生物學，在理論界和實業界都是如此。類似的事情發生在自然保護運動中，原本鞋上沾著泥巴的地方自然保護者，現在變成了華盛頓特區的環境律師。這兩種環保主義者的角色都讓伊蓮覺得不舒服，所以多年來她以生物學家和海洋學家的身分，在斯克瑞普斯海洋研究所裡工作，最終成為浮游生物專家。

比起研究工作，她更喜歡教學。她和很多美國人一樣，願意將她對自然的感情傳遞給其他人。在社區大學裡教書給了她充足的時間來了解這些山丘和荒原。沒人資助她對這片土地進行研究，同樣地，也沒有任何人能阻止她。

伊蓮還是另一種意義上的懷舊者。生態學上更為眾人所接受的觀點是：著重保護自然廊道（natural corridors）的植被體系，而不是那些孤島上的植被，後者通常被認為已經無法挽救。理論上，她同意這種觀點，但她堅持，孤島植被就像那些孤立無援的人一樣，仍具備研究的價值。

這些自然的小島對住在四周或附近社區的年輕人很重要。她指著多年前推土機留下的痕跡，無論開發者怎樣大談生態復育，一旦一塊土地被夷平，那麼所有生態結構和土壤基礎將被徹底毀壞。「沒有人知道怎樣能輕易地讓其重生，荒廢在那裡任其自由發展也不是辦法，因為原生物種難以抵抗外來物種的入侵。」土地被夷平在全美國、甚至保護地都非常普遍。「大多數的破壞都是由於無知或權宜之計，」她說。她相信人不太可能去珍惜根本叫不出名字的東西。「我的一位學生告訴我，每當她知道一種植物的名稱，她就覺得自己又認識了一位新朋友。對一件事物的命名過程事實上也正是了解它的過程。」

她快步走過狹長的小路，爬上山崗，頭頂有隻紅尾鷹在盤旋。前方的陡坡上，有著減緩火苗蔓延的溪流，那些非原生的冰雪花長成了一片花海，很快將覆蓋整個山坡。但像仙人掌一樣為多肉植物、為龍舌蘭酒原料的原生龍舌蘭，仍穩穩地占據著屬於它們的位置。龍舌蘭漫長的一生中只開一次花，當為期二十年或更長的生命走到盡頭，它聚足全部能量開出唯一一枝高達六公尺的花莖，在風中搖曳。薄暮降臨後，幾隻蝙蝠繞著龍舌蘭飛舞，並把花粉傳授給其他正在開花的龍舌蘭。

山腰上長滿原生種的叢生禾草，伊蓮在此停下了腳步，叢生禾草在這裡生根可以追溯到西班牙殖民前的加州，那時候連牛都還沒引進。就像高莖牧草一度覆蓋了北美大草原一樣，叢生禾草曾一度為大部分南加州的土地鋪上了一層地毯。如今，在北美大草原，植物學家只能在那些拓荒者的墓地遇見零星殘存的高莖牧草。了解並真正的接觸這些禾草有一種說不出的愉悅。

費大道延長路段的靈魂

繼續沿著費大道延長路段前行，伊蓮爬上了最高的小山丘。從這裡放眼望去，太平洋盡收眼底。她經常坐在這塊高地上，吮吸自然的甘露，觀賞自然的景色。「有一次，我發現有個小東西在我的視線之外動了一下，那是一隻極小的棕色青蛙，蹲在我旁邊的灌木叢裡。我禁不住問：『小東西，你跑來這裡幹麼？』」

坐在這裡，她偶爾浮想聯翩，覺得自己回到了遠古時代：一頭饑餓的巨獸追來，她跳到一棵大樹上，拚命地往上爬。這時，她的視線就會越過屋頂，向海的方向眺望，但是她說：「我看到的不是城市風光，而是稀樹草原，無邊無際、起起伏伏、孕育無數生命的非洲平原。」想到這裡，她感覺到自己的呼吸輕柔，心情平靜。

「當我們的祖先爬上樹頂，眺望這片土地時，就能很快地消除緊張，」伊蓮說。在這些高高的枝頭上歇息，可以使你迅速緩解由於怕被當作獵物而帶來的緊張心情。

「從生物學角度來看，我們並沒有改變。遇見猛獸時，我們仍然會選擇攻擊或逃跑。從基因角度來看，我們也沒變，我們仍然是獵人和採集者。我們的祖先跑不過一隻獅子，但我們有頭腦，是的，我們知道如何去獵殺，而且也知道如何逃跑和躲避，以及如何利用環境培養我們的才智。」

今天，我們仍然充滿警戒，害怕九百多公斤、橫衝直撞的轎車和一．八公噸的SUV撞倒我們。即便在家裡，各種危險的場景透過有線電視畫面出現在我們的客廳和臥室，片刻不停。與此同時，城市和鄉村中那些和諧平靜的景色迅速消失。

愈來愈多學者相信，自然棲息地的消失或說與自然環境的隔絕將給人類健康和兒童發展帶來巨大影響。他們認為與自然接觸的緊密程度幾乎會是在細胞層面影響著我們的健康。

伊蓮引導她的學生們從「親生命性」（biophilia）的視角去學習荒地的生態環境。「親生命性」是哈佛大學科學家、普立茲獎得主愛德華．威爾森（Edward O. Wilson）提出的假說。威爾森對親生命性的定義是：「與其他生命形式相接觸的欲望。」他和他的同事們認為，人類有種親近自然世界的本能，是個體發展的必要生物基礎。儘管這一假說並未被生物學家普遍接受，但十幾年來的研究結果證明，人類對開闊的植被景觀、樹叢、牧場、溪水、彎彎曲曲的小徑和站在高處極目遠眺，有著強烈而積極的心理反應。

原有的生態角度心理學研究基礎加上親生命性的前沿研究，產生了新的跨學科領域——生態心理學。一九九二年，歷史學和社會評論家羅斯札克（Theodore Roszak）開始傳播這個概念。他在

《來自地球的聲音》（*The Voice of the Earth*）中指出，現代心理學已經把內在世界與現實生活切割開來，壓抑了我們的「生態潛意識」，從而難以「與我們在地球上的進化發生關係」。近年來，生態心理學獲得了發展，開始包括了自然療法等領域的研究，該學門不僅探討我們對地球做了什麼，還探討地球為我們、為我們的健康做了什麼。羅斯札克認為這種說法是從他最初論點的邏輯發展出來的。

他指出，美國精神病學協會在其出版的《精神疾病診斷和統計手冊》中，列入了三百多種精神疾病，其中大部分疾病和性功能障礙有關。「精神科醫師竭盡全力分析各種模式的功能失調之家庭和社會關係，但是『環境關係功能失調』這個概念卻從未出現過，」他說。該手冊「將『分離焦躁紊亂』定義為『對於離開家庭和身邊所依附之人的過度焦慮。』然而，在這個焦慮的年代，又有什麼樣的分離比與自然世界失去連結還普遍呢？」羅斯札克說，「現在是我們仔細考慮從環境的角度去定義精神健康的時候了。」

生態心理學和其所屬的所有新分支學科，加強了威爾森的「親生命性」假說，促發了新一輪關於自然對人類身心健康影響的研究。都市兒童和自然研究方面的國際專家喬拉對「親生物學」假說中的某些理論持懷疑態度，但她也表示並非對威爾森的理論徹頭徹尾的相信才算承認生態心理學運動的意義。她呼籲大家採取一種常識性的態度，意識到「自然對我們的健康、專注力和創造力都有積極的作用，而且與自然界的發展關係可以形成環境管理的基礎。」

事實上，自然景觀（或者至少花草庭院）有修身療養作用，這一觀點自古有之，並且一直流傳。二千多年前，中國道教就建造溫室和花園用以延年益壽。早在一六九九年，《英國園丁》（*English Gardener*）這本書上也提到，「花些時間在花園裡掘土、種菜、除草，沒有什麼比這個更有益於您的健康。」

在美國，心理衛生研究先驅羅許（Benjamin Rush, 1745-1813，美國獨立宣言的簽署者之一）曾稱：「在土地上挖坑對精神疾病有治療作用。」始自一八七〇年代，賓州的貴格會教友醫院利用幾方具自然景觀的土地和溫室，作為精神疾病治療的一部分。二戰期間，精神病學先驅梅寧格（Karl Menninger, 1893-1990）在退役軍人管理醫院開創了園藝治療這種輔助性的治療方法。一九五〇年代，園藝治療對慢性疾病的作用廣為流傳；一九五五年，密西根州立大學頒發了第一個園藝治療研究生學位；一九七一年，堪薩斯大學首創園藝治療學位課程。

今天，寵物療法也納入園藝治療行列中，成為針對老人和兒童保健方案之一。研究顯示，透過觀察魚缸裡的魚，人的血壓會明顯降低。其他的報告也顯示，養寵物有助於降低血壓和使心臟病患康復。在心臟病患者中，養寵物的的死亡率是不養寵物的三分之一。在賓夕法尼亞大學醫學、牙醫和獸醫學院教書的精神病學專家凱契（Aaron Katcher），花了十幾年時間研究人類和動物之間關係與人類健康和行為的相關性。凱契和社區治療中心的動物輔助治療專家維爾京斯（Gregory Wilkins），讓一位自閉症兒童和一群小狗一起度過幾個療程，直到這個孩子被巴斯特，一條從當地流浪動物收容所帶回來的小狗所吸引。起初幾次，這個孤僻的孩子並不理會小狗，但是接下來的一個療程，「其他外界因素並無改變，但這個小患者卻主動跑進了治療室，幾分鐘後還說出了近六個月來的第一句話：『巴斯特坐下！』」這個孩子學會了和巴斯特玩球，並給小狗餵食當作獎勵，更重要的是，孩子在和巴斯特相處過程中找到了快樂。

有關園藝療法和寵物療法療效的證據很有說服力，但是對自然景觀和自然經歷於人類發展和健康的影響，我們了解多少？詩人和道教術士發現這種影響和聯繫已幾千年，然而，真正開始這一領域的科學探索還是比較近期的事。

大多數關於自然與人類健康的新證據都是關於成人的。現任美國疾病管制局環境衛生中心主任的弗朗姆金醫師，曾在《美國預防醫學期刊》（*American Journal of Preventive Medicine*）中為文指出，雖然已有研究證明植物和自然有助於人的康復，但在現代醫學界，這個領域仍被嚴重忽略。弗朗姆金透過對膽囊手術患者歷時十年的研究指出，病房裡能看見樹的病人比只看得見磚牆的病人要早一些出院。同樣地，牢房朝向牆院的犯人比朝向農田的犯人的病發率高了二四%。德克薩斯農業機械學院研究員尤瑞奇（Roger Ulrich）說道：「人在經歷了一段時間的緊張後，如果看到自然風光，就會很明顯地在五分鐘內平靜下來：肌肉緊張度、脈搏和表皮傳導的指數都迅速下降。」

華盛頓大學動物學系榮譽退休教授奧里安（Gordon Orians）說，這些實驗結果都顯示，我們的視覺環境對我們的身體和心理狀況有很深刻的影響，且現代人類必須了解他所謂「靈魂」（ghosts）的重要性：在進化過程中，過去的經驗仍深植在該物種的神經系統中。

童年時期戶外活動和兒童身體健康的關係似乎顯而易見，但當中的關係其實十分複雜。美國疾病管制局的報告指出，美國成年人體重過重的比例從一九九一年到二〇〇〇年增長超過六〇%。根據該局的資料，一九八九年至一九九九年，美國二到五歲體重過重的兒童增加了將近三六%。在此同時，平均十個美國兒童中，就有兩個患有臨床肥胖症，是一九六〇年代末的四倍。其中五到十歲的過胖兒童，六〇%帶有一項心血管疾病危險因子，同時《美國醫學會雜誌》（*Journal of the American Medical Association*）也報導，八到十八歲的青少年罹患高血壓的比例有往上攀升的趨勢。

基於這項重大的疑慮，小兒科醫師開始提出警告，現今的孩童有可能成為二次世界大戰以來第一代比父母早死的美國人。另外，在全球仍有許多孩子必須忍受飢餓與飢荒之苦的同時，世界衛生組織也警告多坐少動的生活方式已成為全球性的公共衛生問題之一。活動量不足被視為非傳染性疾病的主要風險因子，而非傳染性疾病占了全球死亡率的六〇%，並使四七%的人遭受病痛折磨。

兒童過胖問題除了跟各種複雜的遺傳因素、某種常見病毒，甚至睡眠不足有關，目前廣受討論的還有另外兩項明顯的成因：第一、電視和垃圾食物。美國疾病管制局發現，兒童看電視的多寡跟他們體脂肪的指數有直接的相關性，在美國，六到十一歲的兒童大約每週會花二十個小時看電視或電腦，西雅圖的醫學人員經過三個月的研究也發現，大約四〇%的兒童經常觀看電視、影音光碟或其他錄影帶。第二、活動量不足。

但究竟要從事哪種活動，要在哪裡進行呢？父母都知道要關掉電視、限制孩子打電動的時間，但對於孩子在這段非電子時間應該從事什麼活動，卻很少聽人討論，一般的建議是從事組織性運動，但請想想：肥胖流行病正好出現在兒童組織性運動發展得最為蓬勃的時期，因此研究兒童肥胖問題的專家現在不得不承認，目前採用的方法似乎沒什麼效果，到底孩子缺少了什麼像足球和小聯盟這些組織性運動所無法給予的東西？

奇怪的是，「自然」一詞幾乎很少出現在兒童過胖的研究文獻裡，儘管這點將來可能會有所改變。基本上，以小時為單位所進行的運動，就是整個討論中欠缺的一環。兒童從非組織性遊戲中所獲得的體能活動和情緒感受，要比組織性運動來得更多元化，也更不受時間限制；遊戲時間，尤其是無組織架構、充滿想像力和探索性的遊戲，愈來愈被視為兒童全人發展上不可或缺的關鍵要素。許多跟戶外遊戲相關的研究報告，經常把體能活動（例如在住家附近騎單車），跟偏重自然經驗的研究報告結合在一起，雖然其相關性或者因果關係還需要透過更縝密、嚴謹的研究加以證實，不過當我們把這些最新研究全部納入考量，就會發現它們確實導引出一個強大的假設。

「在自然環境中進行的遊戲對兒童似乎特別有益處，比方說當他們來到戶外，肢體動作會變得更活躍，對一個普遍多坐少動且肥胖盛行的年代來說，這樣的結果簡直是種恩賜。」弗朗姆金說。

最近還有十分誘人的研究證據指出，戶外遊戲時間的多寡，跟體重控制以外的其他健康效果有關，像挪威和瑞典針對學齡前兒童所做的研究就顯示，在自然環境中進行的遊戲可以為兒童帶來額外的好處。這些研究比較了每天在平坦遊戲場玩耍的學齡前兒童，以及花同樣時間在樹木、岩石等高低不平的自然地表上玩耍的學齡前兒童，結果一年以後，在自然環境裡玩耍的孩子在測試中展現了較佳的運動適能（motor fitness），尤其在平衡感和敏捷度方面。

同樣地，成人也可以從自然環境的「遊憩時間」中受益。英國和瑞典的研究者發現，身處在充滿樹木、綠葉、自然美景等綠色環境中的慢跑者，要比在健身房等人為環境裡燃燒相同熱量的人更有復原力，也更不容易焦慮、發怒和憂鬱。研究人員正在持續了解所謂的「綠色運動」，而這些報告主要是以成人為對象。

那麼兒童的情緒健康又是如何呢？雖然心血管疾病和活動量不足所引起的其他負面效應，通常要花好幾十年的時間才會出現，但是多坐少動的生活方式所帶來的惡果，卻已經得到清楚的證實：孩子愈來愈憂鬱。

親生命性和情緒健康

自然是兒童情感創傷的療養所，然而，人們常常忽略這一點。你應該從來沒看過商業廣告像宣傳最新研製的抗憂鬱劑那樣積極地宣傳自然療法。但是家長、教育工作者及醫療人員，都必須知道自然對於醫治身心壓抑是多麼的有效，尤其是現在這樣的環境。

二〇〇三年發表於《精神病學服務》（*Psychiatric Services*）期刊的一項研究顯示，五年內，美國兒童服用抗憂鬱劑的比例增加了將近一倍，學齡前兒童的增幅最大，為六六%。進行此項研究的藥品福利管理商[4]「快捷藥方」（Express Scripts）研究計畫主持人德雷特（Tom Delate）指出：「多種因素共同或單一作用，導致兒童和青少年服用抗憂鬱劑的比例增加。而那些因素包括連續年齡階段（successive age groups）憂鬱症的致病率愈來愈高；小兒科醫師對於憂鬱症的認識愈來愈深，憂鬱症的診斷因此愈來愈多；在成人身上療效頗佳的抗憂鬱劑對青少年、兒童也可能同樣適用的假設出現。」儘管除了「百憂解」在二〇〇一年青少年憂鬱症病例開始增加時被批准可用於兒童之外，其他抗憂鬱劑並未獲准給十八歲以下的孩子使用，但醫生所開的處方還是不斷增加。而上述研究結果發布的一個月前，美國食品藥物管理局才剛要求藥廠必須在產品上確實註明，警告服用者抗憂鬱劑與自殺行為和想法之間的關聯，尤其是對兒童的影響。二〇〇四年，美國美可保健公司（Medco Health Solutions，全美最大藥品福利管理商）的一項資料分析顯示，二〇〇〇年至二〇〇三年間，精神障礙藥物的使用量增加了四九%，這些藥物包括了抗精神病劑、抗焦慮劑以及抗憂鬱劑。同時，若把注意力不集中兒童所服用的藥物算進去，購買這類兒童精神障礙藥物的花費，首次超過了兒童花在青黴素及治療哮喘藥物的費用。

儘管藥物對於治療兒童的精神疾病或注意力不集中等問題的確有一定的療效，但除了藥物，自然也可以治療、輔助治療或預防此類病症，而這點卻往往被人們忽略。儘管自然在治療某些重度憂鬱症的療效上不太明顯，但確實有其效用。自然可以緩解每日的壓力，而這些壓力可能正是兒童憂鬱症發生的根源。我之前提過的尤瑞奇研究，以及少數對成人進行的調查都說明了這一點。康恩（Peter Kahn）在《人與自然的關係》（*The Human Relationship with Nature*）中也指出：經過一百多項調查研究發現，大自然有緩解壓力的功效。

二〇〇三年，康乃爾大學環境心理學家們在報告中指出，能夠觀賞到自然景觀的房間可以保護兒童免受壓力帶來的疾病。郊區房子內部或周圍的自然風景，在促進兒童心理健康方面有著至關重要的作用。康乃爾大學人類生態學院設計及環境分析系的助理教授葳爾斯（Nancy Wells）說：「生活在自然景觀豐富地方的兒童，比起住在自然景觀稀少地方的兒童，罹患由壓力而引發的精神疾病的人數要少。愈脆弱的兒童，譬如那些在生活重擔下煎熬的孩子，自然環境對他們的療效愈顯著。」

葳爾斯及其同事埃文斯（Gray Evans），研究了居住在郊區的三到五年級學生，住家內外自然環境豐富程度對兒童心理的影響。結果發現：住家周圍自然景觀較為豐富的孩子，行為異常、焦慮及憂鬱症狀的比例，比來自相反狀況家庭的孩子要低，且前者比後者更容易發現自身價值。葳爾斯和埃文斯在報告中寫到：「即使郊區已經有著相對廣大的綠地，但周圍自然環境愈豐富的住家，他們的孩子對壓力或困境的承受度也愈高。」

大自然能緩解情緒的原因之一，或許就是因為綠地能促進社交，因而也獲得更多社會支持。瑞典的一項調查指出，居住在便於戶外活動地區的孩子及父母所結交的朋友，要比因交通所限而鮮有戶外活動的孩子及父母多一倍。當然，自然對人類情感的慰藉並不僅止於社交功能。

4 美國醫療保險制度強調由自由市場去提供不同客群的不同須求，但其多樣性使得保險市場的管理更加困難。在這種背景下，藥品福利管理商（PBM, Pharmacy Benefits Management）順勢而起，以企業體的角色，與國家醫療體系合作，提供控制整體藥品費用而不降低用藥品質的服務，目前全美共有約六十家藥品福利管理商。

自然也為孤獨提供滋養。一項針對芬蘭青少年的研究顯示，他們心煩意亂時常走進大自然，在那裡，他們能澄澈心靈、釐清思緒並放鬆。我曾在聖地牙哥大學以「自然與童年」為課堂討論主題，二十歲的哈琳講述了自然對她心理健康的影響：

我在加州聖塔芭芭拉長大，家裡有個很大的院子，外面還有一條小溪流過。就在我開始獨立生活之時，我才發現自然環境對我而言意義非凡。每當生活中遭遇不愉快的事情時，自然就是我能去的地方，在那裡我不必應付任何人。

九歲時，父親因腦癌去世。那段時間對我和我的家人而言十分難熬，是自然使我平靜下來，不再悲傷與焦慮。

我真的相信自然存在靈性，一旦你投身於自然的懷抱，她就能讓你意識到自身的渺小，讓你明白，世界上除了自己還有很多偉大的事物能幫助你從不同的角度看問題。唯有在自然中，眼前的問題才不會要求你立即給予關注或答案。在自然中，你可以暫時逃離一切，但又不會與世界脫節。

自然攝影師赫爾曼（Richard Herrmann）也深知自然的慰藉之力，是自然幫他度過了悲痛的時光。他告訴我：

記憶中我首次受到自然的觸動，是兒時住在太平洋樹林市的時候，那裡離燒毀的罐頭廠街不遠。我記得當時四歲，正專注地看著退潮後留下的一個大池塘，波光粼粼的水面下游著小魚，還有倉皇移動的海葵和螃蟹。我被深深被吸引住，在那裡呆呆地瞅著，如果可以的話，我能在那裡一動不動地看好幾天呢。對我而言，那個池塘代表著完美與寧靜。我也記得有一次，爸爸從海灣打魚回家，帶回許多五彩繽紛的鱈魚，好看極了，就如同從大海裡淘來的珍寶。

我當時還是個孩子，淘氣、好動，因此在學校讀書對我來說簡直是煎熬。但是自然卻給了我無比的安寧與歡愉，我可以平平靜靜地坐下來釣魚、捕蟹，連續幾個小時都不會厭煩，即使一無所獲也還是很開心。

後來，我再次渴求那樣的平靜，那是十四歲時，我的父親因車禍去世。我逐漸迷失了自己，且一九六〇年代後期的大環境有著太多的誘惑，毒品十分氾濫。我記得大多數的日子我都遭受著壓力與痛苦的折磨，但我仍能在海邊橡樹林獨自散步時找到絲絲慰藉，哪怕只是走著，只是看看毒葛、蠑螈、五顏六色的蘑菇以及地衣，也都對我意義非凡。在那裡我感受到了其他地方所沒有的巨大寧靜。

長大後，一次在當地高中演講時，我發現，展示自然景觀圖片能讓同學們集中注意力並安靜下來。所以說，親近自然挽救了我的生命。

赫爾曼的女兒有嚴重的閱讀困難，他的親身經歷也繼續鼓勵著他女兒去自然中尋找平衡、緩解壓力。赫爾曼說到，他女兒從「四健會」[5]飼養小羊羔的過程中得到慰藉，使她在學校裡的表現有了重大的轉變。

另外，在麻州衛斯理的兒童及青少年發展協會所開發的「療癒花園」（Therapeutic Garden），贏得了美國景觀建築師公會頒發的總統優秀獎。協會主席桑多斯提法諾（Sebastiano Santostefano）在接受線上專業雜誌《麻州心理學家》（*Massachusetts Psychologist*）採訪時，闡述了他的理念，他認為自然能形塑心理，並在幫助受到創傷兒童上面扮演著重要的角色。他指出，無論是在河邊還是小徑，戶外活動「就是孩子從問題中學習的過程」。「譬如我們有座小山丘、小土堤，一位所謂治療中的孩子可能會認為那像是座墳墓，但另一位可能會說那像是懷孕婦女的肚子，」他說，「重點很明顯，兒童和自然能夠互動，他們賦予每個自然景觀不同的意義，即使相同的景觀也會有眾多不同的詮釋，而一般人玩的傳統木偶或遊戲都有局限，警察木偶往往就只是個警察，兒童很少會看作別的，而自然景觀蘊涵的東西更多，藉此能給兒童更多元的角度去闡釋這些景觀。」

找回兒童健康的自然本質

一些健康研究學者意識到了形勢的危急，他們提出，我們應在目前掌握的知識下，盡快行動。例如，弗朗姆金建議公共衛生專家拓展「環境衛生」的定義，使其不僅僅局限於對有毒垃圾的關注，也要包括環境的康復功能。他指出，環境衛生研究應與建築師、都市計畫專家、庭園設計師、景觀設計師、小兒科醫師及獸醫合作。其他人還提出，隨著對自然之於身心健康療效的認識愈來愈多，建教室、蓋房子以及社區建設都應受其指導。更加深入的研究還可以幫助我們重新發現人類創造性與自然體驗之間的聯繫，從而為注意力缺失等併發症提供新的治療方法，這在之後的章節中還會詳加介紹。

伊蓮在社區大學裡對她的學生說，只有真正了解自然，才能從中受益，儘管在城市中了解自然相當困難。有一天，伊蓮告訴我，在美麗的加州生活所遇到的現實就是：「我們很少真正的感受或親密地接觸自然，我們置身於紛繁複雜的大城市裡。雖然有時會驅車前往山上或沙漠，通常也不能稱之為一天的旅行，只是偶爾停下來喝杯咖啡或吃些點心，幾乎足不出車，只是從車裡看看外面的風景。其實，自生命之始，自然的形態、感覺、氣味、聲音等就圍繞著每一個個體，自然是我們生存的場所，也是與我們真實日常生活緊緊相繫的地方」。如今，作為一個物種，我們是該努力復原過去被我們破壞的自然。

學生們非常感謝伊蓮教給他們的東西，我也如此。她是第一個點出自然沒有保固這個概念的人。二〇〇三年，伊蓮死於腦瘤，在沉睡中與世長辭。她的朋友們將費大道延長路段的照片掛在她的床頭，並輪流坐在她身旁陪伴著她。也許，她已穿越夢境，在拉荷亞無樹平原中想像出的高聳大樹上，看到了未來。

5　四健會（4-H Club），是美國農業部農業合作推廣體系所管理的非營利性青年組織，創立於一九〇二年，分別代表健全頭腦（Head）、健全心靈（Heart）、健全雙手（Hands）、健全身體（Health）。

第五章　感官的生命：大自然與無所不知思維的對抗

我走進自然，安撫和治療受創的心靈，
再一次拾回我對美好事物的感覺。

——巴勒斯（John Burroughs, 1837-1921，自然學者）

孩子們需要自然來刺激他們感官的發育，進而培養學習能力和創造力。這種需求可以從兩方面得到驗證：觀察年輕人脫離自然時感覺能力的變化，以及發現那些年輕人長大後有機會直接體驗自然時所獲得的神奇感覺。

森林之子

短短幾個星期，一群城市男孩變成了森林之子。在加州艾爾卡宏市和阿爾派恩郡之間的方圓十．五平方公里處，是克雷斯特里奇自然保護區，十二名「城市青年工作團」的年輕人來到這裡，他們都是西班牙裔，年齡從十八到二十五歲，其中只有一名女生。兩位白人中年女性帶著他們穿過鼠尾草叢和野漿果灌木林裡，不時講解著。

這些學生所就讀的學校對於學生親自參與保護自然的活動相當重視，「城市青年工作團」得到市政府資助來到保護區。幾個星期以來，他們在自然保護區裡清掃林子裡的小路，拔除外來種植物，還跟一位有著傳奇經歷的前任邊境巡邏員學到追蹤技巧，不時體驗到大自然所帶來的妙不可言感受。這群年輕人穿著制服：淺綠色的襯衫與深綠色的褲子，腰上繫著軍用帆布腰帶。兩名解說員，一個頭上戴著藍色遮陽帽，另一個則穿著寬鬆的T恤，隨身帶著背包。

「那兒是黑腿林鼠的窩，」解說員安卓雅．強森指著隱藏在毒葛下的一堆枯枝說。強森住在山頂，從那裡可以俯瞰這裡的整片土地。

她繼續解釋，林鼠堆的窩就像水獺築的壩一樣，有很多房間，包括專用的室內廁所和樹葉儲藏區，林鼠收集到樹葉後要先放一段時間，等樹葉裡的毒素清除乾淨了，牠才會吃。林鼠的窩可高達到一．八公尺。窩裡常常會有寄宿的客人。「接吻蟲！哦，天啊，這些討厭的傢伙，」她說的接吻蟲是一種吸血毒蟲。

「所以人們不願意和林鼠做鄰居。接吻蟲容易受二氧化碳吸引，就是我們呼出的那種二氧化碳。因此，這些蟲子喜歡叮咬人類嘴巴周圍。」上午的天氣漸漸熱起來了，強森一邊用手搧著風，一邊繼續說：「一口下去，就咬掉一塊肉；我丈夫的臉上就留了一個大疤。」

聽到這裡，一個男生嚇得直打哆嗦，原本用腰帶時髦地繫在屁股下半部的垮褲，彷彿因此滑得更低了。

離開林鼠的窩，穿過一叢叢加利福尼亞吊鐘花和月桂漆樹，解說員帶著大家來到一片涼爽的樹林，一股清泉在這裡匯成了一條小河。身高一百八十公分、帶著耳環的光頭大個子卡洛斯，敏捷地從一塊石頭跳到另一塊石頭，眼睛裡充滿了好奇。他俯身仔細觀察一隻五公分長的蛛蜂，忍不住用西班牙語低聲讚歎。這種黃蜂翅膀是橙色的，身體是深藍色的，若被牠的刺螫到會很痛，在北美昆蟲中是數一數二的。牠可不是好惹的；牠攻擊比自己大五倍的長毛蜘蛛，將其麻醉，拖到地下的洞裡，產下一枚蛋，然後自己爬出來將洞口封死。不久，蛛蜂的幼蟲就會從蛋裡孵出來，把長毛蜘蛛活活吃掉。自然的生靈是美麗的，但並不總是可愛的。

這群少年中，有幾個男生的童年是在美洲中部的鄉村或是墨西哥農場度過的。卡洛斯現在的職業是制動技師，他回憶起祖母在墨西哥錫那羅亞州的農場時說：「她那時養著幾頭豬，有自己的地，生活過得挺不錯。」儘管這些年輕人長期生活在城市裡，但比起大多數北美人，作為第一代和第二代移民的他們，小時候有更多直接體驗自然的經歷。「在墨西哥，人們知道能在這裡擁有一塊土地很難得，所以人們珍惜土地，小心照料。邊境這邊的人就沒那麼珍惜土地了，覺得一切都是理所當然的。就好像墨西哥捲餅抹了太多的酸奶——沒必要。」但此時此刻，這些森林之子沒那麼嚴肅，他們正在嘲笑一個十九歲的男孩。那個男孩臉上被蟲子咬紅了一大片，足足有一隻蛛蜂那麼大，不好意思地笑著。

「他又開著窗子睡覺了，」有人說：「布萊爾女巫[6]親了他一口。」

「不對啊，兄弟們，」卡洛斯大笑著說：「他是被吸血怪獸（Chupacabras）咬了。」那是南美洲傳說中的怪物，長得一半像蝙蝠，一半像袋鼠，有鋒利的爪子，嗜吸羊血，據報導阿根廷最近出現了這種生物。或者，可能只是被接吻蟲叮了一下。

這幾個星期，卡洛斯觀察得很仔細，將看到的植物和動物畫在筆記本上。他和其他同學一起親眼看到了美洲山貓悄悄接近獵物，聽到了洞裡受驚的響尾蛇發出沙沙聲，感受到了更美妙的音樂。「來到這裡，我能自由地呼吸，」卡洛斯說：「在這裡，你聽得到；但是，在城市裡，什麼也聽不見，因為你什麼都聽見。城市裡什麼都是顯而易見的，可是在這裡，越靠近，看到的越多。」

喪失感官

不久前，年輕人的生活節奏裡大部分還是自然的音符。大多數人在土地上成長，在土地上耕作，死後往往還會埋葬在同一片土地裡。人與自然的關係是直接的。

而今天，我們的感官都被電子化了。最大的原因顯然是電視和電腦，但更簡單的早期科技也具有重要的影響。以空調為例，據美國人口調查局的報告，一九一〇年僅有十二%的家庭使用空調。人們推開窗，夜晚涼爽的空氣和風吹樹葉的沙沙聲就迎面而來。伴隨著嬰兒潮世代的到來，大約一半的家庭開始使用空調。到了一九七〇年，這一比例升高至七二%，二〇〇一年，達到了七八%。

一九二〇年，多數農場都離大大小小的城市很遠。即使在一九三五年，僅僅不到十二%的美國農場使用電力（城市家庭的用電比例為八五%）；直到一九四〇年代中期，用電的美國農家也只占一半。一九二〇年代，農民們聚集在穀倉和軋棉機前聽廣播，或是自製線路，幾家共用一台收音機。一九四九年的時候，只有三六%的農家使用電話。

少數人將空調換回電風扇，但人們很少提起，科技進步所付出的代價就是感官的日漸萎縮。就像這群城市男孩一樣，我們人類需要直接的自然體驗；我們需要全面運用各項感官來體驗充實地活著的感覺。二十一世紀西方文化的觀點是，無處不在的科技將人類帶入了資訊的洪流裡，但在此資

6　布萊爾女巫（Blair Witch），為電影《厄夜叢林》（The Blair Witch Project）中主角們拍攝之紀錄片中欲追蹤的恐怖神祕角色。

7　新墨西哥州位處北美大平原、洛基山脈西端和北方盆嶺區的交會處，曾歷經多次動盪，是全美唯一官方語言為英語和西班牙語並行的一州。至今，自然資源仍十分豐富。

訊時代，生命的資訊卻遺失了。自然是需要去聞、去聽、去品嘗，去穿透D・H・勞倫斯口中那層「把世界像棒棒糖一樣嚴嚴實實包裹起來的玻璃紙」，看到玻璃紙之下真實的世界。這個比喻相對含糊，卻異常準確地描述了人的自然感官能力覺醒時的體驗。勞倫斯以道家思想描述了這種覺醒，而被自認無所不知思維毒害了的智慧和好奇心，新墨西哥[7]會是一劑解毒良藥。

表面看來，世界愈來愈小，未知的部分愈來愈少。可憐的小地球啊，旅行者繞著你走一圈就像繞著博伊西城或是中央公園走一圈一樣輕鬆。一點兒也不神祕，我們生活在地球上，成天看著地球，我們了解它的一切。我們已經研究過地球了，地球已經沒什麼好研究的了。

表面看來，這是對的。地表上，水平面上，我們到處都去過了，所有事物都看過了，我們是無所不知的。但是，看到的表面東西愈多，我們愈不能看透，愈沒有深度。目光僅僅在海平面上一掃而過，就聲稱完全了解大海……

事實上，我們的曾祖父們從來沒去過什麼地方，卻比我們這些看過了世間萬物的人更了解這個世界。他們曾坐在鄉下的教室裡認真聆聽講座，在一頁頁幻燈片所展示出來的未知事物面前，屏住呼吸。而我們，坐在人力車上，悠哉遊哉地駛過斯里蘭卡的大街，自言自語道：「和我想得差不多。」以為我們是無所不知的。

但是，我們錯了。這種自認無所不知的思想恰恰是因為我們只看到了包裹在文明之外的那層玻璃紙。裡面的東西，我們一無所知，也害怕知道。

在某個不確定的時刻，有些成年人能意識到自己無所不知的直覺。梅里曼（Todd Merriman）是一家報社的編輯，回憶起那次和年幼的兒子一起出遊的奇妙體驗，他說：「走過山裡的一片田野時，我低頭發現地上有美洲獅的足跡，還覺得很新鮮。我們馬上掉頭，想回到車上。可是我發現，身後也有一排獅子的足跡，剛才還沒有，我意識到我們被獅子包圍了。」在那種極度恐懼與興奮的狀態下，他高度留意著周圍的一切。過後，他發現自己已經記不得上一次像這樣敏銳地動用所有的感官是什麼時候了。這場近距離的邂逅釋放了某種被壓抑的能力。

他們用了生活中多少的豐富多采來換取每日間接的高科技體驗呢？現在，坐在電腦螢幕前的時候，梅里曼常常會思考這個問題。

即使沒有與美洲獅邂逅，我們也可以感覺到感官世界的萎縮。儘管流行歌手保羅賽門高唱著，「這是奇蹟與奇觀的年代……叢林中的雷射，」資訊時代，事實上，不過是一個虛構的神話。我們感覺生命的內在空間縮小，好像失去了一、二個維度。是的，我們被自己的小發明迷住了——手機連上了數位相機，數位相機連上了筆記型電腦，筆記本型電腦又連上了喬治亞州梅肯市上空高懸著的電子郵件衛星收發器。當然，有些人（包括我自己）喜歡這些小玩意兒。但衡量生命質量的方法，不僅僅是我們所獲得的，也包括我們所失去的。

為了縮短在辦公室裡的時間，我們用網際網路工作。我家附近的高速公路上有一塊宣傳網路銀行業務的廣告牌。廣告牌上，一個漂亮的女孩坐在電腦前說：「我想在淩晨三點付帳。」電子產品將愈來愈深地入侵人們的生活。麻省理工學院多媒體實驗室的研究員正致力於使電腦在人們的家裡隱形地發揮作用。在紐約，建築師吉蘇和摩根．哈里里（Gisue & Mojgan Hariri）正在積極宣傳他們的構想，建造一座用液晶螢幕做牆壁的夢幻數位屋。

被電子科技包圍的我們，渴望自然——哪怕是仿造的自然。幾年前，我認識了「自然公司」的創辦人盧伯（Tom Wrubel），他的公司是銷售仿真動植物產品的先驅。一開始，這家全國連鎖店的目標客戶是孩子。一九七三年，盧伯和他的妻子普莉希拉（Priscilla）發現以自然為主題的零售業有一個共同的趨勢：重點在更接近自然。「但一旦真到了山裡或是其他什麼地方，除了用槍獵殺和捕捉動物，人們還能做些什麼呢？」他說，「所以我們把重點放在自然裡能用得到的書籍和小工具。」

盧伯夫婦抓住了這股潮流，同時也加速了這股潮流的發展——自然公司的總裁柏根（Roger Bergen）稱其為「從一九六〇、七〇年代的活動導向，轉變為八〇年代的知識導向」。自然公司渲染身處自然的情緒來促進銷售，起初主要對準孩子。「我們努力做出堅硬、垂直的岩石質感，建造龐大的拱門，讓人彷彿到了優勝美地峽谷。在入口處，我們安置了石砌河床的小溪，水也是流動的——但這些小溪是現代主義式的，是建築師夢裡的潺潺溪水。」盧伯解釋道。在他那裡，自然是不會腐化的，也是怪誕的。遊客們在充斥著人造產物的迷宮中穿行：保存在水晶罩裡的蒲公英花、裝飾用的野鳥餵食器、充氣蛇和充氣恐龍、填充了新墨西哥山區雪松木屑的香囊，以及標注有「天然松球澆鑄」的黃銅松果。空中夾雜著風聲、水聲、槍蝦出手射擊的聲音，以及虎鯨拍打水面的聲音，搭配殷勤有禮的廣播：「自然公司鉅獻：自然」，有錄音帶和CD可供選擇。還可以買到各種「情境影片」，例如名為「寧靜」的音樂影帶，全長四十七分鐘，封套上寫著：帶給人深層寧靜的美妙練習曲，彷彿可以感受到雲朵、海浪、花開和陽光的形狀和顏色。

盧伯認為，他的商店促使人們開始關心環境。也許，他是對的。

現在這種店鋪設計理念已經風靡全美商店街。例如，明尼蘇達州的美國購物中心就建造了自己的水底世界。任教於哈佛設計學院的評議員伯得斯利（John Beardsley），在《地景藝術及其超越：當代景觀藝術》（*Earthworks and Beyond: Contemporary Art in the Landscape*）中將這種被激發出來的對自然的注意力描述為：「你在秋天來到了北方幽暗的森林，正順著一道斜坡往下走，沿途有潺潺的溪水，各種北部林區特產的淡水魚在水族箱裡游著。走到坡底，你踏上一條自動人行道，它會載著你穿過一條全長九十公尺的透明隧道，而隧道就嵌在水容量為一百二十萬加侖的水族缸中心。圍繞在你身邊的這些生物來自相連的生態系統：明尼蘇達的湖泊、密西西比河、墨西哥灣，以及珊瑚礁。」

購物中心的廣告上說，你能在這裡「跟鯊魚、海星和其他各種奇異的生物面對面」。「這種被調製過的自然，」伯得斯利用了這樣的措詞，「象徵著更廣泛的現象。」伯得斯利稱其為逐漸壯大的「商品化的自然：通常藉助複製或仿造，把自然作為一種促銷手段或市場策略的商業潮流正不斷蔓延」。這種商品化的自然可以是很大規模的；不過，更多時候是小巧型的。伯得斯利指出，這種現象並非最近才出現，只是過去的規模沒這麼大，對人們日常生活的影響也沒這麼深入。伯得斯利寫道：「自從十五世紀聖芳濟修會修士卡伊米（Fra Caimi）在義大利瓦拉洛的塞西亞聖山仿造了聖殿以來，五百多年間，虔誠的教徒們為那些無法到耶路撒冷朝聖的朝拜者仿建了很多宗教聖地，其中尤以聖洞和聖山為多。」一九一五年，在舊金山舉辦的「巴拿馬太平洋萬國博覽會」上展出了一小段鐵道風光。伯得斯利認為，這段鐵道沿途「展現了仿製的大象、有著間歇泉的微型黃石國家公園和一個印第安霍皮族（Hopi）村莊模型。」但現在，「我們目光所及之處，無論我們是不是看得出來，商業文化正不斷地再現自然，例如人造石頭、森林影像和熱帶雨林裡的小咖啡館。」

購物中心和零售店鋪的設計，將商業活動裹上一層自然的外衣。下一個階段，再往前邁一步，自然本身將成為一種廣告載體。紐約州立大學水牛城分校的研究員正在進行一項實驗，運用基因技術來選擇蝴蝶翅膀的顏色。二〇〇二年這項實驗公布後，作家里克特（Matt Richtel）大膽地設想出一種新廣告媒介：「把廣告從虛擬世界移入真實世界是有無限可能的。以廣告贊助廠商的智慧，是時候讓自然展現它的能耐。」廣告商已經把廣告打到了公共海濱潮溼的沙灘上，而資金捉襟見肘的市政府為了維護公共場所，也很希望企業能花錢來公園張貼商標。里克特建議：「以喚起感受自然的情緒為賣點，或是讓自然本身成為廣告載體，這兩種方式已經積累了很高的人氣，我們必須承認它們，甚至尊重它們在文化上的重要性。」的確，從文化的角度，它們是重要的。但是仿造自然在邏輯上的延伸與真實自然是無關的——甚至是不值得一提的。

的確，正如伊蓮所說，我們對自然風光的體驗「通常僅局限於從車裡往外看」。但是現在，即使是視覺上的關聯也是選擇性的。我的一位朋友為了慶祝她在這個物質世界生活了五十年，特地去物色了新的豪華汽車。她看中一款配備有衛星定位系統的賓士SUV，只需要輸入目的地，儀表板的螢幕上就會顯示一張地圖，而且會告訴你該怎麼走。但是我朋友有她自己的想法。「我說我不想在後座為我女兒裝電視螢幕，那個銷售員聽到後驚訝不已，」她跟我說，「他幾乎拉著我不讓我離開，直到他終於了解原因。」他們稱之為後座娛樂系統及車用內嵌式導航系統的「多媒體娛樂產品」，一如其名，正迅速成為自後視鏡的絨毛骰子[8]風潮後，最炙手可熱的內裝配件。其目標市場是那些父母，他們願意支付額外費用來換取後座的一點點安寧。這種產品的交易市場十分活絡，價格也逐漸下降，有些系統還配有紅外線耳機。小孩們可以在車上看《芝麻街》，還可以玩PS的《俠盜獵車手》而不去打擾駕駛。

為什麼很多美國人都說希望減少孩子看電視的時間，卻又為他們創造更多看電視的機會呢？更重要的是，為什麼他們不考慮一下這個值得觀賞的世界？雖然高速公路的風景也許不如明信片，但一個世紀以來，孩子們就是在後座觀察城市和自然是如何結合，並對此得到初步的理解：城鄉交界處空蕩蕩的農場房屋、這裡和那裡的各色建築、在界線後方的樹林、田野及河流，這些景象不僅過去看得到，現在也還能看到。這就是我們小時候看過的風景，這就是我們的旅途中的電影。

也許有一天，我們將會告訴孫子們屬於「我們的」康內斯托加式寬輪篷車[9]的故事。

「真的嗎？」他們會問。

「是的，」我們會說：「是真的。我們當時的確從車窗往外看了。」為了打發時間，我們邊看著窗外一根根飛逝而過的電線杆，邊用手指頭在霧氣濛濛的玻璃上畫畫。我們看到電線上的鳥兒，與後面的田野風光合成一幅畫。旅途中我們被深深吸引，我們數著牛、馬、郊狼和刮鬍膏廣告牌。我們懷著敬畏的心情望著地平線，天空中雷雨雲和滴答雨點都跟著我們行進。我們把塑膠玩具小車緊貼著窗玻璃，好像它們也在駛向某個未知的目的地。我們回憶過去，憧憬未來，看著這一切在我們眼前一閃而過。

8　絨毛骰子（Fuzzy Dice），以兩枚大尺寸的六面絨毛布骰子製作而成的汽車吊飾，通常掛在後視鏡。這樣的習慣始於美國一九五〇年代，並被認為是史上首度作為汽車後視鏡吊飾來販售的商品。絨毛骰子最流行的時期為一九七〇至八〇年代，一直到許多州將懸掛後視鏡吊飾視為違法，才逐漸減少。雖然後來一九九三年的相關研究顯示，絨毛骰子並非造成交通事故的主因，但如今已不復見。

9　康內斯托加式寬輪篷車（Conestoga wagon），起源於賓夕法尼亞州蘭開斯特郡科內斯托加河一帶。適於在崎嶇道路上運貨，載重量達六噸，盛行於美國十九世紀西部拓荒時期。

肥皂
也許就夠了
對於那些有細小鬍子的小夥子來說
但是先生，您不再是
那個孩子了
柏馬刮鬍膏

難道美國路邊風景就真的那麼無趣了嗎？的確，有的地方是很沒意思，但是其他路段的美麗，甚至於醜陋，都能給人啟發。在美聯社刊登的一則關於火車旅行的故事中，穆利根（Hugh A. Mulligan）引用了小說家齊佛（John Cheever）對於「寧靜風景」的回憶，那是住在郊區、每天坐火車通勤的旅客過去所看到的風景，「對我來說，那些漁民、孤獨的泳者、鐵路平交道的看守人、沙地棒球手以及小船的船東和在消防站玩紙牌的老人，彷彿正在填補像我這樣的人對世界所造成的空洞。」這種形象一直存在著，即使是在現今的美國。那些透過車窗玻璃看著外面的孩子，那些家長鼓勵他們真正去觀看的孩子，一定可以看到一個真實的世界。

文化自我中心主義的興起

在世界上自然被破壞得最嚴重的角落，我們可以看到被稱為「文化自我中心主義」的現象。其徵兆是什麼？空洞的感官，孤立和圍堵的感覺。人們的經歷，包括生理上的危機，正縮小到只有CRT顯示器或平面顯示器那麼大（如果你喜歡後者的話）。感官的萎縮，早在我們的生活被最新一代的電腦、高畫質電視和無線電話所充斥的時候就開始了。城市的孩子，以及很多市郊的孩子，由於缺少鄰近的公園，或者由於沒有機會——家長沒有時間和錢帶孩子們走出城市，因而長期與自然界隔絕。然而新的科技加速了這一現象。「我今天所看到的美國，幾乎是一個對科技有著類似宗教狂熱的國家，科技在生活中無處不在。」經驗豐富的民意分析專家楊克洛維奇（Daniel Yankelovich）說道。他說，這種信念超越了對新機器單純的熱愛。「這是一個價值體系，一種思維方式，它會是充滿誘惑的。」

曾經是富蘭克林與馬歇爾學院心理學副教授的里德（Edward Reed），是資訊時代的神話中最善於表達自己的評論家。他在《體驗的必要》（*The Necessity of Experience*）中寫道：「我們花了太多的錢，付出了太多努力，只是為了使一點點無關緊要的資訊能夠被世界上任何地方的任何人所看到，然而我們對這個世界本身所做出的探索卻太少了，甚至沒有，這樣的社會是不對的。」沒有一個主要機構或者大眾文化留意到里德所說的「基本體驗」，就是自己去看、去感受、去嘗試、去聆聽或者去聞。里德認為，我們開始「失去直接體驗世界的能力，『體驗』這個詞的定義對我們來說已經空洞化了，我們日常生活中的體驗也已經枯竭。」笛卡兒認為，物質現實是很短暫的，因此人們只能體會到感官上個人內心的感受。眾多心理學家和哲學家都指出了後現代間接體驗的盛行，里德作為其中的一位，他說，笛卡兒的觀點「已經成為世界上的一個主要文化力量」。他們提出了另一種觀點，那就是生態上的心理（即生態心理），這個觀點來自於美國最有影響力的教育家杜威（John Dewey, 1899-1942）的理論。杜威在一百年前就提醒過人們，對孩提時代間接經驗的推崇會導致人格喪失的危險。

北卡羅萊納州立大學教授摩爾主持了一項研究計畫，並設計相關課程，旨在擴大兒童日常生活中接觸到的自然環境。在他對於後現代孩童時期玩樂情況的當代試驗中，他把里德和杜威的思想放在中心地位。對於自然的基本體驗正在被取代，他說：「這種電子媒介給人們的體驗是間接、替代、經常失真、雙感官的（僅視覺和聽覺），且是單一形式的。」摩爾認為：

> 孩子們透過感覺來生活，感官體驗將孩子們內心深藏的情感世界與外界聯繫起來。自然環境是感官刺激的主要來源，因此，能透過他們自己空間和時間上的感官，自由自在地在戶外環境中探索和玩耍，對於他們內心生活的健康發展是至關重要的……這種自我驅動，自主的互動就是我們所說的自由遊戲。孩子們各自透過與周圍環境的互動、激發自身潛能以及再現人類文化的方式來考驗自己。環境的內容在這一過程中是一個重要因素。一個豐富的開放型環境會持續為富有創造性的行為活動提供更多選擇，而古板乏味的環境將限制個人或者團體的健康成長和發展。

關於新科技對孩子們情緒健康的影響，我們知道得少之又少，但是對於大人的影響我們略知一二。一九九八年，卡內基美隆大學的一份有爭議的調查顯示，每週花幾個小時上網的人，比那些不常使用網路的人更抑鬱、更孤獨。一些勇於挑戰的心理學家和精神病學家目前正在試圖治療網路癮（IA, Internet Addiction）。

當我們愈來愈遠離自然，我們同時也在遠離與其他人肢體上的接觸。這種情況所帶來的結果不只是表面所見，美國心理協會的資深科學家黛斯（Nancy Dess）說道：「新的傳播科技沒有一種涉及人與人的接觸，卻都傾向使我們更遠離直接體驗。將這些新科技運用在那些以管理為導向的工作場所和學校，人們經常會被禁止或至少被阻擋任何形式的肢體接觸，而這種情況將會造成問題。」如果沒有肢體上的接觸，靈長類幼兒將會死亡，成年靈長類動物若缺少接觸，將變得更具攻擊性。關於靈長類動物的研究還顯示，肢體接觸對於維持和平也是非常重要的。「我們很多人可以平平常常地過一天，卻頂多只和別人握過手，這是有悖常理的，」她補充道。逐漸減少的肢體接觸，是科技支配文化的副產品，但是黛斯認為它還給這個用電線連接得愈來愈緊密的社會帶來了暴力。

法蘭克．威爾遜（Frank Wilson）是史丹佛大學藥學院的神經學教授，是原始人類手和大腦協同進化方面的專家。在《手》（*The Hands*）中，他提出，沒有其他人，一個人無法進化到現在這種複雜的程度。他說：「我們被兜售了一系列的產品，尤其是家長們，被灌輸有關電腦的經驗是多麼的有價值。但人類是靠著雙手所做的事情來識別彼此的生物。」我們的學習很大一部分來自於透過雙手去做、去創造以及去感知，雖然很多人不這麼想，但這個世界並不是完全從鍵盤上得來的。就像法蘭克所看到的，我們正砍斷我們的雙手進而刁難我們的大腦。醫學院的教師們發現教學生了解心臟是如何像幫浦一樣工作愈來愈困難，法蘭克說：「因為這些學生對真實世界的體驗太局限了，他們從來沒有解決過什麼事情，沒修過車，沒用過燃油幫浦，甚至也沒圈捲過可收式水管。這一代的孩子都沒有在後院玩耍過，沒有在工具間待過，沒有去過田野和樹林，這些經歷都被機械工具帶來的間接學習而取代。這些年輕人很聰明，他們伴隨著電腦長大，應該更優秀，但是現在我們知道少了些什麼。」

無限大的寶庫

不意外地，當年輕人成長於感知接收狹隘但卻排山倒海而來的世界，很多人因此發展出怪異、自認無所不知的個性。他們認為只要是Google搜尋不到的就是不存在的。然而，一個更加充實、更廣博、更神祕、令孩子敬畏的世界，對於孩子和我們其他人都是唾手可得的。麥奇本（Bill McKibben）在《資訊遺失的年代》（*The Age of Missing Information*）中表示，「電視地球村的定義跟事實恰恰相反，其實那是個盡可能減少變化、捨去資訊來讓『交流』簡單些的世界。」他描述自己和附近一座山往來的個人經歷：「山說，你住在一個特殊的地方。雖然這個地方很小，只有二、三平方公里，但我仍歷經多次的旅程才開始了解其中的奧祕。這裡滿是藍莓，而且個頭比一般都來得大……行過小路，沿途是許多不同種類的植物，我大概知道其中的二十種。一個人可能花一輩子的時間只了解到山的一小部分，但曾幾何時，人們這麼做過。」

每個自然的地點，都藏有無限大的資訊寶庫，因此，會有源源不斷的新發現。就像鱗翅類昆蟲學家及作家派爾所說：「那些地方帶我脫離自我，脫離人類活動的有限視野，但這不是厭世。『地方感』是一種更廣博意義上的擁抱人性，是進入更廣闊世界的通行證。」

在我走訪一些中學、大學，與學生訪談的過程中，每當聊到自然，都難以避免地談論到感覺。我有時候會直接問，其他時候學生們也會在課堂上或作文中提到這一話題。他們的口頭答案聽起來總是猶豫不決，吞吞吐吐，顯然這是很多人以前沒談過的話題，甚至沒有人談過。對很多年輕人來說，自然是很抽象的，臭氧層、遙遠的雨林，都在我們的感官能力之外。對其他人來說，自然只是個簡單的背景，只是個可任意拋棄的消費品。來自馬里蘭州波多馬克的一位年輕學生認為，自己和自然之間頂多是種不穩定的關係。他說：「就像大多數人一樣，我利用自然給予的，做我喜歡的事情。」他認為，自然是「一種達到目的的方式或者是一種工具。是一種為人所用和受人崇拜的事物，但不是某種存在的事物。自然對我來說，就像我的家，甚至像我那亂糟糟的房間，那其中有可以玩的東西，你可以任意玩耍，做任何事情，因為那是你的房子。」他沒有提到感覺到的、看到的，或者他未能理解其中的複雜，但是他的誠實令我敬佩。

然而其他一些年輕人，只要給點提示，就會說到在自然中的經歷如何帶來感官上的刺激。譬如，一個小男孩回憶起他在露營時的感受，「紅色和橙色的火焰在黑暗中跳動，濃煙繚繞，我的眼睛和鼻孔都被這火焰烤得火熱……」

性格不受拘束的賈里德是九年級學生，他的爸爸是一名中學校長。賈里德的經歷，傳達了極具建設性的訊息給那些擔心孩子遠離自然、因而經常帶孩子去度假（可能反而會讓孩子排斥）的家長們。他抱怨道，雖然度假本應該是讓他們遠離一切的，但是「很不幸地，我必須帶上所有人！我的父母、弟弟和妹妹，他們和我一起在那個『帶輪子的烤箱』裡旅行了一個多星期。大峽谷？我不忙著看大峽谷，因為我想，它總會在那裡等著我以後去看的」。一家人都到達的時候，賈里德凝視著「大峽谷這個大神殿」。他的第一感覺就是「像畫一般」，他對周圍景色的秀麗和氣勢留下了深刻印象。「但是從不同角度看了大峽谷之後，我就打算離開了。雖然大峽谷壯麗非凡，但我還是覺得我不屬於它，因為我不屬於它，所以對於我來說，它無非也就是地上的一個大洞罷了。」不過，那次的度假是小時候的事了，那個時候比較容易有這種自認無所不知的想法。大峽谷之行後，他們一家又開車去了小一點的沃爾納特峽谷國家保護區，位於亞歷桑那州弗拉格斯塔夫市附近。賈里德認為沃爾納特峽谷跟大峽谷一樣，「看起來挺有意思，但是沒有什麼能夠吸引我的注意力。」

九百年以前，錫拿瓜（Sinagua）人在懸崖的突出部分建造房屋。這個峽谷有三十二公里長，一百二十公尺深，四百公尺寬，總是盤旋著土耳其禿鷹，麋鹿和野豬出沒其中。由於活動範圍重疊，通常不在同一活動範圍的物種在這裡混合生存，譬如仙人掌就生長在山上的冷杉旁。賈里德描述了一些他走在路上的細節，那些灌木是那麼的矮而淩亂，看上去好像已經在那裡很多年了，而形狀又好像峽谷中的青松一樣高大。「我們沿著小路走下峽谷，天空突然變得很暗，於是開始下雨，接著下起雪雨，」賈里德寫道：「我們在一個古印第安洞穴發現了一個可以避雨的地方。閃電照亮了峽谷，雷聲在山洞裡回蕩。我們站在那裡，等著暴風雨平息，我和家人談到了曾經住在這裡的印第安人。我們還談論了他們在山洞裡如何做飯，怎麼在那裡睡覺，發現山洞可以躲避風雨，就像我們現在這樣。」他透過雨幕往外看山谷。「我終於感覺到我是自然的一部分了。」他的生活背景就此改變。他沉浸在現實的歷史中，親眼看見自己無法掌控的自然事件，也意識到這一切，他真的活著。

當然，這些時光不僅僅是愉快的回憶而已。年輕人不需要在非洲展開戲劇性的冒險或假期，他們需要的只是一次品嘗、見識、聆聽、觸摸，或者，就像賈里德經歷的那樣，一道閃電，從而重新與慢慢褪去的感官世界產生聯繫。

這種自認無所不知的思想，事實上是十分脆弱的。一道火光就能燒掉，更重要的思想在灰燼之中得到重生。

第六章 第八智慧

富蘭克林小時候住的地方，離波士頓港只有一個街區。一七一五年，富蘭克林九歲的時候，他哥哥在海難中身亡，但富蘭克林並沒有因此怕水。他後來寫道：「住在離水近的地方，讓我可以常在水裡或水邊玩耍。我很早就學會了游泳、划船。和別的男孩在船裡或小舟上時，我總是被大家選為發號施令的那一個，特別是遇到困難時。」

對水的熱愛和對機械、發明的興趣，讓他開始了他最早的試驗。一個起風的日子，富蘭克林在漲潮時發動水車用的蓄水湖邊放風箏。暖風中，富蘭克林將風箏繫在樁上，脫掉了衣服，一頭跳進水池中。

「水是那麼清涼舒適，他不想離開，可他又想再多放會兒風箏。」傳記作家H・W・布蘭茲（H. W. Brands）寫道：「他在這兩難的處境中猶豫著，直到他突然意識到，他不必因選擇了一條岔路而放棄另一條。」富蘭克林起身去解下風箏，然後回到冰涼的湖裡。「由於水的浮力減少了重力對他腳的作用，他感覺風箏在拉著他前進。他完全屈服於風的力量之下，仰躺著，任由風箏拉著他滑過湖面，感到無比快樂。」

他將科學家的思維運用在感覺的過程中，並利用自己和自然直接接觸的經驗來解決問題。當然，如今許多科學實驗已轉移到電子乙太來進行。但毫無爭議的，這些實驗的基礎仍然是與自然的直接接觸，就像是富蘭克林屈服於風力時感到快樂的那種直接體驗。

自然智慧：注意力

哈佛大學教育學院嘉納（Howard Gardner）教授一九八三年提出了著名的多元智慧理論。嘉納認為，以智商測試為基礎的傳統智慧概念太過局限；他提出了七種類型的智慧，涵蓋兒童和成人更廣泛的人類潛力範圍。包括：語言智慧、邏輯—數學智慧、空間智慧、身體—動覺智慧、音樂智慧、人際智慧和自省智慧。最近，他又增加了第八種智慧：自然智慧。達爾文、美國「國家公園之父」繆爾、卡森是這一類型智者的代表。嘉納解釋說：

自然智慧的核心，是人類對植物、動物和自然環境中其他部分（如雲或岩石等）的認知能力。每個人都能做到；一些孩子（恐龍專家）和許多成人（獵人、植物學家、解剖學家）在這方面的才能十分突出。毫無疑問，這項能力是為了處理自然中的元素而發展起來的，但我認為它已被挾持來對付這個人造物的世界。舉例來說，我們能分辨汽車、運動鞋和珠寶，是因為我們的祖先必須得會分辨食肉動物、有毒的蛇和可口的蘑菇。

嘉納這個理論，樹立了公私立教育的新里程碑，並運用了神經生理學的研究成果來精確指出每種智慧在大腦的相關部位；他證明了，人類有可能因為疾病或受傷而失去某種特定的智慧。但自然智慧並沒有明顯的生物學證據支撐。

「如果我能再活個一、二輩子，一方面我將會非常願意用我們的新生物學知識來重新思考智慧本質的問題，另一方面，則是從知識和社會行為領域進行最複雜的理解。」他在二〇〇三年寫道。蒙特梭利運動和其他教育方式幾十年前就已經將這兩方面聯繫起來。然而，從神經科學的角度來說，關於自然經驗對早期兒童發展影響的研究仍不夠深入。嘉納所提出的第八智慧，則提供了另一個豐富的研究領域，但對老師和父母來說，理論必須能直接應用，不然他們極有可能忽視自然體驗對兒童學習和發展的重要性。

蕾思利．威爾森（Leslie Wilson）教授在威斯康辛大學的教育學院教授教育心理學和學習理論的課程。威斯康辛大學是最早開始進行環境教育方面的研究生培育計畫。蕾思利也在等待更明確的生物學證據。儘管如此，她還是總結了第八種智慧中，關於兒童部分的特點，她寫道：

一、擁有敏銳的感覺能力，包括視覺、聽覺、嗅覺、味覺和觸覺。
二、隨時可以運用這些敏銳的感官來察覺並區分自然界中的事物。
三、喜歡戶外活動，如園藝、野外遠足、觀察自然或實地考察自然現象。
四、能輕易察覺周圍環境的相同、不同、相似和不正常之處。
五、對動物和植物感興趣，並悉心照料它們。
六、能觀察到環境中旁人無法察覺的細微之處。
七、創造、保存或擁有自然物品的收藏、剪貼簿、日誌或手札——內容可能包括觀察紀錄、素描、圖畫和照片，或是標本。
八、從很小就對與自然、科學或動物相關的電視節目、影片、書籍或物品非常感興趣。
九、表現出對環境保護和／或瀕危物種的強烈關注。
十、可以輕鬆記住從自然界中發現的非生物或生物的特徵、名稱、分類和相關資料。

稍後我們會看到，有些老師很能把他們對第八種智慧的了解善用在教學上。然而，這些極有幫助的教育指標所帶來的問題是，一些成人將自然智慧誤解為一種單獨的智慧，甚至帶有刻板印象：野小子或野丫頭，那些收集蛇，或者總是盯著教室裡的水族箱（如果這教室有幸有水族箱的話）的孩子。富蘭克林的老師們不太可能把他看作是野孩子，但可以肯定的是，他那能夠觀察到自然界事物之間聯繫的強烈感覺和能力，與他在自然中的體驗是分不開的。如果經歷了適當的發展經驗，兒童能自我調整以適應各種各樣的學習。

嘉納引起了大家足夠的重視，智慧不應該狹窄地定義為語言或邏輯－數學兩方面。他接著強調孩子們有可能不同程度地同時擁有這八種智慧中的好幾種，甚至是全部。威爾森的第一個描述性指標是「敏銳的感覺能力」。當然，所有的智慧都在教孩子們如何去注意，但我們會在之後的章節中看到，自然界中的體驗很有可能有獨特的功效，在提高孩子的注意力方面尤其有效，而這並不只是因為自然很有趣。

西維吉尼亞州的環境保護行動主義者珍妮特・芙德（Janet Fout）告訴我，在她女兒小時候，她就鼓勵她去注意細節，用她全部的感官去發現它們。珍妮特自己也很早就開始親近自然。現在她已年過五十，她是在她祖母鎮上的老房子裡長大的。她的祖母是在西維吉尼亞鄉間度過了四十年的艱苦生活後搬到那裡。這幢簡單的白屋子門前，有條泥土路從門前穿過，那是鎮上為數不多的幾條泥土路之一。她和其他附近的孩子們從早到晚一起玩捉迷藏等遊戲，前院的一棵水楓剛好有一根較低的樹枝，可以讓她抓住、把腿勾上去，再借力爬上樹枝。這裡也成了她私人的藏身和庇護所。「一個可以讓我不受打擾地思考自己的人生和未來，感受我狂野的夢想的地方。」她的回憶中充滿了有意識的感官學習：

總是等到奶奶嚇唬我說要用鞭子抽我了，我才起身回家，我們鄰居家院子裡的柳樹就是奶奶現成的鞭子——哪怕是壞天氣我也不想回家。在所謂的「壞」天氣中，我也覺得好玩。我不論天氣好壞，從不放過天氣變化帶來的機會。夏天的雨，總是會讓我衝進屋裡找泳衣，要是沒找到，我就會穿著衣服衝到外面去淋濕自己。第十二街泥土路上的雨，有一種獨特的味道，雨落在泥土上，和落在瀝青、磚頭，或水泥地上是不一樣的。

雨下得特別大的時候，我會去門羅大道，那裡的疏洪排水溝是臨時的「游泳池」，我會在與大腿齊高的水裡踩水、打水花，葉片就像是試圖躲避被水溝裡的漩渦捲走的帆船一般。一場超級傾盆大雨往往也意味著我可以製作泥巴派，而我的創意果汁（溝裡的雨水）也開始溢出。如果一場暴雨用雷鳴閃電來發洩它滿腔的怒火，我會在大前廊和大家在紅色的鞦韆椅上抱在一起，大聲地發出敬畏或驚恐的叫聲。有時候暴雨會偶然與冷鋒相遇，這個時候巨大的雨點就變成了冰雹，這再好不過了——夏天的悶熱神奇地消失了。像高爾夫球一樣大小的冰雹，簡直就是投向假想敵的絕佳砲彈。

夏天的傍晚，睡覺之前，我會抓些螢火蟲放在瓶子裡，然後拿到已經黑了的房間裡，對這些神奇的小蟲發出帶著虹暈且不規律的光亮驚歎不已——我會放出一隻在我的房間裡飛著，然後把瓶子裡剩下的都放掉。我安靜地躺在床上，看著這個像我一樣離群了的小小飛行發光體。牠不時發出的微弱光線讓我著迷並安靜下來，接著我便進入了夢鄉。

幾乎從她的女兒茱麗亞出生的那一刻起，母女倆就在自然裡度過了不少時光，不光是在山裡，還有她們院子裡半野外的自然環境。這些時光強化了茱麗亞的觀察能力，珍妮特回憶道，「我們最喜歡的遊戲之一，就是給那些我們在自然中發現的不常見的顏色取名字。『那是燭光色，』我們看日落的時候，茱麗亞會這麼說。我常逗她說，她可以去為Crayola蠟筆公司工作，專門給新顏色取名字。」

珍妮特和茱麗亞還發明了不少自然遊戲。當她們在森林裡散步時，她們會去傾聽「聽不到的聲音」。珍妮特把這個遊戲叫做「沒有動靜的創造物的聲音」。包括下面這些：

花莖抽高
雪花形成和飄落
日出
月亮露臉了
草上的露珠
種子發芽
蚯蚓在土裡蠕動
暴曬在陽光下的仙人掌
有絲分裂
蘋果成熟
羽毛

樹木硬化
牙齒腐化
蜘蛛織網
蒼蠅跌入蜘蛛網
葉子變色
鮭魚產卵

而這張清單不限於自然，譬如這樣情境下的聲音：

指揮家停住指揮棒

雖然茱麗亞的成人生活才剛開始，珍妮特相信，在兒童時期注意大自然的細節，對茱麗亞的語言發展、寫作和藝術方面影響深遠，而茱麗亞對細節的敏銳觀察力將持續帶給她正面的影響。「茱麗亞和同年齡人不一樣的是，她並不那麼輕易地對『物品』產生印象。」珍妮特說，「那些真實的、永恆的——山頂上看到的風景、捕食中的飛鳥、夏天雨後的彩虹——才能讓她留下永久的深刻印象。」當然，珍妮特作為母親的影響已減少了。她的女兒已經不花那麼多時間在戶外。但茱麗亞並沒有失去對自然、獨處和簡單樂趣的熱愛。「這些價值觀在她小的時候就已經深深紮根，」珍妮特說，在那些她和茱麗亞傾聽沒有動靜的創造物的聲音的時候。

找回感覺

世界上最優秀的蝴蝶專家派爾，在為孩子們教授昆蟲的知識時，會先將一隻活的蝴蝶放在他們的鼻子上，讓蝴蝶來當老師。

「鼻子對牠們來說，像是十可供休息的樹枝或曬太陽的理想地方，昆蟲往往會停上一陣才會飛走。幾乎所有人都會覺得這是件有趣的事：輕微的搔癢、近在咫尺的各種顏色，蟲子們還伸出舌頭來到處探尋汗珠。但除了有趣，還包含了一種啟蒙。當孩子與自然有了親密的接觸以後（或許是第一次），他或她眼裡閃現出的那些小小頓悟，總是讓我感到驚訝。對成人來說這也一樣可以發生，讓他們想起某些他們甚至從不知道自己已經遺忘了的事情。」

也許，第八智慧，就是存在自然中的智慧，是等待一旦有人出現就能學習的課程。

這也是蕾斯莉．史蒂芬斯（Leslie Stephens）如何看待自然在教育中的必要性的。作為一個與自然十分親近的全職母親，在聖地牙哥長大的她，把自己描述成「男人婆」，總是帶著她的威瑪獵犬奧爾加在泰科洛特峽谷裡漫步。那幾年，泰科洛特峽谷還只是在住宅區邊緣，一大片被茂密樹叢和鼠尾草覆蓋的野地，小狼和鹿穿過郊區的住宅區到那裡玩耍。夏天的午後，史蒂芬斯一家都會在拉荷亞的貝殼沙灘上度過。每年八月，她都會去祖父母家住一段時間，她的祖父母住在蒙大拿州大瀑布市的萊恩水壩一帶。她十三歲時，曾經玩耍過的峽谷，有一部分被推土機剷平了，建成了住宅區。

當史蒂芬斯成為母親後，她們一家搬到另一個峽谷的附近居住。那個峽谷叫做鹿谷，對史蒂芬斯而言，那是「我們的小荒野，它既狹窄又幽深」。她希望她的孩子能夠在這個完全不同的世界學到東西。峽谷不僅激發孩子們的心靈，也開發了他們的智力。史蒂芬斯接著講述，峽谷如何在她少女時代教會她關於棲身之所的廣泛定義，並且讓她更深入地理解「宇宙運行的奧祕」。

在自然界漫遊的孩子，會很快地為自己尋找一個特殊的庇護所。他們會觀察灌木叢的結構，判斷是否可以作為堡壘。大的樹木是高聳的城堡，適合攀登的枝幹就是他們的「房間」。倘若奔跑於草木繁盛、灑滿陽光的山坡，或者一望無際的田野，那種開闊會讓他們感覺失去庇護所。只有經過這兩種截然不同的體驗，孩子們才能獲得更深刻的理解。自然還能教孩子們友誼的真諦。雖然他們也可以在別處學到，但是，那和在戶外學到的友誼是不一樣的。

當我跟我的孩子一樣大的時候，想要交朋友的人，都會在放學後或週末去季節性小溪旁的一棵大橡樹那裡玩。那是一棵可以攀爬的大樹，粗大的樹幹上有人曾經綁了一條粗繩。我們也許會撿拾河床底部光滑的鵝卵石和大石塊，也許在那裡奔跑、跳躍或拉著繩子盪來盪去。回憶起來，沒有人在那裡受過傷，即使我們在玩鬧中互相測試各自的極限，我們知道自己的限度。強弱次序毋需言語，自發形成。儘管如此，我們都是好朋友，我們彼此接納。只要在一起，大家就覺得很滿足。我們居住地的野性將我們綁在一起，彼此間都覺得有一種無法言傳的默契。

史蒂芬斯的回憶，讓我們想起一項引人入勝卻資料有限的研究，該研究認為，孩子在戶外玩耍的時間愈多，他／她的朋友就會愈多。眾所周知的是，最深刻的友誼源於共同的經歷，特別是在一個可以讓所有感官都活絡起來的環境中。某個層面上，透過我們的感官發現自然，或說重新發現自然，是一種學習或者投射注意力的方式。只有當你真正在做某件事，而不只是思考的時候，你才更容易集中注意力。

瑞克是位生於一九六〇年代的中學教師，他告訴我有愈來愈多的法律限制人們在自然環境中玩耍。他家後方是片荒地，那個時候只有三個本地電視台，其中一個還是西班牙語台，電腦和遊戲機並不存在。像當時大多數孩子一樣，約翰沒事便會去野外探險。他說：

> 我還記得，爸爸每次去車庫找鏟子而找不到時生氣的樣子。因為我總是拿鏟子去野外挖坑，很深的坑，能裝下整個人，上面還蓋上木板，我們甚至費盡心思用植物和泥土將蓋子掩住。很多時候坑頂會塌陷到我們身上，但是我們不斷吸取教訓。還有很多其他的冒險遊戲，譬如盪樹枝、放線長六百公尺的高空風箏。
>
> 爸爸有空的時候會幫我們，但是大多數時候，他會讓我們自己嘗試，去實驗、去探索失敗或成功。我們因此學到比「正確答案」多得多的東西；失敗使我們能夠真正深刻地理解各種事物。我們在上物理課之前，就弄懂了很多物理法則。

樹上的教室

自然可以無數種方式激發人的第八智慧，以及人的其他所有智慧。我對樹屋懷有親切的情感，它們總是能夠傳達一種神奇的感覺或是實用的知識。

瑞克的故事，讓我想起九、十歲時建造樹屋的經歷。我接球技術不好，但是我很擅長爬樹及釘木板。有個夏天，我領著五、六個小夥伴一起「徵用」了附近工地上「沒用的」木材。在一九五〇年代，我們並不認為那是偷竊行為，儘管事實上的確如此。那些木材像山一樣堆積著，有一些沾著混凝土的已經開始硬化了，夏天暴風雨過後，就會漂流到成為小湖的地下室裡。我們搬運著那些一二〇公分乘二四〇公分以及六〇公分乘一二〇公分的夾板時，木匠們對我們視若無睹。我們的口袋因為裝滿從地上撿來的釘子而鼓漲。

我們選了全州最大的橡樹，那棵樹應該有二百多年的歷史了。我們利用一片偷來的底板建了一個四層樓的樹屋，在第二層設了活板門作為樹屋的入口。隨著樹枝往上蔓延，樹屋每一層的構造就愈來愈複雜，空間也愈來愈大。最頂上是一個距離地面十二公尺的烏鴉巢，你得從第三層走出來，在一根粗樹枝上匍匐爬行三公尺，跳到一根更高的樹枝上，越過那根樹枝才能到達。我們利用繩子、滑輪和兩個籃子來為樹屋進行補給。這個樹屋是我們的大帆船、太空船和防禦工事。在樹屋上，我們可以看到遠處的玉米田和北部遼闊幽遠的森林。在訴訟十分流行的今天，回憶起那個樹屋，我們的所作所為簡直令人不寒而慄。

幾年以後，我回到那個地方，老樹依然健在。在它的枝椏間唯一留下的文明痕跡是二、三塊木板。今天，如果你開車穿越中西部或美國的任何一片樹林，你都可以看到類似的文物，那是從前樹屋的殘骸。可是你再也看不到太多新的樹屋。即使有，多是由大人們建造的，有時是為他們自己而建。

成人已經把建造樹屋變成了自己的專利，就像他們把萬聖節變成了自己的專利一樣。或許更準確地說，是重新占有。早在文藝復興時期，梅迪奇家族就建了一個大理石的樹屋。十九世紀中葉，巴黎附近的一個小鎮也以樹屋餐館聞名。現在，則有很多為成人編寫的樹屋建造指南，內容極為詳盡：建議將木板放在樹的主幹上、將木板綁牢以防風、使用自然纖維的馬尼拉繩而不是尼龍繩、地板稍微傾斜以疏導雨水、梯子不要釘到樹幹上，而要綁在樹上並且不依靠外物支撐等等。

作為一位樹屋建築師，我可以照著這些指南的建議去做，但是不必照本宣科，也一樣可以做的很好。我們建的樹屋足以滿足我們自己的需求，沒有人受傷，至少沒人受重傷。我們的樹是一棵學習樹。它教會我們相信自己，相信自己的能力。

最近，我和建築師朋友阿爾伯托·勞（Alberto Lau）討論建造樹屋的藝術和教育。他也是我所居住城市的建築規畫師，負責幾所新學校的建設工程。阿爾伯托在瓜地馬拉長大。「只有在這個富有的社會，孩子們才能得到免費的建築材料，」他搖著頭說。但是不久之後，他給我一張清單，上面列著過去我和我的夥伴們在建造樹屋時可能學到的東西：

- 你知道了最普遍的木材規格：一二〇公分乘二四〇公分的木頭夾板、五公分乘十公分的木榫，還有鐵釘的規格。
- 你可能會發現，對角線的支撐物能使結構更穩固，不管支架是搭建在角落，還是為了支撐起平台或樹屋的地板。
- 當你用鉸鏈固定活板門，你因此認識了鉸鏈。
- 你能區分螺絲釘和普通釘子。
- 如果用梯子連接樹屋各層的話，你能學會用梯子。
- 你會學到關於滑輪的知識。
- 你知道接合各個部分的時候，要特別注意窗戶，活板門等開口處。
- 你可能學到最好將樹屋屋頂設計成一般的傾斜狀，因為傾斜的屋頂有助於排水。

- 你可能因此知道建構時將窄的面置於上方，開始學習「物料的受力」這一門在技職學校開設的課程。
- 你學會使用鋸子切割。
- 你學會測量和立體幾何。
- 你了解身體的尺寸和世界的關聯，你的四肢與樹的直徑的關係、你的身高和樹的高度、你的腿和梯子橫木之間的空間、你雙臂的延伸範圍與樹枝之間的距離、你的腰圍和活板門的大小，以及你可以安全跳躍的起始高度等。

「還有一件事，」他補充道，「你可能從失敗中學到更多。也許一根繩子因受力過大而斷掉，一塊木板因使用的釘子太小、支撐不住而斷裂。透過不斷的練習，你可能還會學到工程學的基本原則：遇到複雜的大問題，你可以把它拆解成簡單一點的小問題來解決。也許你可以把建造樹屋拆解成以下的小問題：選擇哪棵樹、怎樣爬樹、在樹上的哪個位置建造；需要哪些材料、怎樣獲得所需材料；需要哪些工具、怎樣獲得所需的工具；多少時間、需要多少人力來完成；怎樣把材料運到樹上、怎樣切割材料；怎樣建樹屋的地板、建牆壁、建窗戶、建屋頂。」

人們普遍認為，在過去的幾十年裡，樹屋以及其他的自然界建構主要由男孩子完成，而參與其中的女孩子又被冠以「男人婆」這一奇怪而矛盾的名稱。但事實上，我們並不認為女孩子都像人們描述的那樣端莊嫻靜。關於孩子如何體驗自然這一課題，由於缺乏具時間跨度的研究，我們並不能證明女孩子不建造樹屋、挖壕洞，以及進行其他類似物理性質的實驗。例如，珍妮特雖然沒有建造樹屋，但是她在灌木叢中編織複雜的草房子。

當我跟一名叫舒蜜特（Elizabeth Schmitt）的臨床社工師說，樹屋是男孩子的遊戲時，她不以為然，並且告訴我她的故事：

我父親曾是二戰海軍飛行員，一九四八年六月二日他從哥倫比亞大學畢業之後，和我母親結婚。儘管父母都是紐約人，父親在伯利恆鋼鐵公司工作，是一名採礦工程師。因工作需要，一家人遷到賓州的鄉村。我們把居住的廠房稱為「玩具城」，因為所有的廠內建築都一樣。在那裡，我四處閒逛，和所有的孩子一起玩。男孩子和女孩子一起打棒球，建造小屋和樹屋。我像所有男生一樣活躍，但我不是男人婆。

一個正面的趨勢是，婦女戶外活動的機會增多了，因此女孩也得以有更多戶外活動的機會。截至二〇〇五年，根據「運動器材生產協會」的報告，四五％的帳篷露營者和三六％的背包客露營者是女性。如果現今孩子自行建造樹屋也和舒蜜特、珍妮特當年一樣稀鬆平常的話，我很好奇那些小小建築師的性別平例又會是如何。

事實上，阿爾伯托在南加大求學的女兒艾琳，是在斯克瑞普斯牧場的峽谷中蓋樹屋長大的。後來，當地社區管委會將孩子們建造的樹屋和堡壘都拆除了。即使如此，艾琳也曾在她的樹屋和峽谷中有過一個夢想。

大自然有一種讓人安靜的力量，不像城市的風景那樣誤導人，不像城市無處不在的廣告看板和廣告，總是試圖說服你去認同某一種形象。它只是在那裡，無所不容。

我所居住的地方，讓我在五到十四歲的時候籐夠在野外搭建堡壘。總之，這種經歷影響我對整個人為環境的看法。我主修景觀建築學，因為這個世界愈來愈迫切需要將自然景觀重新導入不那麼令人滿意的人造環境。我們為何不把小型生態系統放在城市中心？我們可不可以設計出像自然那樣「自然」，卻可以在夜晚安全散步的公園？

理想主義嗎？讓我們把這當作一種可能實現的選擇。這又讓我們想起了富蘭克林的情況。根據布蘭茲的講述，富蘭克林和他的朋友們經常去磨坊邊的蓄水湖釣小魚。但是當他們在湖中拖曳著腳步走時，會攪動池底的污泥，水因此變得渾濁，這對釣魚可沒有幫助。他們的解決方案是建造一個延伸到沼澤的小水壩。富蘭克林盯上了附近建築工地的石塊，他叫夥伴們等工人們離開再動手。

「男孩們等啊等，工人們一離開，建壩工程就馬上開始，」布蘭茲寫道，「幾個小時的努力之後，小水壩完工了，男孩們既滿意又自豪。建築工班的工頭第二天看到之後可沒那麼高興。經過簡單的調查，他們知道了石塊的下落，並弄清誰搬走了它們。於是，男孩們被送回家長那兒監管或受罰……」儘管年少的富蘭克林以「該工程對公眾的有用性為自己辯護」，他的父親提醒他公德心首在誠實。

孩子們是學到了更多的公民教育還是實用的反抗技巧，我們無從得知。但是對於富蘭克林和艾琳來說，自然是一個動用所有感官，從做中學的地方。

第七章　孩提時代的天賦：自然如何培養創造力

我有時候在我家院子裡玩耍，跟柵欄說話，唱著歌，引得野草也跟著唱了起來……

——伍迪．蓋瑟瑞（Woody Guthrie, 1912-1967，民謠歌手）

藝評家貝倫森（Bernard Berenson）回應「人類發展學說之父」——心理學家艾瑞克森（Erik Erikson）的說法，創造出以下理論：他認為創造力是「伴隨著孩童時代的自然天賦以及靈性空間」一起產生的。貝倫森曾經描述自己如何回溯那過去的七十年，憶及那些最快樂的時光，他總記得有些時候他是「完完全全地沉浸在完美的和諧」中的：

在我還是個小男孩的時候，我很喜歡待在戶外，那種迷人的感覺征服了我……銀色的朦朧在菩提樹上空微微地閃爍和顫抖，空氣裡充滿了香味，氣溫就好像愛撫帶來的感覺一樣教人舒服。我記得……我爬上了樹椿，然後突然就沉溺在「它」之中了。我並不知道它應該叫哪個名字，我不需要任何語言，它和我就是一體的。當然大多數孩子都像我那樣。多年來我一直保有那樣敏銳的感受力。

摩爾和貝倫森的觀點不謀而合。作為遊戲和學習環境的設計專家，摩爾曾經寫道，自然環境對於孩子們的健康成長來說至關重要，因為自然環境會刺激所有感官，將休閒玩耍和正當的學習結合起來。摩爾認為，在自然中使用多種感官的經歷，有助於建立「使智力持續發展所必需的認知體系」，並且透過提供孩子們自由的空間和素材來激發想像力，那些空間和素材用以完成他稱為孩子的「建築物和手工製品」。「自然環境和素材激發出孩子們無窮的想像力，並且作為發明能力和創造力的媒介發揮著作用，這是幾乎任何一群在自然環境中玩耍的孩子們身上都可以觀察到的事實。」摩爾說道。

該領域早期的理論工作是由劍橋建築師賽門．尼克爾森（Simon Nicholson）完成的，他是二十世紀英國最傑出的兩位藝術家班．尼克爾森（Ben Nicholson）和荷普沃絲（Barbara Hepworth）的兒子。一九九〇年，倫敦的《衛報》在為賽門寫的一則訃聞中，描述了他的主張，認為每個人都具有內在的創造力，但是現代社會一方面抑制了這種創造本能，一方面又將藝術家捧為具有天賦的菁英，「那些有天賦的人能擁有所有的快樂」。賽門的「活動零件」（loose-parts）理論被許多景觀建築師和兒童遊戲專家所採納。賽門這樣概括他的理論：「在任何環境中，發明和創造力的高低，以及探索發現的可能性，都與該環境中變數的數量和種類成正比。」所謂「活動零件」玩具，依照賽門的定義，就是開放式的玩具；孩子們可以用不同的方式去玩，可以發揮想像和創造力將它與其他的活動零件相結合。構成一個自然遊樂區域的典型活動零件包括水、樹、灌木、花和草；池塘和池塘中的生物，以及其他有生命的東西；沙子（如果沙子能跟水和起來就更好了）；能坐的地方，無論坐在裡面、上面或下面；能提供隱祕空間和景觀的建築物。超越上述自然遊樂區域，去到森林、田野和小溪，那麼那些「零件」會變得更加自由，也更能激發想像力。

也許有人會申辯說，具有近乎無限編碼可能性的電腦，是史上包含最多活動零件的盒子。但是由〇和一兩個數字組成二位元編碼的電腦，自有其局限，而能刺激所有感官的大自然，依然是活動零件最豐富的來源。

有研究比較了在相對較綠、較自然的場所玩耍，與在柏油路遊戲的孩子的不同，從而為活動零件理論提供了佐證。這份瑞典的研究報告指出，在柏油路玩樂的孩子，遊戲裡有較多的中斷情形，他們往往將遊戲分成短小的片段。但是在更天然的遊戲空間，孩子則會編造出完整的長篇冒險故事，讓他們可以天天演下去，既在自然中創造故事情節，同時又從自然搜集故事素材。

同樣地，在瑞典、澳大利亞、加拿大和美國，一項關於兒童在既有綠地又有人造遊樂場所的學校就讀的研究顯示，孩子在綠地玩耍時能激發出更多具有創造力的遊戲。其中一項研究指出，一個自然化的校園能孕育出更多的幻想，特別是那些能使男孩和女孩平等地一起玩耍的扮演遊戲（make-believe play）；另外一項研究報告說，孩子在那樣的地方玩，會表現出更旺盛的求知欲。研究者為創造性遊戲所下的定義很廣：和手腳會動的玩偶一塊兒玩；在想像中的戰場和星球上，或仙女和皇后生活的神話仙境裡玩角色扮演；詳盡規劃跳繩的玩法；用天馬行空的材料建造大廈或物件，以及探索環境。在丹麥有項更新的研究，比較兩群兒童的表現，一群在傳統的幼稚園學習，另一群則來自「自然幼稚園」，後者的孩子整個學年、整天都待在戶外。結果顯示，在自然幼稚園的孩子，表現較靈活，較能善用肢體，且更具意義的是，他們喜歡創造屬於他們自己的遊戲。

研究者還觀察到，當孩子在一個被遊樂器具、而不是自然元素占據的環境中玩耍時，他們會根據體力競技建立社交關係；當一片開闊的草地種上灌木以後（研究者稱為「植物空間」），所進行遊戲的成效也變得非常不同。孩子會玩更多的幻想遊戲，而且相對於之前依靠體力來建構的社會地位，變得更依賴於語言技巧、創造力和發明能力。換句話說，越有創造力的孩子，越能在自然的遊戲環境中當領導。

另外，回頭審視早期的研究時，伊利諾大學人類環境研究實驗室的泰勒（Andrea Taylor）和郭（Frances Kuo）提出警告，有些孩子在玩耍時會自覺地選擇場所。如果有機會選擇，而孩子們又打算參與有創造性的遊戲時，他們就會選擇到綠地玩耍。泰勒和郭的研究顯示，孩子們在較自然的環境中更能專注。而丹麥的研究取樣只有四十五名兒童，且是相對極端的環境設定。因此，這些研究並不能證明在自然環境中玩耍和創造力之間的直接相關。然而，創造力較強的兒童偏好在自然場所玩耍這樣的可能性，卻產生了一個關鍵性的問題：如果那些孩子不再能選擇在綠色空間裡玩耍而因此更富創造力時，那會怎麼樣呢？

自然與知名創作者

我很好奇，自然是如何影響那些著名創作者的早年發展的，所以我叫我那十來歲的兒子馬修，暑假中花些時間待在圖書館，從那些傳記裡搜集一些例證。他滿腔熱情地接受了這項任務。我打算花錢補償他的時間，但是他用自己的方式拒絕了。然而意識到這項任務所牽涉到的工作量，我堅持要給他報酬。或者，其他的補償方式？

「來個《星海爭霸》怎麼樣，爸爸，」他說。

「電玩遊戲？」

「電腦遊戲。」

我默許了。於是馬修去了圖書館，扛回第一批傳記。他興奮地把第一篇找到的文章拿給我看，那篇文章出自偉大科幻小說家克拉克（Arthur C. Clarke, 1917-2008）的傳記，克拉克同時也是首位將同步通訊衛星概念系統化的人。克拉克在英格蘭邁恩希德長大，那是個緊鄰布里斯托海峽的海濱小鎮。根據傳記作者麥克阿里爾（Neil McAleer）的敘述，克拉克的童年是在遠眺「能激發無限空間的幻想的大西洋」中度過的。在那片海岸邊，麥克阿里爾寫道，年幼的克拉克「用沙築起城牆並在潮水積蓄的水池中探索著」。

克拉克在冬天經常天黑了才騎車回家，在晴朗的日子裡會有星星和月亮照耀著回家的路。這樣布滿星子的夜晚使克拉克的宇宙觀開始萌芽。頭頂寧靜的夜空激發了他的想像力，帶給他對未來的憧憬。他知道，人類終有一天能登上月球，而隨後他們又能在火星的紅色沙土上留下自己的足跡。甚至太陽和其他星球之間的鴻溝最終也會被聯繫的橋梁所取代，而人類的後代將會對那些行星進行探索。

晚年的克拉克說，唯一能使他完全放鬆的地方就是海邊，或是漂浮在海中的失重感覺下。我把馬修搜集到的材料加入我找到的其他例子裡。聖女貞德首次聽到自然對她的召喚是在十三歲的時候。「是在夏日接近中午的時候，在我父親的花園裡。」珍古德（Jane Goodall）兩歲的時候就把蚯蚓放在她的枕頭底下睡覺（請勿在家模仿）。繆爾則描述了他童年時期在自己的家鄉威斯康辛州如何「沉湎於奇妙的野外」。馬克吐溫十四歲的時候獲得了一份成人才可以做的印刷工工作，但下午三點結束工作以後，他就會去河裡游泳或釣魚，或是駕駛一艘「借來的」小船。人們可以想像正是在那裡，當他夢想著成為一名海盜、捕獸人或童子軍時，他就漸漸地成為「馬克吐溫」。詩人T．S．艾略特，從小在密西西比河沿岸長大，他寫道：「我覺得我在那條河度過的童年裡，曾經歷過一些無法用語言描述的東西，而這是沒有在那條河度過童年的人無法體會的。」親生命性理論的提出者威爾森，曾經因為在「倦怠的心情下」發現了「一片森林和沼澤」而激動不已，並「養成了安靜和專注的習慣」。

在《愛迪生：創造世紀》（*Edison: Inventing the Century*）這本書中，傳記作家鮑德溫（Neil Baldwin）敘述了小愛爾（Al，愛迪生的小名）某一天去姊姊家的農場時走岔了路，而他姊夫卻在一個堆滿了稻草的盒子裡找到了他。小愛爾這樣解釋道，「我看見母雞蹲坐在雞蛋上，然後小雞們就從那些蛋裡面鑽出來了，所以我認為只要我蹲在鵝蛋上就能孵出小鵝來。既然母雞和母鵝都能做到，為什麼我不能？」據說事後，他姊姊看到小愛爾褲子上黏著蛋黃且滿臉沮喪，便安慰他：「小愛爾，這沒什麼……如果沒有人去嘗試做一些事，甚至是那些人們說不可能奏效的事，那麼人就永遠也無法獲得知識。因此，你得一直嘗試，也許有一天你所做的事情就能成功。」

或者再想想小羅斯福總統夫人愛蓮娜（Eleanor Roosevelt），美國史上較有創造力的公眾人物之一。在《愛蓮娜與富蘭克林》（*Eleanor and Franklin*）這本書裡，拉許（Joseph P. Lash）寫道，「從童年過渡到青年的這段時間，自然之美喚醒了她逐漸甦醒的理性。」他接著描述：

> 季節的變換、照耀在河面上的光影、森林的絢爛和涼爽，對她而言意義深遠，貫穿了她的一生。年過半百的她寫道，當她還是個小女孩時，「我最開心的事，莫過於我那年輕姑姑同意帶我去領郵件，她會在黎明前起床，帶著我穿過樹林走到河邊，划八公里的船，到提弗利的一個鄉村去取郵件，然後再趁著全家人還沒上早餐桌前回家。」

愛蓮娜會在樹林和田野裡躲上數小時，在那裡看書，寫些充滿奇思妙想和源於自然的隱喻性故事。在〈鍍金的蝴蝶〉(Gilded Butterflies)這篇文章裡——這是拉許在書中特別描述的短篇奇幻小說——愛蓮娜無意識地描繪了她的將來。這篇故事寫道,在一個炎熱的夏日,她仰臥在一片長草叢裡,這時她被一群蝴蝶發出的聲音嚇了一跳。「出於好奇,我豎起了耳朵,想聽聽牠們在說什麼,其中一隻蝴蝶脫口而出,『啐!我不會永遠坐在雛菊上的,我有更高的生命追求。我要了解很多很多的東西,還要見識所有的事情。我不會把生命浪費在這裡的。我要在生命結束前學到一些什麼。』」對愛蓮娜來說,文學、自然和夢想始終是聯繫在一起的。我們只能設想,如果沒有在自然裡待過,這個女孩將會如何發展。但是可以確信的是,她脆弱的力量在成長中也是需要保護的,需要時間和空間來聆聽內心的聲音。

對波特小姐(Beatrix Potter)來說,自然界的神祕色彩和想像力之間的聯繫就更直接了。著名的兒童文學作家波特,展現了非凡的採集能力。正如她的傳記作者蓮恩(Margaret Lane)所說的,波特和她的哥哥「膽子很大,什麼都不怕,他們所做的實驗中,有的難度很高,連他們的父母都驚歎不已。」

這兩兄妹「將無數的甲蟲、毒蕈、死鳥、刺蝟、青蛙、毛蟲、小魚,還有蛇蛻下的皮偷偷帶回家。如果那些死標本還沒去皮,他們就會將它們的皮剝掉;如果已經去了皮,兄妹倆就會忙著將它們煮熟,同時把骨頭留下。有一次,他們甚至成功地把一隻天曉得從哪裡弄來的死狐狸剝皮煮熟,並把它的屍骨拼接起來。」他們把帶回家來的每一樣東西都畫下來,然後把這些圖畫紙縫在一起做成一本本大自然的書。這些書裡大部分的描述都是符合事實的,「但那些邋遢的書頁上,也會不時出現兄妹倆想像的傑作。蠑螈的脖子上掛著圍巾、兔子們直立行走、在冰上滑冰、出門時頭戴帽子、懷裡揣著雨傘……」

自然提供許多人（無論他們是否有名）一個源泉，供他們汲取對模仿和連結的創造性感知。正如摩爾所指出的，體驗自然「幫助孩子們通過最初步的經驗了解自然體系的真相。它們展示了各種自然法則，譬如生態網絡、循環，以及進化過程。它們傳遞出這樣的資訊，即自然是一個獨特再生的過程。」能夠辨別和欣賞那些模仿樣式，是培養創造力很關鍵的一點，要知道，創造力除了對藝術創作影響深遠，還在自然科學，甚至政治領域發揮重要作用。

加州公務員理查．伊巴拉（Richard Ybarra），同時也是已故工會領袖查維茲（Cesar Chavez）的女婿，描述了查維茲似乎永不枯竭的心靈和精力，以及他的童年時期是如何為他日後天人合一的深刻理解產生影響：

他總是和自然有著緊密的聯繫，這得追溯到他住在希拉河邊農場的時候，他在那裡長大。他總是和河流緊密相繫，甚至他在生命中遭受的波折，也神奇地將他帶回他生命開始的地方。他的父親教他了解田地、土壤、水，以及這些東西是怎麼運轉的；他的母親教他認識草藥，以及所有自然產出的東西。種種跡象顯示，他的天賦是從生命最單純、也是最基本的過程和系統中獲得的。無論事情多麼複雜、艱難，他總是能洞悉一切。

當然，並不是每個孩子的童年都是以這種特殊的方式與自然進行接觸的，也不是每個孩子都能受到自然的滋養，而成為查維茲、愛蓮娜、波特或克拉克——或者，謝天謝地，他們也不會都成為聖女貞德。創造力同樣能從其他浸淫中獲得。當我和馬修研究那些更近代的創作者傳記時，發現提到把自然當作靈感來源的人慢慢變少了。一九七〇年代有創造力的人，包括搖滾明星，幾乎很少描述自己童年在自然中有過什麼帶來靈感的特殊經歷。這樣看來，沒有自然的影響，創造力似乎也能產生，但是，自然或許是個加速器。

自然、創造力和心醉神迷的地方

經濟學家范伯倫（Thorstein Veblen）曾經提出一個替代性研究方法，來為嚴肅的研究下定義。而關於它的結果，他說，「是讓原來只有一個問題的地方產生兩個問題。」如果根據這個定義來判斷的話，蔻波（Edith Cobb）就是一名優秀的研究者。她提供過滿滿一盒的「活動零件」，並且影響著一世代的兒童研究者。

一九七七年，經過數年的潛心（如果算不上嚴格意義上的科學的話）研究，蔻波出版了她頗具影響力的書，《童年想像力生態學》（*The Ecology of Imagination in Childhood*）。雖然她從紐約社工學院拿到學位，卻並不是個社會學家；她的專業知識主要來自她對遊戲中的孩子們長時間的觀察和記錄，以及她對於兒童和自然之間的關係經年累月的思考所得出的結論。她大部分的分析都基於她所收集的大約三百冊的自傳體回憶錄，這些回憶錄是由來自不同文化和領域的創造性思想家所寫的童年回憶。她總結說，在她研究過的富有創造性的人當中，幾乎所有人的創造力和想像力都根植於早年在自然中的體驗。

同樣地，根據她對兒童行為的觀察，蔻波得出論斷，小孩子「走出去和超越自我的能力，是由孩童時期感應自然環境的可塑性發展而來的」。她寫道，「就創造力而言，詩人和孩子的思維模式很相似。事實上，他們想像力的生態學很接近……」她認為有創造力的思想家會從記憶中獲得能量和動力，亦即在記憶的根源創造，而所謂的根源可能是某種經歷，不僅僅在有意識的情況下顯現，同時也在與外部世界產生緊密聯繫時的鮮活感知中體現。蔻波相信，這些經歷，首先發生在孩童時代的中期。「那些對於某種存在潛能的覺醒的記憶，是由自身在這個世界的早期經歷引起的，散見於科學文獻和美學發明中。自傳作家反覆強調，這種覺醒的產生是緣於對自然界敏銳的感官反應。」

在蔻波寫完這部極具先驅性、也頗具爭議的作品多年以後，環境心理學家喬拉（因為受到《童年想像力生態學》的激勵，才投身於這個領域）詳細地鑽研了蔻波的研究。雖然她發現該研究存在技術缺陷，但它提出的問題卻引起了她的興趣。她總結說，蔻波的理論必須修正，使之能適用於不同程度的經歷。有一點是可能的，她寫道，那就是所有兒童正發展著的意識，都與蔻波所描述的那個與所處環境產生連結的鮮活感覺有關。「然而，這種經歷只在某些孩子當中顯得特別強烈，以至於它會融入記憶，影響著成年後的生活」。例如，與藝術家相比，政商人士關於童年時期自然體驗的記述就比較少。但這並不意味著童年的自然體驗對於成長為未來的政治家或工商領袖無益，他們或許只是較少提及童年的自然體驗。當然，愛迪生和富蘭克林的傳記，說明了現代工業和設計最初的基礎正是源於童年的河流、樹林和農場。

喬拉並沒有斷然否定蔻波的理論，而是提出了自己的論點，認為創造力和環境之間的關係遠比蔻波想像的複雜。例如，「當一個孩子在誘人的自然環境或城市裡都無法享受自由的時候」，自然中的超驗兒時經歷就「永遠不會被揭示」。超驗感覺的產生並不需要引人入勝的景色，「但是小到前廊邊緣的一叢野草，或是短到在校外教學時偷偷溜進自然一會兒，都能激發出它。」

喬拉的研究進一步提出了創造力與早期自然體驗之間深刻卻仍未被明確了解的關係。「就我們所找到的資料來看，好的方面就是，自然不只對未來的天賦發展很重要。」她說。所謂的普通人，也曾在自然中經歷過那種超驗的時刻。「很多條線聚攏，組成最終的創造力纖維，而自然體驗是其中的一條。」

喬拉在最近的研究當中，探討了「心醉神迷的地方」（ecstatic places），她用的是「ecstatic」原始的意思。在當代，這個詞的相似詞有「愉快」或「狂喜」，但是這個詞在古希臘語裡的字根ekstatis，正如某些資料所記載的，意思是「突出的」或「站於自身之外的」。這些愉快或恐懼或兩者兼具的心醉神迷時刻，用喬拉意味深長的話語來說，「就好像放射性寶石一樣埋藏在我們心中，在我們一生的歲月裡放射出能量。」這樣的時刻，最常在早年於自然中體驗到。

作家蘇絡（Phyllis Theroux）動人地描述了她在前廊所經歷的令人著迷的時刻，當時她正在觀察一叢被晨曦照亮的野草蒼耳，「就像大黃蜂在豎琴的琴弦上抖動翅膀……金色、半透明、令人讚歎的麥捆。陽光溜過一束束的枝梗，使堆積在根部的露水好像著了一股清涼的火。我的眼睛一直凝視著麥仙翁草，一時間竟找不到合適的形容詞來描述。我願意就這樣靠著枝籬，從我的角度凝視這景象，卻不知道為什麼。」蘇絡接著寫道：

是不是存在這樣一種可能，而且這是習慣思考、不再好奇的成年人都會問的問題，每個人都會在長大後突然遇到像這樣把我們帶回過去的徵兆？我們是不是都有這樣的點滴經歷，當我們出於本能去回顧的時候，我們的心跳加速，並脫口而出，「喔，是的，它就在這裡，」或是「喔，是的，它就在那兒。」然後才能夠繼續前進？

當她回顧產生心醉神迷記憶所需的條件時，喬拉「訝異於這些設定的脆弱」。心醉神迷的記憶需要有空間、自由、發現，和「滿足五官所需的豐富展示」。當這些條件都符合的時候，即使在城市裡，自然也一樣可以給予我們養分。而在這些要求的背後，依然懸而未決的是「那難以定義同時又感情橫溢的美好本質……這樣條件的全數成立不是理所當然的」。令人著迷的地方為我們的孩子和我們提供的東西，甚至比蔻波所說的還要多。誠如喬拉解釋的那樣，心醉神迷的記憶給予我們「有意義的圖像、內心的平靜、與自然交融的感覺；還會帶給某些人具創造力的性格。這些益處中的絕大部分都是一般人類的優勢，無論我們是不是在這個世界上以創造性思想家自居。」

詩人的遊樂場

今天，絕大多數孩子們都被迫培養求知欲，因此導引出貝倫森所謂的「精神空間」。讓孩子玩電玩，或把孩子困在屋裡，純粹是因為害怕他們做出犯法的事。於是當我們讓孩子說出他們最喜歡的地方時，孩子的答案往往是他們的房間或閣樓，總之是一些安靜的所在，最普遍的特點就是安靜、平和，喬拉強調。所以，在自然之外的地方培養求知欲當然也是可能的。但是，電子或人工建造出來的環境並不能提供大批實體的「活動零件」，亦不能提供那些用來徘徊漫步的實體空間。

很多年前，我採訪過赫席柏格（Jerry Hirshberg），他是日本日產汽車在美國的設計中心的創始人和總裁。這個設計中心是日本汽車製造商在加州海岸沿線建立的數個中心之一。當我問及赫席伯格為什麼要建立這些中心的時候，他解釋說，日本人知道自己和我們的優勢：他們的專長是嚴謹、高效率的製造業；我們的專長則是設計。赫席伯格說，日本人認識到了美國人的創造力大部分來自我自由和空間——物理上和心理上的空間。他沒有用學術論點來支持他的說法，但是他說的卻是事實，而且這個事實一直伴隨著我。隨著我們漸漸成長，大多數的我們受到了自然與充滿其中的想像力所庇護。

美國人的天分是被自然滋養的結果——被空間，包括物理和心理的空間養育出來的。如果未來的孩子受到如此多的限制，而失去了伸展的空間，那麼這個民族本身固有的創造力會遭到怎樣的破壞，又會如何影響美國經濟的發展呢？也許有人會爭辯，就創造力而言，網路已經取代了樹林，但電子環境是不可能刺激所有感官的。到目前為止，大自然的密碼連微軟都沒得賣。

自然是帶有缺憾的完美，充滿了「活動零件」和各種可能，充滿了泥巴和灰塵、蕁麻和天空、超驗的時刻，和擦破皮的膝蓋。當構成童年的所有環節都被固定住，當孩子們不再有時間或空間在家裡的花園玩耍，在有星星和月亮照亮道路的夜晚騎腳踏車回家，步行穿過樹林到達河流；在炎熱的七月天裡躺在長草叢裡，或是觀察被晨光照亮的蒼耳像大黃蜂在豎琴的琴弦上一樣抖動翅膀，這時會怎麼樣呢？

創造力實在是太難定義和衡量了，它的定義具有相當強的主觀性，當然也限制了我們應用科學來探索的做法。因此，關於創造性的討論部分必須在控制組絕無風險的情況下進行，譬如在詩人、藝術家或哲學家領域。相較於人工環境，自然可能會激發不同種類的創造力和藝術。當代城市詩人已經遠離了華茲華斯和浪漫派，浪漫派詩歌的比喻是由崇高的自然力來勾勒的，它的節奏經常是由自然界的循環來決定。新的藝術語言是從人為製造的環境裡，從街道、從電腦裡產生的。這種城市或電子時代的創造力，是對著、也是為了現代的耳朵和眼睛而發聲，而它有其自身的節奏和隱喻。

希望在有助於現代或後現代創造力的風氣下教養孩子的父母，讓孩子理想地接觸了那個世界，但並非要排除與自然界的接觸。

自然，是崇高、嚴酷、美麗的，給予我們的是街道、封閉社區或是電腦遊戲所不能提供的東西。自然呈現在年輕人面前的，是大大超越了他們自身的東西；它提供了一個環境，在那裡人可以輕而易舉地思索無限和永恆的問題。孩子可以在某個難得的晴朗夜晚，坐在布魯克林的某個屋頂上仰望星星，並感知無限。對自然的沉溺轉而切換到了人所追逐的東西上，讓年輕人直接又迅速地面對那些關乎每個人的元素：泥土、水、空氣，還有其他的生物，無論大小。如果沒有那樣的經歷，正如喬拉所說的，「那麼我們就會忘記自己的位置，忘記我們的生命所依靠的那個更大的系統」。

第八章 大自然缺失症和恢復性環境

帶著理想和激動的心情，一名大學畢業生期望著成為一名教師；但是，在學習過程中，她所接觸到的學校環境使她深感困惑並倍受打擊。「學校裡有那麼多的考試，幾乎沒有時間上體育課，更不用說到戶外活動了，」她說，「在我教的幼稚園班上，孩子們跑到籬笆旁邊再跑回來，這就是他們的體育課。他們必須待在柏油路面，或者玩那兩個鞦韆中沒有壞掉的那個。」她不明白為什麼體育課這麼受限，為什麼學校的運動場不能建得更適合學生在自然中玩耍。很多教育者都與她有著同樣的看法。

但至少，她待的學校還有下課時間。在美國，隨著聯邦政府、州政府及當地教育局從二十一世紀的頭十年開始對考試成績提出嚴格要求，幾乎有四〇%的小學不是取消下課時間，就是正考慮這麼做。在這個以考試為中心、教育者對於安全責任的恐懼感與日俱增的教育改革年代，很多學區都把下課視為浪費時間或者高風險的事，「連李文沃斯鎮的監獄受刑人待在運動場上的時間都比一般人多。」──《運動畫刊》（*Sports Illustrated*）專欄作家洛申（Steve Rushin）如此評論道。事實上，學校的體育課早已式微，從一九九一到二〇〇三年，學生上體育課的比例已經從四二%下滑到只剩二八%，有些州現在甚至允許學生透過網路取得體育學分，不僅如此，戶外教學課程也遭到刪減。儘管校方減少了學生從事課外活動的時間，卻還繼續增加上課時數，諷刺的是，在學校教育跟大自然脫勾的同時，我們恰巧看到致命的兒童肥胖問題急速增加，而且有愈來愈多的證據顯示，體能活動和自然經驗跟心智的敏銳及注意力有關。

令人欣慰的是，一些研究顯示，自然可能有益於「注意力缺失過動症」（ADHD，簡稱過動症）的治療，可以和藥物治療或行為療法並用，甚至適當的時候，可以代替後者。一些研究者建議父母和教育人員讓過動症的孩子更頻繁地接觸自然，尤其是有綠色植物的地方，以此支援他們的注意力功能，減輕症狀。事實上，這項研究啟發了我使用「自然缺失症」這個更廣義的詞，來幫助我們理解很多孩子經歷的東西，不管他們是否被診斷為過動症。同樣，在這裡，我不是把「自然缺失症」當作科學或醫學術語來使用。當然，還沒有任何學術研究者使用過這一術語；他們之中也沒有人將過動症完全歸咎於自然缺失。但累計的科學證據讓我相信，這個概念（或假說）在一個外行人試圖描述一種可能加劇兒童注意力困難的因素時，是合適且有用的。

首先，來看看相關診斷和目前的治療方法。

美國有近八百萬兒童深受精神障礙之苦，而過動症是其中較常見的一種。這種病症大多發生在七歲以前，通常在八到十歲時被診斷出來。有些人用首字母縮寫ADD來代表不具過動症狀的「注意力缺失症」。不過，「過動症」是為更多人所接受的醫學診斷。患有這一病症的兒童，煩躁不安、注意力無法集中、無法認真傾聽、按照指示做事、集中精力完成任務。他們也可能很有攻擊性，甚至有厭煩社會的情緒，容易因為學業困難而受打擊。根據美國精神醫學會的定義，「過動症的主要特點在於，它是一種注意力不集中和／或過度活躍和強迫性行為的持續症狀，比同個發展時期的正常兒童所表現出來的注意力不集中和／或過度活躍的情況更為頻繁、更嚴重。」一些不知情的民眾傾向將過動症與不良的家庭教育和其他社會因素導致的不成熟行為聯想在一起，然而現在很多研究者認為，過動症是與兒童大腦形態差異相關的器質性異常。

有些人批評，利他能（Ritalin）、右旋安非他命（Dexedrine）這些常開的興奮劑藥物，儘管在很多病例中是需要的，但是在一〇％到四〇％的病例中存在處分用藥劑量過高的問題。利他能是一種中樞神經系統興奮劑，與右旋安非他命、甲基安非他命和古柯鹼等有很多相似的藥理作用。與其他國家和地區相反，一九九〇至一九九五年間，美國此類興奮劑的使用增長了六〇〇％，這個數字還在不斷增加中，特別是在對孩子的使用上。二〇〇〇年到二〇〇三年，用於學齡前兒童過動症的藥物治療增加了三六九％。儘管診斷為過動症的兒童有男有女，但採用藥物治療的案例中大約九〇％都是男孩，通常是在校方的建議下接受藥物治療的。

一位兒童精神科醫師解釋說：「我的偏見是，與男孩過動症患者症狀相似的女孩過動症患者並不常見。」注意，他用的是「偏見」一詞。關於過動症，在醫學和政治上仍有許多謎團沒有解開。過動症和治療人數的大幅度增加，顯示過動症一直存在，只是被稱為別的病名，甚至完全忽視過動症給患者及其家庭帶來的痛苦。另一個解釋歸結為適用性：現在所使用的藥物在三十年前還未被熟知，或者沒有藥廠的大力推廣，以及尚未得到醫生的完全信任。幸運的是，我們現在能使用這些藥物了。儘管如此，關於此類藥物的使用和過動症的誘因仍有爭議。在書寫本書時，最新發現的罪魁禍首是電視。第一份研究看電視和過動症關聯的報告發表於二〇〇四年四月。西雅圖兒童醫院和地區醫療中心認為，學齡前兒童每天看一小時的電視，將讓七歲前出現注意力不集中和其他注意力缺失症狀的可能性增加一〇％。

這個訊息讓人不安。然而電視僅僅是我們生活的大環境／文化變化的一部分，或者說，只是從農莊文化到高度城市文明的迅速變遷中的一部分。在農業社會或開拓和殖民時期，或狩獵和採集時期（也就是說，人類歷史的大部分階段），精力充沛的男孩總會因力氣、速度和靈敏而受到稱讚。正如前文所說，直到一九五〇年代，很多家庭仍然保留著與農耕文明的某種聯繫。男孩和女孩都透過具有建設性的方式來使用他們的精力：做農事、捆乾草、在深水潭中游泳、爬樹、在沙地上狂奔、打棒球等。他們不受約束地玩耍，在自然中無處不在。

恢復性環境

雖然還沒有確實的證據和制度上的幫助，但很多父母發現孩子在戶外活動時，孩子的壓力指數和過動症狀出現了令人欣喜的變化。「我兒子仍然在服用利他能。但他在戶外活動時安靜了許多，所以讓我們開始考慮是否要搬到山區居住。」一位母親告訴我。他是不是只是需要更多的體育活動？「不是。他一直有參加體育活動。」她說。無獨有偶，《舊金山》（*San Francisco*）雜誌曾經在十月號的封底上刊出一張生動的照片，那是一個帶著欣喜眼神，把暴風雲和滔天巨浪拋在身後，在綿延不絕的加州海灘上又跑又跳的小男孩。根據上面一小段文章的解釋，這個男孩患有過動症，原本已經被踢出學校，他的父母不知該拿他怎麼辦，但他們注意到大自然可以讓他專注並平靜下來，於是幾年來都帶著兒子往海邊、森林、沙丘和河邊跑，讓大自然發揮它的功用。

這張照片攝於一九〇七年，男孩名叫亞當斯。「五千年前，我們的大腦是設計來適應農業的、自然導向的生存方式。」暢銷書《好兒子》（*The Good Son*）和《男孩的奇蹟》（*The Wonder of Boys*）的作者、家庭醫學專家古瑞（Michael Gurian）說：「從神經學上來說，人類還沒適應今天這種過度刺激的環境。大腦很強大、很靈活，因此七〇％到八〇％的孩子可以適應良好，但剩下的孩子就不行了。讓孩子們親近自然，情況會明顯不同。我們偶然在案例中發現了這一點，但還不能證明。」

新的研究也許能證明。

這項研究立基於由史蒂芬和瑞秋・卡普蘭（Stephen & Rachel Kaplan）夫婦所提出的「注意力恢復理論」。卡普蘭夫婦是密西根大學的環境心理學家，受哲學家和心理學家威廉・詹姆斯（William James）的啟發而提出這一理論。一九八〇年，詹姆斯描述了兩種注意力：導向性注意力（directed attention）和入迷（fascination，非自覺的注意力集中）。早在一九七〇年代，卡普蘭夫婦為美國林業局主持了一項為期九年的研究，針對參加名為「走向戶外」（Outward Bound）的荒野活動人員進行追蹤分析，參與者要在野外生活兩週。在活動期間或活動結束後，參與者說，他們體會到一種寧靜感受，思路也更為清晰，同時還表示，雖然荒野活動大多以攀岩等對體力有很大挑戰的活動聞名，但他們認為單純待在自然中比去參與那樣的挑戰，健康狀況恢復得更好。

卡普蘭夫婦提出的「恢復性環境」理論發揮了遠遠超出預期的積極效果。根據他們的研究，過多的「導向性注意力」會引起「導向性注意力疲勞」，主要症狀為強迫性行為、焦慮、煩躁和無法集中注意力。「導向性注意力疲勞」產生的原因是由於神經抑制機制要不斷地阻擋其他的刺激，從而變得疲勞。史蒂芬在《心理學觀察》（*Monitor on Psychology*）期刊中解釋道，「如果你能找到一個能夠讓你自動產生注意力的環境，你就可以讓導向性注意力得到休息。也就是說，該環境有著很強烈的迷人之處。」跟自然相關的迷人元素是有恢復能力的，可以幫助人們解除導向性注意力的疲勞。的確，依據卡普蘭夫婦的研究，自然就是這種具恢復性的緩和劑的最有效來源。

卡普蘭夫婦於一九九三年在美國心理學會發表了一篇論文，該論文調查了一千兩百多名公司和政府機構的辦公室工作人員。辦公室窗外有綠樹、灌木或大草坪等景色的員工與辦公室窗外沒有那些景色的員工相比，他們的挫折感遠遠少於後者，並且有更積極的工作熱情。和其他類似的減壓研究一樣，這項研究顯示，人不是一定要生活在野外，才能受益於自然在心理健康方面的饋贈，而那所謂的饋贈包括更好的工作表現和更清晰的思路。

隨後的一些研究成果支援了卡普蘭夫婦的注意力恢復理論。譬如，瑞典耶夫勒烏普薩拉大學住宅與都市研究協會副教授哈蒂格（Terry A. Hartig）和其他研究者，比較了三組背包旅行愛好者：到野外進行了一次背包旅行的那組的校對能力有所提升，而在城市度假或沒有假期的兩組則沒有進步。二〇〇一年，哈蒂格闡釋了自然能幫助人們從「正常心理磨損」的狀態中恢復，但自然也能改善注意力集中的能力。哈蒂格強調，他沒有分析那些極端現象，譬如內華達山區居民和東洛杉磯居民，他的調查集中在他所稱的「典型的當地條件」上。在《心理學觀察》發表的一篇論文中，哈蒂格要求受試者用四十分鐘完成一連串旨在消耗他們的導向性注意力的任務。在那消耗注意力的任務之後，他隨機將受試者指派去以下三種試驗環境之一，再花個四十分鐘「在當地自然保護區中散步、在城裡散步，或者安靜地坐著聽音樂和看雜誌。」研究顯示，「之後，在自然保護區散步的人處理標準的校對任務時，表現得比其他受試者更好。同時，他們情緒也更為正面積極，更少生氣」。

自然的「利他能」

注意力恢復理論適用於所有人，無論年齡大小。但是對於兒童，尤其是有過動症的兒童，效果如何呢？

「綠色空間擴展了兒童注意力的資源，使他們能更清晰的思考，更有效地應對生活壓力。」康乃爾大學人類生態學院助理教授葳爾斯寫道。二〇〇〇年，她透過一項研究發現，大體上，親近自然能幫助延長兒童專注的時間。研究中，兒童從遠離自然、綠地的居所搬到自然、綠地條件更好的住處，比較他們搬遷前後的認知功能，「即使將住屋條件改善的影響計入考慮，兒童專注能力的變化仍很明顯。」

瑞典研究者比較了處於兩種不同環境下的幼稚園學童：其中一個幼稚園，有安靜的玩耍空間，周圍高樓環繞，有矮樹和磚砌小道；而另一個幼稚園，本著「無論任何天氣都在戶外」的思想，設在有草地和綠樹的果園，靠近繁茂的花園和岩石。研究顯示，無論任何天氣，每天都在戶外玩耍的孩子，比另一個幼稚園的孩子有更好的運動協調能力和更強的注意力集中能力。

伊利諾大學人類環境研究實驗室在這一領域進行了很多重要的研究。泰勒、郭和沙利文（William C. Sullivan）發現，綠色戶外空間培養了創造性玩耍的能力，使兒童能夠獲得更多與成人間的積極互動，並且緩解注意力缺失的症狀。環境越綠，緩解效果越大。相較之下，像是看電視等室內活動，或鋪了路面、沒有綠色植物的戶外環境，都會使孩子的症狀加重。

在一項針對七到十二歲過動症兒童家庭的調查中，研究者請家長或監護人標注放學後或週末的活動對孩子表現好壞的影響。活動被分為「綠色」與「非綠色」。綠色活動包括露營或釣魚等；非綠色活動有看電視、玩電玩、做家庭作業等。有一些活動如玩直排輪，則被歸入「不確定」。這項研究的控制組非常複雜，因篇幅所限，無法在此詳細描述，但是，可以肯定地說，這個研究團隊很仔細地考慮到了各種變數。他們發現，兒童日常環境中的綠色植物，即使只是從窗戶看到的綠色景色，都可以減少注意力缺失症狀。總之，戶外活動都是有效的，而在有樹和草的環境中進行的戶外活動，則是最有效的。正如他們在《環境與行為》（*Environment and Behavior*）期刊上所指出的，「與在鋪了路面的戶外或在室內玩耍後的效果相比，在自然的、綠色的環境中進行的活動，更有可能讓注意力缺失症兒童集中注意力。而導致注意力缺失症症狀更加嚴重的活動，多出現在室內，或是沒有綠色環境的戶外活動中。」

他們還發現，住家附近的自然環境，對六到九歲女孩的正面積極影響大於男孩。一般來說，一個女孩從家裡看到的綠色風景愈多，她就愈能集中注意力，強迫性舉動愈少，並且愈能延長滿足感。這能幫助她在學校表現更好，譬如處理同儕壓力，避免危險和不健康的行為等。研究者認為，這樣女孩未來就更可能成功。有些心理衛生專家認為，如果女孩從生理上就不像男孩那麼易於患過動症，那她們表現出來的症狀相對也會較輕，所以在接受治療時會有更積極的反應，無論治療方式是藥物還是綠色療法。

根據這一調查，伊利諾大學對女孩的家長、照顧者和相關人員提供以下非正式建議，這些建議同時也適用於男孩：

- 鼓勵女孩在能看到自然風景的房間裡學習和玩耍。
- 鼓勵孩子在有綠色環境的戶外玩耍，並且倡議學校讓孩子在綠色的活動場所活動，對對恢復孩子的注意力特別有幫助。
- 在住家種植和維護樹木及其他植物，或鼓勵你的房東這樣做。
- 珍視並愛護你所在社區的樹木。愛護樹木等於愛護人類。

除了芝加哥舊城區住宅專案的工作，人類環境研究實驗室還研究了自然對中產階級家庭過動症兒童的影響。在這個研究中，和國宅發展專案一樣，家長們說，孩子在綠色環境中待上一段時間後，過動症的症狀減少了。「你可以說孩子的居住環境變得更綠，是因為他們的家庭變得更加富有，」郭說，「但那不能解釋為什麼富有的孩子在綠色環境中待過之後表現會更好。」報告中說：

參加者被問到，他們是否發現綠色環境對他們孩子的注意力有積極或消極的影響。一位家長說，因為最近天氣很好，她開始每天早上在兒子上學前帶他去公園三十分鐘，而且他們「可以一起消磨一點時間」。她說：「現在回想起來，我注意到他上學的態度愈來愈好，而且上星期的作業也做得比以前好。我認為我們在公園的時候很開心、很安寧、很平靜。」

另一位家長說，他的兒子能連續幾小時打高爾夫或釣魚，而且在做這些事情時他兒子「非常放鬆」，注意力缺失的症狀也減到最輕。「我讀到你們的研究結果時，我大夢初醒，」他告訴研究者，「我想，是的，我也看到了這樣的結果！」

我訪談過的幾位家長也這樣認為。他們都認為孩子的過動症症狀在自然中緩解了，也鼓勵孩子多在戶外活動。當我告訴他們伊利諾大學的調查結果，他們感覺自己的做法得到了肯定。

泰勒和郭最近的調查結果同樣很有說服力。根據一項尚未發表的研究（泰勒強調這項研究「還在進行中」），如果尚未接受藥物治療但被診斷為過動症的孩子，在具備自然環境條件的公園中散步二十分鐘，他們的注意力表現會比在市區或住宅區散步來得好。

下一階段的挑戰，就是傳播這些知識並實踐。儘管用藥能暫時緩解過動症的症狀，改善注意力和學習能力，但對孩子長期的社會生活和學業學習的成功可能幫助不大，還會產生不良的副作用，譬如睡眠干擾和抑制成長，根據美國「國家心理衛生研究中心」資助的大規模隨機調查顯示，用藥的過動症兒童平均每年少長一．二公分。第二類的治療方案，即行為治療，教導兒童如何自覺掌握注意力和衝動行為，但這些治療方法的療效仍不確定。

多花時間和自然相處，少看電視、多做具啟發性的遊戲和設定具教育功能的環境，可以對兒童注意力缺失的治療起長效作用，而且能讓他們生活得更快樂。人類環境研究實驗室的研究者相信，他們的研究結果能使自然療法最後發展成潛在的第三種治療方式，既可以與藥物或行為治療結合，也可以獨立使用。行為療法和自然療法如果結合使用，也許能教會兒童，在需要一種工具讓自己安靜下來時，能夠在心中想像於自然中的真實體驗。一位治療兒童過動症的精神科醫師，提到自己面對輕度壓抑的情況。「我在密西根長大，從小用假蠅釣魚，就是那時候，身為孩子的我體會到了平靜。」他說：「因此，一旦我覺得壓抑，我就自我催眠，將自己帶到那裡，回想起當時的場景。」他稱之為「草地記憶」。儘管他堅定地相信當前所存在的過動症藥物治療的適用性，但是，對於自然療法有可能成為另一種專業治療工具，他感到相當振奮。此外，正如郭所說，開出「綠色時間」的藥方治療過動症還另有長處：它隨處可見、無副作用、不會讓孩子受辱且價格低廉。

如果自然療法真的能減輕過動症症狀，那麼可能反之亦然：過動症可能是由於缺乏接觸自然而加重的一連串症狀。按照這個思路，很多兒童能從藥物中受益，但失調可能正存在於這個強加給他們的人工環境，而非兒童本身。從這個角度看，使孩子遠離自然和自然遊樂的這個社會才是失調的根源；將孩子從自然環境中隔離，無異於減少他們的氧氣。

注意力恢復理論還可擴大應用在家庭、教室和課程表的設計上。美國第一座專業設計的城市公園是紐約的中央公園，最初被視為促進公民意識和公共衛生的必要之舉，是為了所有紐約居民而修建，無論男女老幼尊卑都能享受到新鮮空氣。如果自然缺失症作為一個假設的條件，對兒童（和成人）產生了影響，無論他們是否生理上有注意力缺失的傾向，那麼，無論是就個人，還是整個社會而言，自然療法都將使最多的人獲得最大的益處。

自然體驗對注意力缺失及兒童健康發展的影響的研究仍在起步中，很容易受質疑。這個領域的優秀學者們最早就指出：「我們之中很多人直覺認為自然對兒童是有益的。」泰勒和郭在最新的研究概述中寫道：「在這些直覺之外，還有充分的理論根據證明為什麼人類，當然也包括兒童，可能天生就有接觸自然的需求。」是的，我們需要更多的研究，但沒必要枯等。正如泰勒和郭所指出的，「若非要等到不同取樣的兒童、在不同的情況且沒有研究設計缺陷的條件下，所有統計上可靠的研究結果都指向同一方向，才接受自然的確有益於促進兒童健康發展的事實，那就實在太小氣了」。如果，愈來愈多的證據支持，「接觸自然對孩子的重要性，不亞於優質的營養和充足的睡眠，那麼就需要認真看待目前在兒童進入自然方面的趨勢了」。

即使最全面的研究，也不能直接顯示自然體驗的全部好處。其中必定無法量化的好處（之後的章節會討論），是自然對兒童、進而對成人精神生活的貢獻。正如普林斯頓大學愛因斯坦辦公室裡掛著的那句話：「並非所有重要的東西都能計算，也並非所有能計算的東西都重要。」我們不需要等待更多的研究來證明我們的常識或天賦，其實現在有可能都太遲了。

以棍子觸天

一個星期天下午，六名十幾歲的年輕人聚在離我住處不遠的辯護律師伊巴拉（Daniel Ybarra）的辦公室。他們正在保釋期，其中有幾個患有過動症。他們看起來跟你平時生活中遇見的問題青少年一樣：一個幫派成員戴著白色網帽，穿著黑色緊身衣；一個女孩頂著橘色的頭髮，指甲快被啃光了；另一個男孩戴著黑色軟帽，頭上再綁上印花頭巾，脖子上掛著海豹皮製的特里吉特族（Tlingit）藥袋。

「你是不是準備把你的公車票卡放在那裡面？」其中一個人開玩笑說。

他們剛結束為期兩週的監護期，那段期間他們在阿拉斯加的科奇坎和當地的特里吉特部落一起生活，那是個名叫卡克的村莊，位於阿拉斯加西南部，人口只有七百五十人。卡克在一座島上，只有一艘渡船每五天來小島一次。這些年輕人是被一名對替代性懲罰感興趣的高等法院法官派往阿拉斯加的。

多年以來，伊巴拉一直夢想讓問題孩子遠離城市，貼近自然。在法官的支持下，他辦到了。他說服阿拉斯加航空公司提供廉價機票，從法學院同窗、一位職業橄欖球運動員和全國工人聯盟那兒籌募到了款項。

伊巴拉帶領的這群青少年中，有些從未去過山區，或者從未離開過文明的範圍，甚至一名女孩去過最遠的地方就是有次從位於城市的家前往郊區。當他們突然被送到一個充滿冰川和塔庫斯（takus，突發的風暴，強勁的風幾乎可以把森林夷為平地）的地方，發現自己置身於都是大灰熊的海灘上，有海象出沒的海峽，而像麻雀一樣常見的禿鷹就蹲坐在樹枝上。

幾千年來，特里吉特的村莊一直面向大海，仍然以捕魚為生。儘管特里吉特人有自己的問題，譬如藥物濫用，但他們仍然擁有很多年輕人缺少的東西。戴黑色軟帽的男孩說：「我從未見過夜晚如此漆黑的地方。我能看見海象、灰熊、鯨魚、跳躍的鮭魚。我捉螃蟹和牡蠣，而且一抓到就吃掉。我感覺自己回到了過去。」穿著新嬉皮風格裝束的女孩補充道：「我從未見過熊，非常害怕。但我看到牠們時，卻感到非常鎮定、自由，絲毫不覺得壓抑。你知道嗎，最好玩的是採莓子。我都上癮了，像抽菸一樣。」她笑道，「就只是採集它們，就只是待在灌木叢中。」

其中一位年輕人說，他幾乎拒絕搭機回家。但他回來後下定決心要成為環境法方面的律師。他們學會了「沙啊呀迪達那」（sha-a-ya-dee-da-na），這是一句特里吉特語，意思是「自重」。在自然中，在與從未和自然分開過的人們的交往中，他們學會了自重。

「我遇到一個小男孩，和他一起待了很長一段時間，」屋子裡一名年輕女孩說道。她留著又黑又長的頭髮，雙眼像夜裡的太陽般明亮。「一天，我在外面，就在我們馬上要進入一間舒適的小屋前，他問我：『妳能不能用一根棍子碰到天？』我說：『不行，因為我太矮了。』他很失望地看著我說：『妳太軟弱了！沒有試過，怎麼知道不能呢？』」回想起這些，那個年輕女子的眼睛亮了起來。「這是第一次，一個四歲的小孩那樣對我說話。」

她回家時，她媽媽並沒有來機場接她，她一個人回到了空盪盪的屋子。

「昨晚，我看到這些樹木，想到了卡克，」她說。

任何和癮君子或不良青年打過交道的人都知道，這些人有多麼善於迎合、老於世故，他們可以是那樣子的。然而這個下午，我從這群人的眼睛裡，看不到一點兒騙人的跡象。他們被改變了，至少在一段時間內——一天、一週、一年，或者可能是一生。

第三部

最好的動機：為什麼強尼和珍妮不再出去玩了

我們的孩子不再試著閱讀
自然這部巨著，
不再親身體驗
與這個四季流轉的星球進行創造性的互動
他們不知道水來自何方又流向何處。
人類的慶典及天地的禮拜
默契從此不再。

——溫德爾．貝瑞（Wendell Berry，美國詩人）

第九章 時間壓力和恐懼

既然我們已經了解了自然體驗的許多價值，便該接著深入研究妨礙人們接觸自然的障礙。在這些障礙中，一些是文化或制度層面的，譬如愈來愈多的訴訟、教育過程中將自然體驗邊緣化的趨勢；一些是結構性的，例如都市的規畫方式。其他的因素則是個人或家庭層面，如時間壓力和恐懼。這些制度或個人的因素有一個共通點，即障礙的製造者在做的時候通常都是出於一片好意。

我兒子傑森九歲的時候，一天下午我從學校接他回家，我們在路邊的公園停下來玩球。寬敞的草地上到處都是兒童足球隊。傑森和我從草地中心走到邊邊，找了一片沒有足球隊員的綠地，開始來來回回地拋球。這時，傑森同學的媽媽向我們走來，我認識這位像運動員一樣的女子，她非常看重她孩子的學業和田徑成績，對自己的要求更是嚴格。

「你們在幹麼？」她微笑著問我們，「在等球隊嗎？」

「不，我們在拋球。」我答道，一邊把球傳給傑森。

「啊，浪費時間，」她說。

從什麼時候起，在公園玩球變成浪費時間呢？當然，這位母親是好心，大多數人也都是出於好意。不過，也因此美國人，尤其是孩子們的生活節奏不斷加快。我們努力改善學校，提高生產力，積累更多財富，然後提供更多技術教育。但是結果並非總如我們所願。

我們的生活變得更富有了，但我們的創造力減少了。為了更有效地利用時間，我們之中一些人可能無意中扼殺了做夢的時間。因為擔心，我們會採取措施保護孩子們的安全，另一方面卻降低了孩子自我保護的能力。那些傳統上應該將孩子帶到戶外的機構，現在的一些政策事實上也在隔絕孩子和自然。甚至一些環保組織也正在加速這一隔離的進程，他們是無意識地，出於一片好心，但實際上卻使環保主義的前景和地球自身的健康陷於危險之中。

好了，我們再回到公園這個話題。

我講這件小事並不是要貶低足球的重要性。當然，組織性的運動能把孩子們帶到戶外，而且也各有特色。但是，我們依然需要在組織性的運動、孩子的生活節奏和自然體驗之間找到平衡。這很困難，但是是可以實現的。

八〇％的美國人生活在都會區，但這些地區的很多地方嚴重缺乏公園空間，對現有公園的支援在近幾十年也出現了萎縮。譬如根據公共土地基金會（TPL）的資料，洛杉磯僅有三〇％的居民住在步行可達公園的地方。

更進一步來說，公園設施愈來愈傾向於摩爾所說的「遊戲商業化」。摩爾細心觀察並紀錄了一個廣泛的國際趨勢，那就是「把公債投資在運動場所，而非供自由玩耍的多功能場所」。他補充說，「全世界營利性的室內遊樂中心不斷地發展壯大。到目前為止，這些遊樂中心所提供的，是選擇類別不多的活動專案。」在此同時，空地逐漸消失，郊區發展的自然本質正在改變。早年規畫中可能保留下來的郊區空地正在減少，取而代之的，是分布更稠密、人工規劃出來的修剪平整的綠地，且受嚴格合約管理。摩爾指出，「大多數國家在遊戲空間配置方面，甚至沒有普遍性的指導原則。」

一九八一年到一九九七年，孩子花在組織性運動上的時間增加了二七％。一九七四年，美國青年足球協會的會員大概有十萬人，現在這個協會擁有大約三百萬名會員。因此，球場的需求量就直線上升。與此同時，公園的支出卻在下降，且在建造公園時，設計師會努力減少未來可能要承擔的責任，也就是說，鼓勵各式各樣的遊戲方式並非他們優先考量的問題。一塊平坦的草地或人工草皮（已在西雅圖市的幾個公園鋪設），對組織性運動來說可能已算得上完美，但是對自由的玩耍來說卻不夠。當我們把公園當成運動場來建造時，孩子獲得了踢足球的場地，卻失去了隨心所欲玩耍的空間。事實上，研究顯示，當孩子們可以自由玩耍時，他們會去公園的周邊、溪谷、石坡，以及有自然植被的地方。一個公園可能會被修剪得整整齊齊，美麗如畫，但是在這個過程中，孩子們曾經嬉戲過的自然角落和空間可能也因此消失。

諷刺的是，正如先前所述，雖然有一系列複雜的原因，但兒童肥胖症的流行確與兒童組織性運動的迅速增加同步。當然這並不是說組織性運動導致了肥胖症，不過安排過度、組織過度的童年倒是可能會引起肥胖。失去了自然的童年，也就失去童年最重要的特質。

用一種有意思的方式去體驗自然，需要一些時間，隨意的、夢幻般的時間。除非家長足夠清醒，否則這種時間將會變成稀有的資源，並非他們有意縮減這些時間，而是因為時間被各種無形的力量消耗了；因為我們的文化目前太輕視在自然中的遊戲了。我走遍全美，為寫作《童年的未來》（*Childhood's Future*）一書作研究時，我讓聖地牙哥市傑拉貝克小學一群五、六年級的學生分享他們的日程表。一位女孩的說法很有代表性：

> 我真的沒時間玩，因為我要上鋼琴課。媽媽要求我每天練一個小時的鋼琴，然後我要寫作業，大概要花一個小時，然後還要練習足球，那是從五點半到七點鐘，然後，也就沒有時間可以玩了。週末的時候通常有足球比賽，而且我得練琴，還得做一些花園裡的工作，然

後，我還要做一些雜務，然後，我終於可以自由玩耍了，但這只有大約二、三個小時的時間。

我對孩子們為玩耍所下的定義很感興趣：通常他們的定義既不包括足球課，也不包括鋼琴課，對他們而言，這些活動更像工作。

當年輕人有額外的、日程表以外的時間時，他們感覺如何？

「我覺得自由自在，好像能做世界上我所有想做的事，感覺很棒。」一個男孩對我說，「當我知道沒有作業、沒有足球練習，或者其他類似的事情，而我可以到戶外遠足或騎自行車時，感覺真的很好。」

在邁阿密肯伍德小學，我問有沒有人為將來考進好大學或者找到好工作發愁，超過一半的孩子舉手。這些孩子當時才四年級。一個小女孩表情嚴肅，眼鏡後面眉頭深鎖，她說：「嗯，你不應該站在窗前向外望，也不應該有夢想。你應該努力學習，否則根本不可能考進大學。」家長在繁忙的生活中支配時間的方式，對孩子的想法產生關鍵性的影響。在馬里蘭州波多馬克市的一間教室裡，九年級的學生埃文斯清清楚楚地表達了這一關係。隨著孩子日漸成長，自然的壯美「愈來愈容易被忽視，」她推測，對孩子們來說，「下大雪不但可以帶來一次不用上學的機會，而且也提供一次冒險的可能……雪人、圓頂小屋和打雪仗。」但對很多成年人來說，她觀察到，「雪只是生活中諸多麻煩之一，路滑、交通堵塞、得鏟除人行道上的雪等等。」

因此時間都去了哪裡或轉變成什麼了呢？近幾年的幾個研究提供了相當明顯的例子。馬里蘭大學的研究人員發現，從一九八一年到二〇〇三年，兒童在一個平常的星期當中的自由時間（也就是花在上學、托育等作息以外的小時數）已少了九小時，他們花在非組織性室內及戶外遊戲的時間愈來愈少，但電腦的使用時間卻增加為兩倍。密西根大學社會研究學院做的時間分析調查顯示：從一九八一年到一九九七年，十二歲以下的美國兒童花在學習上的時間增加了二〇%。和組織性運動的增加一樣，增加做家庭作業和學習上的時間，不一定是壞事。但在大多數情況下，日漸增長的壓力剝奪了孩子自由支配和在自然中玩耍的時間。電視仍然是頭號的時間竊賊。根據二〇〇五及二〇〇六年透過凱瑟家庭基金會共同進行的研究報告顯示，將近三分之一的六個月到六歲之間的兒童，生活在幾乎整天開著電視的家庭當中，而且八到十八歲大的孩子平均每天會花將近六．五個小時沉浸在電子設備中——那就是每週四十五個小時，比過去一個成年人每週工作的時數還多。這項研究也發現，年輕人大約有四分之一的時間同時使用一種以上的電子媒體，也促使研究人員把今天的年輕人統稱為M世代——M係指多工（multitasking）。

至於父母這邊，隨著電腦使用率的普及，成年人不但沒有減少辦公室的工作時數，反而花更多時間在家裡替雇主工作，而且由於都會區不斷擴張，美國人花在路上的時間也愈來愈多，光是從一九九〇年到二〇〇〇年，每天花三十分鐘以上時間在通勤的人口，就增加了十四%。典型的美國人平均每天會在自己的車裡花上一百零一分鐘，那是他們運動時間量的五倍。此外，與日本人和歐洲人相比，他們的假期天數更少，更工作努力（從二〇〇〇至二〇〇五年，德國、法國、丹麥、澳洲、瑞典和幾個東歐國家的工作時數已經有所縮減）。週末不再用於休閒娛樂，而是用於處理累積了一週的瑣事。在一項具有里程碑意義的研究中，加拿大研究人員發現，父母都犧牲睡覺的時間去完成他們的責任。沒有時間睡覺！沒有時間賞雪！

或者至少看起來是這樣。

在自然中度過並非休閒時光

雖然我們在掌握遙控器方面的無能，絕對是造成時間匱乏的因素之一，而且是主要因素，但還有其他原因，包括：雇主想要榨光員工的最後一滴血汗、休閒設施的不足，以及低收入社區的公園所引發的安全顧慮。如同美國小兒科學會的官方期刊《小兒科》（*Pediatrics*）在二〇〇七年所報導的，愈來愈多的家庭只靠一人負擔家計，或者父母兩人都在工作；大學入學壓力愈來愈早降臨；愈來愈多人相信，所謂的好父母就是讓孩子具備十八般武藝或者各方面的才華，「就連那些希望採取輕鬆方式養育子女的父母，在看到別人拼命往前衝時，都會害怕自己的孩子跟不上。」發表這篇報告的金斯伯格（Kenneth R. Ginsburg）寫道。

這些外來壓力很難抗拒，尤其是當一個家庭的經濟狀況呈現入不敷出時。底線是：我想給孩子最好的，如果延長工作時間有助達成目的，那就延長工作時間吧！如果蘇珊報名參加鈴木小提琴班，有助於提高她的音樂才能和自制力，那就幫她報名吧！

這種可理解的動機，也是為何愈來愈多證據顯示大自然對兒童健康發展十分必要這件事是如此重要的原因之一。我們現在可以這樣看待：在自然中度過並非只是休閒時間，而是對我們孩子健康發展的重要投資，順便說一句，也是對我們自己健康的必要投資。美國的父母已經太習慣於媒體不斷把自己描述為自私的人，關心自己的奢侈享受超過對子女的關心。不過，不管怎樣，大多數的家長都有很強的責任感，他們把自己和孩子的放鬆和娛樂都看成了自我放縱的奢侈品。把走近自然體驗從休閒一欄中拿出，放到健康一欄時，我們就更加可能帶孩子去遠足，也更有可能玩得開心。這個觀念的改變非常重要。這項投資很大，不過等孩子們十幾歲的時候，結果就顯而易見。柏蔓

（Tonia Berman）是我所在城市的一位高中生物老師，她描述了十幾歲的孩子中常見的問題。她看到有的孩子在家裡吃不飽，有的孩子放學後在住宅區打架滋事，而且，她愈來愈常看到另外一種痛苦：她稱之為「超級兒童綜合症」。「我們聽到的都是『超級媽媽』──就是那些想把任何事情都做得完美的媽媽，從事壓力很大的工作，煩惱全家人一日三餐的菜單，用瞬間記憶卡訓練孩子，匆匆忙忙地奔赴各種慈善事業的女強人。」她說。事實上，教養類雜誌上有很多警示故事，說明超級媽媽（超級爸爸也是如此）可能會崩潰。「那麼，那些整天同樣忙碌於繁重工作，甚至有時候步調還得更快的孩子們，該怎麼活呢？」

柏蔓請學生寫關於時間壓力的作文，一位女學生詳細地寫下了她的日程表以及感受。以下是日程表的一部分描述，她寫道：「我在網球季打網球；作為社區服務社團的社長，我要領導整個社團；我在社區大學上如何幫助殘疾人士的課；在社區當志工，我的工作是做禮拜堂的兒童看護助手；上六門難度很高的課（為了上大學時能有額外學分），我還是非常好的朋友人選，會為我的同伴出對策，我從不會拒絕我的朋友或其他人。」

在寒假和春假，這個女孩繼續做志工工作，並且為了在下學期領先其他同學而繼續預習課程。她以她的誠實為榮，但與此同時，當她看到其他同學考試作弊並取得比她好的成績時，她內心非常痛苦。「我是一個特別容易焦慮的人，」她寫道，「我是特別愛東想西想的那類人。」經歷了壓力極大的幾週後，她病倒了，這讓她很害怕。如果恢復不了，無法重新按照她的計畫進行怎麼辦？「我想到了自殺。當時我真的不在乎自己，我寧願傷害自己也不願傷害我的父母和朋友。我是那麼痛苦，他們不會知道我是怎麼熬過來的──我的弱點、我的失敗，還有我當時對世界的憎恨。」這絕不是單純的青春期煩惱，而是青少年自殺和自殺未遂比率日漸增長的原因之一。她能向她的父母尋求幫助嗎？她覺得不能。「他們從我身邊走過時，只想看到他們想看到的東西。」她說，如果不是像她的生物老師柏蔓這樣的人及時向她伸出援手，她今天可能就不在世上了。

在父母看來，培養自制力非常重要，但是培養創造力和好奇心同樣重要。讓孩子親近自然意義重大，隨著這一相關知識的增多，家長可能更容易找到一個平衡點。當然很多家長對於給孩子安排過多的計畫有些擔心，而且渴望尋求一種不同的方法。卡芙卡（Tina Kafka）的孩子們都已經讀大學了，她很想知道，她的孩子是否會記住她為他們的生活所計畫的大部分事情：

當我回憶自己的童年時，我對一些特殊的時光記憶猶新，譬如爬樹、在屋後水坑裡玩海盜遊戲的時候，還有坐在硬紙板上順著水坑的斜坡滑進水坑的時候。但是當我和媽媽談起這些時光時，媽媽說她為我的童年安排了很多事情，譬如安排朋友到我家來玩之類的事情。談過之後，我意識到我在水坑裡的自由時光可能並沒有占據我童年的大部分時間，但這恰恰是我記憶猶新的時刻。我的孩子也是如此，我常常驚奇地發現，跟那些絲毫沒有準備、我幾乎忘了的很多活動相比，我精心計畫的很多活動在他們的記憶裡是那麼蒼白無力。作為成年人，為了有意義地利用孩子們的時間，我們能夠安排千千萬萬的事情，但是我們不知道能長期占據孩子們內心的是什麼。有時我自己也感到奇怪，為什麼我們要給孩子那麼多控制。

第十章 恐懼併發症

人一旦遠離自然，心就會變得僵硬；印第安的洛卡塔族（Lakota）知道，對活著的一切失去尊重時，將很快會導向失去對人類的尊重。

——貝爾（Luther Standing Bear, 1868-1939，洛卡塔族酋長）

孩子若無法得到像父母小時候擁有的自由，最大原因就是父母的恐懼是。恐懼，使成長中的孩子不能享受自然所給予的完美而必要的恩賜。這種恐懼無所不包：交通、犯罪、陌生人，甚至對自然本身的恐懼。

現在孩子被允許的活動空間愈來愈狹小。根據美國媒體研究機構TNS Intersearch在二〇〇二年為《美國人口統計》期刊所做的一項調查報告顯示，五六%的美國父母說自己大約到了十歲左右，就被允許走路上學或騎單車上學，但其中只有三六%的人說他們的孩子應該被允許做相同的事，這股趨勢也被記錄在其他國家的研究報告中，例如荷蘭阿姆斯特丹的研究者卡絲登（Lia Karsten），在比較了數十年來兒童的空間使用情形之後發現，在一九五〇年代和一九六〇年代，「遊戲指的是戶外遊戲」，而且當時的孩子擁有充分的自由可以到處活動，他們有較大的領域可以漫遊，跟來自不同背景的孩子玩耍、使用都市的公共空間進行許多活動；相反地，卡絲登發現生活在二〇〇五年的兒童，不僅在戶外玩耍的頻率和時間變少，自由活動的空間受到更多限制，玩伴及其背景的多元性也變少了。在英國，研究者已經確定一九九〇年一個九歲半的孩子所享有的自由活動經驗，等同於一九七一年一個七歲大的孩子所享有的自由活動體驗。

提到兒童發展，活動範圍的縮減絕對不是個小問題，經常讓孩子待在室內（或車子後座）雖然確實能減少某些風險，但其他風險也會隨之增加，例如危及孩子的生理及心理健康，以及群體概念、感知能力和自信心的建立，還會危及危險感及美感的養成。兒童心理學家艾瑞克森曾經描述兒童的需求（尤其在兒童期中期）是建立自我概念，擺脫大人的控制，並且提到住家附近可供躲藏處以及其他具有特殊意義地點的重要性。耶魯大學社會生態學教授及生命觀權威思想家凱勒特（Stephen Kellert），也提到居家周邊環境的生活經驗，尤其是自然方面的經驗，可以幫助培養並形塑兒童的認知能力，包括分析、推理及評估能力，「兒童期的重要挑戰之一，就是透過系統性地評估來自實際經驗的客觀證據，培養出轉譯經驗的能力，」他寫道，「的確，在兒童諸多的生命面向中，只有它能提供這種一致但多樣化的批判性思考與解決問題的機會，並持續地為身心帶來滋養。」

一九八〇年，當景觀和遊戲專家摩爾研究舊金山灣區的案例時，他根據自己的調查結果，結合國際相關研究的綜述，得出「不可避免的結論」：不斷增加的住宅區及幹線交通流量「是限制孩子發展空間的普遍性的最重要因素，從而限制了孩子對社區環境知識的了解，包括環境的自然特徵及其構成。」其他研究者則將禍首指向逐漸敗壞的公園，以及塞滿了電子玩具和小玩意、空間愈來愈大的居住空間。

根據我不夠科學的預感，自一九八〇年，一般人對陌生人的恐懼已經超過了對交通事故的恐懼，且不是那種泛泛的擔心。因此很多孩子不再有機會去了解鄰居，不再有機會去公園玩，不再有機會欣賞生機勃勃的大自然。

早在九一一恐怖事件進一步擴大我們的恐懼之前，我曾與菲茨蒙斯（Fitzsimmons）一家在賓州的斯沃斯莫爾度過一天。他們住在一個維多利亞式的房子裡，門廊跟前的鞦韆隨風嘎嘎地微微搖晃著。斯沃斯莫爾是一個田園般的小鎮，鎮上有古老的樹林、玩耍的孩子們和寬闊的人行道。貝絲·菲茨西蒙斯後來告訴我，這個鎮上有一條規定：任何人都不能傷害樹林和孩子。簡而言之，這裡應該是父母們最不用擔心孩子會受到傷害的地方。可是，貝絲說：

當我還是個孩子的時候，這條街的盡頭是一片樹林，我常常早上六點就起床，去那裡玩兩、三個小時，一個人摘藍莓，沒人擔心我……現在槍和毒品成了我們擔心孩子遇到的最大危險，在外面有很多瘋子。跟我們當年大不相同了。現在即使我女兒伊莉莎白只是去大學後面的克拉姆小溪，我也讓她帶著狗，並保證她至少跟一個朋友在一起。

我沒想到的是，在堪薩斯，人們的恐懼絲毫不遜於在賓州。有一位父親這樣說道：

我有一個原則，要隨時知道我孩子的去向。我要知道我的孩子在哪裡，在哪所房子，在哪個廣場，與那裡的電話號碼。這就是我的處世原則。我的兩個孩子都聽我嘮叨過這個世界有許多瘋子，確實是這樣。到處都有瘋子。那些需要長年心理治療、該去蹲大牢的，都開著車在外面到處逛，他們的座位上放著槍。這是你必須面對的現實。我不會輕易讓我的女兒一個人去外面的公園，大家都會警告你別讓你的孩子一個人待著。

同樣在堪薩斯，一位開朗的中年教師難過地告訴我恐懼是如何影響日常生活：

前幾天我在機場排隊，一個小孩子在我們身邊跑前跑後往櫃檯後張望，他媽媽對他說：「你想被人拐走嗎，別那樣跑來跑去。」那時候我正排在他們後面，我心想，我看上去不像個綁架小孩的壞蛋呀。可是現在的大人過早把什麼東西都告訴孩子，使他們失去了本該無知而單純快樂的時光。現在我那些七年級的學生們要面對的問題，是我們這一代人小時候不曾遇到的。當然，告誡孩子面對陌生人時要機警是相當重要的；教他們如何遠離潛在的虐童狂也是必要的。但是我們需要以一種平衡的眼光來看待危險。當大人們告訴孩子千萬不要跟陌生人講話的時候，他們有沒有意識到，當前的社會正是極度需要跟他人交流的社會，那麼這種拒絕又會給孩子帶來什麼危害呢？

令人很難以理解的是，現在很多美國人對森林的看法回到了原始時代的不理性，很不理性地想像著森林背後的各種恐懼。

無知的恐懼

一九九〇年代初期，加州州立大學佛雷斯諾分校社會學系的教授兼系主任貝斯特（Joel Best），從事一項關於陌生人之危險的研究，主要調查萬聖節期間的恐怖事件，就是那些關於糖果中包裹著毒品、大頭針、刀片或毒藥等等的報導。他查看了一九五八年到一九八四年在《紐約時報》、《芝加哥論壇報》、《洛杉磯時報》、《佛雷斯諾蜂報》（*Fresno Bee*）等報紙上的六十七則故事和傳聞。「我們沒有發現孩子被所謂的『包裹著種種危險的糖果』殺害或受到嚴重傷害，」他說：「萬聖節的虐童狂不過是城市傳說。」在二〇〇一年，貝斯特（現在是德拉瓦大學的教授）在他的新書《該死的謊言和統計資料》（*Damn Lies and Statistics*）中修正了他的研究。「自一九五一年來，每年美國被殺害的孩子呈倍數增長。」這是一條引用率極高的陳述，最初來源是一九九〇年代中期「兒童保護基金會」的報導。貝斯特稱此為有史以來最不精確的社會統計資料。「如果這個資料是以每年加倍的速度增長，那麼一九五一年有兩個孩子被殺害的話，一九五二年就是四個，一九五三年八個，這樣一直下去，」他如此寫道。這樣到了一九八三年，被殺害的孩子數量就應該達到八億六千萬，這是當年地球總人口的二倍。若真以這樣的速率增加，單單是一九八七年在美國遇害的孩子數量，就超過從人類誕生之日迄今為止全世界的總人口數。貝斯特稱之為「怪獸的欺瞞」。

同時，我為這個現象取名為「恐懼併發症」（bogeyman syndrome）。

十年前，在第一起孩子失蹤事件給人們帶來恐慌的時候，有些管理孩子失蹤的機構聲稱每年有四千名孩子在被陌生人拐賣的過程中遭到殺害。錯！芬克爾霍（David Finklehor）說道。他是新罕布夏大學家庭研究實驗室的副主任，一九九〇年與美國司法部合作，著手進行了關於孩子失蹤事件的全國性研究。這項研究被認為是在此問題上最全面、最精確的研究。大量研究取樣顯示，大多數拐賣孩子的人不是陌生人，而是家庭成員，或是熟人。此外，當時被殺害案例的真實數據是每年二百到三百人，現在仍是這樣的數字。

根據杜克大學二〇〇七年「兒童幸福指數」調查發現，二〇〇五年，美國青少年暴力犯罪率已經大幅降到低於一九七五年的紀錄；二〇〇六年，紐約州刑事司法處針對失蹤兒童所做的報告，也為這個議題提供一個縮影：「綁架案件占了失蹤兒童報案總數的一％左右，而且以親屬犯下的綁架案件最為常見。」雖然陌生人綁架案連一件都嫌多，但在二〇〇六年，紐約州只有三名兒童被陌生人綁架。這份報告的撰文者警告，由於不見得每個案件都會通報，因此實際數字可能更多，即使如此，這個紀錄還是比大多數人相信的低很多。有個可能的論點是，那是因為孩子們過去以來很多時間都在室內度過的關係，或許其中某部分是事實，但其他變數也在發揮作用，包括男童人口比例的減少、社區警政的積極推動等等。事實上，兒童面臨的最大威脅在別的地方，杜克大學「兒童幸福指數」調查報告就指出，這份報告「最令人不安的發現」並不是暴力事件或綁架案，而是「兒童的健康水準已經掉到調查報告所取樣的三十年間的新低點，而其主要影響因素，就是過胖兒童數目的驚人增加，以及近幾年兒童死亡率的降低」。

今天，芬克爾霍把這種社會上對陌生人的恐懼稱為「視覺假象」，這是由廣泛的社會焦慮、執法和失蹤兒童團體的結盟，以及當地媒體的煽動所引起的。在一項關於一九九〇年代洛杉磯新聞報導的為期五年研究中，加州大學洛杉磯分校政治科學系教授、美國政治和公共政策研究中心副主任吉列姆（Frank Gilliam）指出，當地的電視新聞正在公眾的思想上譜寫犯罪的劇本，在我們腦海中速寫著一幅幅扭曲的圖像。「電視晚間新聞實際上是在宣傳種族主義和暴力傾向，影響力比報紙等紙本新聞更強大。」他說道，「觀眾們現在自然而然就把種族跟犯罪聯想在一起。」

難道電視新聞不就是在告訴我們那些不愉快，但卻千真萬確的事實？「不是，」吉列姆說，「那些關於種族暴力事件的報導已經大大超出了正常比例，可以說是主導了當地的新聞報導。」在洛杉磯，關於暴力犯罪的報導大大超過了暴力事件發生的次數。以謀殺為例，上述的比例達到了三〇：一。有些電視新聞力圖為這樣的犯罪報導提供背景和說明，但是吉列姆強烈認為，這樣大量的新聞報導，透過強化觀眾對少數民族的那種原始的刻板印象，一定程度影響了公共政策，同時也在傳播一種無名的恐懼。

而這樣的恐懼反而會讓我們的孩子不安全。一九九五年，一項「害羞指數的調查報告」顯示，四八％的人認為自己是害羞的，比一九七〇年代中期增長了八個百分點。「社交活動其實沒有人們想像的那麼恐怖，」臨床心理學家、史丹佛大學訪問學人韓德森（Lynn Henderson）這樣說。她對現狀表示憂慮，隨著愈來愈多的家長把他們的孩子關在房間，對他們嚴加看管，使得愈來愈多的年輕人缺乏自信心和辨別能力，缺乏與鄰里交流和建立真正社群的能力，而這是步入社會的一個障礙。

過度的恐懼會改變一個人，而且會對一個人的行為產生永久性的影響，甚至能改變一個人大腦的思維模式。同樣地，對於一個文化而言，社會性的恐懼傾向也會產生這樣的結果。想像一下，要是以後的孩子生活在自然條件和社會條件都受到嚴格控制的環境下，這將會是什麼樣的情景？——被高牆、大門、監視系統包圍著的共同公寓、新興規畫住宅鎮或受契約嚴格控管的住宅區裡，人們連花花草草也不准種植。讓人不禁懷疑，在這樣的控制文化中長大的孩子，以後會如何定義自由？

現在的家長都會買一種叫做全球定位系統GPS的個人定位器，它是個顏色鮮豔、八十五公克重的手環，把它鎖在孩子的手腕上。要是這種防水的手環遭到切割或是強制拆除，手環上的連續性信號就會啟動警鈴，進而通知生產商的緊急通報系統。乍看之下，反對這種個人定位追蹤的做法既無效又自私——因為我們愛自己的孩子，希望盡全力保護他們的安全。但是這種有保障的安全，至少很多人認為，帶來的危險性代價更高。想像一下，未來的孩子在成長過程中，將不可避免地接受電子追蹤器追蹤的命運，無時無刻、任何地方都不能擺脫。這種高科技似乎能解決一時的問題，但同時也會造成一種虛假的安全感，成為消除犯罪「解藥」的劣質替代品，我們期待的是個有活力的社會，街上有更多的人，孩子們充滿自信。

當自然變成妖怪

對陌生人的恐懼，並不是家長們對孩子嚴加看管的唯一原因。現在無論是孩子還是家長，都開始把自然當成敵人，自然被妖魔化，成為其他一些不容易辨識的恐懼對象的替身。

我們與自然的關係顛倒了嗎？更精確地說，是倒退了嗎？早期的美國人，對他們在自然的生存並不樂觀，當人類開始侵占野生動物的地盤時，那些動物確實曾經向人類發起攻擊，而這告訴了我們，為什麼我們的祖先把自然看作是種威脅。

公園，曾經被視為躲避城市病的避難所，現在也開始受到人們的懷疑，至少在媒體中是這樣。幾年前，一位汽車旅館服務生向聯邦調查局承認，說他在優勝美地國家公園門口殺害了三位觀光客，後來又在公園行凶殺害了一位博物學家。近來的消息，使得美國人在戶外的安全感大大降低。一九九八年在華盛頓奧林匹克國家公園，發生了八十二起汽車零件偷盜案件、四十七起惡意破壞案件、六十四起涉嫌毒品酒醉案件、一起性騷擾案件和一起嚴重武器襲擊案件。同年，在大霧山國家公園，一位喜歡唱福音歌曲的精神失常遊客槍殺了一位國家公園的管理員。另外，在奧勒岡州西奧斯瓦德州立公園，有兩名公園管理員遭槍擊，其中一人受重傷。

電影強化了這種恐怖。一九三〇年代的電影《狼人》，與現今「夏令營殺人事件」系列電影，或在森林中拍的恐怖片《厄夜叢林》的恐怖程度相比，根本算不了什麼。

知名博物學家薛德（Jerry Schad）曾寫了一系列關於加州南部偏遠地區的旅行指南《準備遠

足》（*Afoot and Afield*），如今他致力於幫助現在的年輕一代進入自然。他寫道：

> 每學期，我都會邀請我在梅薩學院物理研究課的學生去拉古納山天文台旅行。我要求我的學生們寫一篇小小的報告，內容是他們在途中學到的東西或他們最感興趣的事物。一年又一年，對這個距離聖地牙哥東部僅一小時車程的地方有所了解的學生愈來愈少了，在這次旅行之前見過銀河的學生更是稀少。大多數學生對旅途中的所見所聞都留下了深刻印象，但是有為數不少的學生認為這樣的旅行非常危險，有些學生甚至形容森林中的樹木和恐怖片《厄夜叢林》中一模一樣。

自然界中確實存在著危險，但是這種危險被媒體過分誇大了。現實世界跟媒體報導的世界是很不一樣的，就以對公園的恐懼為例子吧。

美國國家公園管理處成立八十二年以來，僅有三位遇害的管理員，克羅斯基便是最後一人。正如《西雅圖時報》所報導的，考慮到奧林匹克國家公園的觀光客有大約四百六十萬人次，所報導的犯罪率「並不能構成真正意義上的犯罪浪潮」。沒有一個大城市能維持如此低的犯罪率。

事實上，大多數荒野公園的犯罪率正在下降。從一九九〇年到一九九八年，官方報導的搶劫事件從一百八十四起下降到二十五起、謀殺案從二十四起降到十起、強姦案從九十二起下降到二十九起。優勝美地國家公園實際上是最安全的國家公園之一，雖然在優勝美地的確發生過生物學家遇害的不幸事件，但是這起謀殺案是十年來的第一次。

擔心獅子、老虎和狗熊？這樣的動物襲擊事件是微乎其微的。還是擔心西尼羅河病毒症（West

Nile virus）？但是喜愛夜間燈光的蚊子在室內也能傳播這種病毒呢。還有那種棕色隱遁蜘蛛，通常比響尾蛇更致命，牠們喜歡待在屋內，躲在隨手丟在地上的衣服裡，當人穿上衣服時，困在裡頭的棕色隱遁蜘蛛就會咬人。我們可能擔心在戶外的種種安危，卻沒想到孩子恰恰是在自己的家裡遇到更多的危險。

美國國家環境保護局向人們發出警告，室內環境汙染已經成為美國威脅身體健康的首要因素，比室外環境汙染的程度要高二到十倍。一個待在室內的孩子，更容易受到地毯下面的有毒黴菌孢子的感染；或是受到房間內的害蟲身上攜帶的細菌或過敏原感染；或受到一氧化碳、氡、鉛等的危害。現在，在這些新的封閉式建築中，過敏源比起過去那些老建築結構要高出二百倍。《小兒護理雜誌》報導說，速食餐廳裡的彩球池會傳播非常嚴重的傳染病：「儘管那些商業性的速食餐廳遵守美國食品藥物管理局所制定的環境衛生和食品衛生標準」。但他們的指導綱要中，沒有一條遵從「美國疾病管制局針對兒童遊戲地點的清潔和消毒建議」。

諷刺的是，密切關注身體健康的這一代家長，卻正在撫育一代體質十分脆弱的孩子。三分之二的美國兒童達不到基本的體能測試要求；六歲到十七歲的孩子中，有四〇％的美國男生、七〇％的女生吊單槓時，最多只能做一次；根據美國總統體能與競技委員會的報導，還有四〇％的人過早出現心肺功能的問題。

那麼對於孩子來說，哪裡是最危險的地方？戶外？森林田野？還是在電視機前的沙發上？過度保護對孩子並不好。其中之一是我們最終會這樣教育我們的孩子：生活充滿危險，而且充滿謊言——每一個錯誤都有解決的醫藥手段，即使醫藥手段失敗了，還有法律手段。二〇〇一年，《英國醫學雜誌》宣布，將不再允許「事故」這個詞出現在其期刊上，因為大多數發生在好人身上的不幸，如果之前採取適當的防禦措施，是可以預見和避免的。這樣絕對的觀點不僅是錯誤的，而且是十分危險的。

第十一章 貧乏的自然史知識：教育成為孩子親近自然的阻礙

一個不懂自然史的人，走在陸地或海岸，就像一個無知的人走進藝廊，雖然藝術品琳琅滿目，十之八九只看得懂牆面。

——赫胥黎（Thomas Huxley, 1825-1895）

索貝爾（David Sobel）講了一個故事：在一百年前，有個男孩拿著一把用鉛管自製的槍，在沙灘上跑來跑去，不時停下來瞄準海鷗，然後射擊。今天，這種活動只能在青少年活動中心裡玩了，但對小繆爾來說，這只是親近自然的一種方式。應該說的是，繆爾的射擊技術很差，顯然他從未射死過海鷗。繆爾長大後成了現代環境保護主義的先驅。

「每當我把繆爾射擊海鷗的故事念給學生們聽，他們都相當震驚。他們沒法相信那些事。」安提亞克新英格蘭研究院的地方為本教育中心主任索貝爾如是說。他以此為例來說明，孩子和自然之間的關係已經產生變化。關注人們如何成為環境保護主義者的環保心理學，和研究生態環境與心靈互動的生態心理學都表明，隨著美國人愈來愈城市化，他們對待動物的態度也愈來愈矛盾。

對城市人來說，食物的來源和自然的存在愈來愈抽象。與此同時，他們可能更想保護動物，也可能更害怕動物。好的是，今天的孩子不大可能為了找樂子去殺害動物，但糟糕的是，孩子們離自然如此之遠，他們既不將其理想化，也不會心存畏懼地接近它——這是一枚硬幣的兩面，因為面對自己未知的事物時，我們不是心生畏懼就是將其理想化。作為教育和自然領域最重要的思想家之一，索貝爾認為「生態恐懼」是問題的癥結之一。

索貝爾將生態恐懼定義為對生態惡化的恐懼。按過去更詩意的解釋，生態恐懼是對家園的恐懼。兩種說法都是正確的。

生態恐懼的解釋

「正如民族植物學家們出人意料去熱帶雨林尋找醫藥用的新植物，環境教育者、父母和老師突發奇想地去教二、三年級的小學生熱帶雨林。」索貝爾在他的書《超越生態恐懼：在自然教育中重拾心靈》（*Beyond Ecophobia: Reclaiming the Heart in Nature Education*）中寫道：「從佛蒙特州的伯瑞特波羅到加州的柏克萊，學生們觀看的錄影帶，是有關住在森林的當地人因為伐木和開採石油而背井離鄉的困境。他們知道了從早上上完課到中餐這段時間，有四〇．五平方公里的雨林將會消失，為了騰出空間給用來做漢堡的牛群。」

理論上，這些孩子「會知道透過回收他們的《讀者週刊》和牛奶盒，就能為拯救地球出一份力，」他們長大後會是負責任的地球管家，「會投票給主張環保的政府公職候選人，會買節能車。」實際上呢？也許並非如此。索貝爾說，事實也許恰恰相反。「如果我們在課堂上大肆渲染對自然的破壞，也許會造成一種微妙的疏遠。在我們一心要他們了解並承擔這個世界的問題時，我們也切斷了孩子和自身根源的聯繫。」孩子沒有和自然直接打過交道，他們開始把自然與恐懼、災難聯想在一起，而不是歡樂和奇蹟。索貝爾提供了一個關於「疏遠」的類比：在面對身體虐待和性虐待時，孩子們學會遠離痛苦的方法就是從感情上拒絕性。「我擔心的是，我們的課程雖然在環保方面無可非議，但最後可能不是把孩子們與自然相繫，而是隔離了他們。大自然已被破壞得千瘡百孔了，但孩子們就是不想和它打交道。」

一些環保主義者和教育者認為這麼說沒道理，甚至是褻瀆神靈。另一些人則認為生態恐懼是真實存在的。孩子們學習雨林，但常常不了解自己所在地區的森林，「甚至，」如索貝爾所說：「不了解教室門外的草地。」他指出，「花栗鼠和野草就是我們學習的素材，理解它們的生命週期對孩子們來說已經夠難了，有了這些理解，他們最終才可能弄清楚豹貓和蘭花。」

從某種標準來看，在孩子們的成長過程中，雨林課程很適合初中或高中，但不適合小學教育。部分教育者可能不完全贊同，但他們確實同意索貝爾的基本前提：環境教育是失衡的。這個問題是課程爭論的關鍵，尤其在自然科學領域。一位教師告訴我，「州立及地方教育局頒布的自然科學大綱，總在親身體驗和教科書兩者間搖擺不定。」

如果教育者想幫助修補年輕人和自然世界間斷裂的紐帶，我們就都得面對一門過分抽象的科學教育所帶來的意外後果：生態恐懼，以及自然史學的死亡。同樣重要的問題是，以考試為基礎的教育改革在一九九〇年代後期占據了主導地位，使得在自然中親身體驗的活動可望而不可及。一些教育先鋒極力反對這一改革浪潮，他們加入了一場國際化的運動（後面章節將再詳述），努力在課堂內外加強自然教育，許多教育機構和當今的教育動向，事實上都與此有關。

矽信仰

前面介紹過中學教師瑞克，他所在的社區限制在自然中玩耍。瑞克是個有奉獻精神的教育者，放棄了工程學領域而來教八年級數學，但看到課堂上大自然只在當作環境災難時才被提及，瑞克非常失望。

我讓瑞克描述一個想像中的、自然科學氛圍濃厚，且學生們都有親身自然體驗的課堂，他回答說：「我想著想著就回到一個毫無自然氣息的課堂。不幸的是，今天你走進任何一個教室都是這樣。我們已經把課堂工業化成這樣，在課程中都沒有自然的位置。」在學校改革名義下所採用的課程標準，將許多學區的教育限制在讀、寫、算數這類基本課程上。當然這些課程是必不可少的，但瑞克認為，教育改革與過去所說的全面教育偏離得太遠了，對此我深有同感。瑞克接著說：

> 我們現在引導孩子們進入一個消費社會。公立學校幾乎從未教過繆爾、卡森或是李奧帕德（Aldo Leopold,1887-1948）的著作，即使有，也很少。即使是在自然應該占有很重要地位的科學課上，學生們也是枯燥、機械式地學習蝙蝠聲納裝置如何作用？一棵樹如何成長？土壤如何幫助農作物生長？孩子們只把自然當成實驗室裡的實驗。
>
> 如果不這樣，可以怎麼做呢？我想像中的教室，是向外的，不只是打個比方，實際上也應如此。土地就是教室，從建築物裡要能看到外面，校園裡應滿布花園綠地。自然主義者們的著作，將是我們教授讀寫的教材，數學和科學成為一種工具，幫助我們了解自然奧妙、了解人類需求的潛能和世間萬物間的聯繫。全面發展的教育意味著學習基礎知識、成為社會的一分子，同時也為人類的福祉貢獻自我。進步並不一定非要申請成為專利才有價值，與自然的互動、對自然的保護也能衡量進步。我們能不能教孩子注視一朵花，看看它所代表的一切：美、一個生態系統的健康狀態，以及它慰藉人心的功能？

公共教育沉醉於一種矽信仰：目光短淺地將高科技當作救世主。二〇〇一年，馬里蘭州的一個非盈利組織「兒童聯盟」公布了一份報告，《傻瓜的金子：電腦對童年影響的批判》（*Fool's Gold: A Critical Look at Computers in Childhood*），得到超過八十五個神經學、心理學及教育學專家的支援，包括美國前教育部次長拉薇奇（Diane Ravitch）、美國兒童青少年精神病學會會長貝涅（Marilyn Benoit），以及靈長目動物專家珍古德。《傻瓜的金子》報告中稱，三十年來，教育科技研究顯示，電腦和孩子學習能力只有一項明確關聯。在一些標準化測試中，「儘管訓練—練習模式似乎能適度提高分數，但不像一對一輔導效果那麼明顯，也沒那麼便宜。」《傻瓜的金子》報告書的聯名支持者們還公開要求，在美國醫事總署尚未確定電腦是否危害青少年健康之前，停止在早期兒童教育中使用電腦。公眾的反應很出人意料。《傻瓜的金子》公布後，微軟國家廣播公司（MSNBC，一九九六年成立，二〇〇五年微軟退出有線新聞頻道）進行了一個註冊用戶的在線民意測驗，問他們是否支援停止使用電腦。三千人參加了測驗，五十一%同意停止。這還只是網路使用者的意見，不用網路的呢？

電腦的問題不在電腦本身——它只是工具，問題是對電腦過分的依賴阻絕了其他的教育資源，如藝術和自然。當我們將錢財和精力投入教育用電子產品時，就讓不那麼時尚但更有效的教育資源萎縮了。看個例子：我們知道藝術能促進學習，一九九五年美國大學理事會的一項分析顯示，在「學術評量測驗」中，學過四年以上藝術的學生，相較於其他學生，數學成績高出四十四分，語言成績高出五十九分。儘管如此，過去十年中，美國三分之一的公立學校放棄了音樂課。同時，學校在教育科技上的投入翻了兩番，達六十二億美元。據美林公司稱，從一九九九年初到二〇〇一年九月，教育科技吸引了近十億美元風險的資本。一家軟體公司現在甚至把目標對準了出生僅一天的嬰兒。在此同時，很多公立學校繼續縮減藝術課程，甚至更多的學區根本沒有提供任何親近體驗自然、環境為本或地方為本的教育課程。有些國會議員建議，民眾應該從以教室為本的環境教育，和走出教室圍牆的經驗教育中擇一，這樣的建議是錯的，兩種教育都有其立足點。倒是學校藝術教育復興的擁護者的做法可供借鏡。在某些學區，那些擁護者成功立論藝術和音樂能激發數理的學習，而這樣的理由對之後的結果起了幫助。同樣地，如今我們也可以說，自然教育能激發認知學習能力及創造力，並減少注意力缺失的症狀。

但是我所在的學區，美國第六大學區，說明了更為普遍的狀態，即理想和現實的距離。聖地牙哥郡的面積和人口甚至比某些州都大，可以說是美國生態和社會的縮影。事實上，這裡是美國大陸瀕臨滅絕動物最多的郡，被聯合國宣布為世界上二十五個生物多樣性的熱門地區之一。但是，在撰寫此文時，該郡的四十三個學區，沒有一個學區設置關於當地植物或動物的選修課。只有一些志工在做些力所能及的事，其中包括當地自然史博物館的解說員。縱觀整個國家，這種現象比比皆是。

自然史之死

儘管目前的教育改革趨勢對自然並不友好，很多老師還是在沒有組織、無須官方批准的情況下，在家長、自然史博物館解說員和其他志工的幫助下，為改變現狀做了很多努力。但若要確實有效，除了老師個人和志工的奉獻外，我們更要去質問關於自然與學生之間鴻溝的一連串設想和脈絡。我們應盡所能地支持有時被稱作「經驗教育」的早期運動，還要向現在對待自然的方式的背後力量挑戰，其中包括對自然失去敬意、高等教育中自然史的消失等。

幾年前，我曾拜訪過史特賓斯（Robert Stebbins），他是加州大學伯克萊分校脊椎動物學博物館的榮譽教授，自小就走遍加州聖塔摩尼卡山脈，在那裡，他學會了用口技召喚貓頭鷹。對他來說，自然仍是魅力十足的。二十多年來，他撰寫的圖解工具書《西部爬行動物和兩棲動物的野外手冊》（*A field Guide to Western Reptiles and Amphibians*），一直是爬行動物學界的聖經，激發了無數年輕人對蛇的興趣。史特賓斯認為，我們和自然的關係，是因價值觀的變化而受到了損害。

在十年的時間裡，他和他的學生們開車去加州沙漠紀錄越野沙灘車經常光顧地區的動物足跡。史特賓斯發現在沙灘車闖入的沙漠地帶，九〇%的無脊椎動物如昆蟲、蜘蛛及其他節肢動物都遭到破壞。我們邊說，他邊用老式的投影機將一張張幻燈片投影在螢幕上，並說道，「看，十年前後對比的照片。」遍地車轍，能持續影響幾個世紀。橡皮輪胎在沙漠地表劃出的一道道印跡，烏雲般的沙塵捲地而起；一隻被槍打中的沙漠龜，輪胎壓碎了牠的殼；在加州布萊斯附近從天空拍攝的古老而神祕的印第安陰刻遺跡，大到只有在空中才能看清。但一個鹿狀陰刻遺跡的兩側、背部和頭部都有沙灘車留下的輪胎印。「只有這些人知道他們自己在做什麼！」史特賓斯說。

最讓他不安的，還不是已造成的毀壞，而是即將到來的破壞，和他意識到的後代們對自然愈來愈少的敬畏——或者說起碼的尊敬吧。「有一次，我在外面看那些沙灘車。我看見兩個小男孩在沙丘裡吃力地走著，就追過去想問他們為什麼沒有騎車，我想也許他們在那裡找什麼別的東西。他們說他們的腳踏車壞了。我問他們知不知道沙漠裡有什麼，有沒看到蜥蜴。『看到了，』有一個孩子說，『但牠們看到我們就跑了。』這些孩子覺得無聊、對自然沒興趣，只是他們自己不知道罷了。」

即使孩子們參與了自然活動，也不一定就有保護意識。在加州阿爾派恩的一間教室裡，我採訪了一所小學的學生，他們是我所聽過，全美戶外活動時間最長的學校。在自然科學課堂上，有些學生看過山貓在山脊上玩耍，還有個男孩曾看到一頭的獅子從山上跑到他家的田地。這裡的許多年輕人成長在這片城市遠郊的山林，是因為他們的父母希望他們接觸自然。一個男孩說：「我媽媽不喜歡城市，因為那裡基本上沒有自然味了，所以爸爸媽媽決定搬到阿爾派恩來。我們住在一個公寓裡。我奶奶住的更偏遠，她家的地可多了，很多是草，不過還有些地方只是樹。我喜歡去那裡，因為一隻小美洲獅會到她院子去。我星期天在那裡時，就和奶奶一起出去餵山羊，那次我就看到山貓在捉鳥，真好玩。」

我很高興發現一群和我一樣喜歡自然的孩子，但聊著聊著就發現他們之中有一半人最喜歡的卻是騎車，騎那種四個輪子的小沙灘車。「我和我爸爸在沙漠裡騎車，基本上都不走大路。我爸爸還和越野車們比賽。他說就算走大路，去沙漠也很好玩，因為還是可以看到動物。而且和汽車比賽也很有趣。」還有個男孩說：「我們每年八月都去猶他州，我媽媽的朋友有三輛沙灘車。我們純粹為了好玩而騎，但最主要是在晚上看鹿啊、臭鼬啊之類的動物，你要是把魚的內臟丟在外面，晚上出去就能看見五頭黑熊。真酷！」第三個男孩說：「我們每個週末都去沙漠，他們在那裡有比賽，有座山丘沒人開上去，因為上面都是石頭，所以我們換個方式玩，你走上山，然後從斷崖往下跳，在那裡我們能看到蛇洞和蛇。天氣熱的時候，我們就出去獵蜥蜴。」還有一位女孩天真地補充說：「我爸爸有輛四輪傳動車，我們去沙漠，不去大自然或其他地方。」

下課鈴響，孩子們散了，史密斯（Jane Smith）惱火地揚起雙手，她在這學校裡教了五年的書，從前是個社工。「我總覺得奇怪。大多數學生就是不明白沙灘車和土地之間是無法和諧共處的。在這個教案之後，我們花了一星期講能源保護，他們也沒懂。就是不懂，現在還是不懂。每個週末阿爾派恩都是空的，家家戶戶都去沙漠、沙丘，大家都這樣。」

比起沙漠裡的蜥蜴、蛇、鷹和仙人掌，這裡一些年輕人和他們的父母更熱衷於了解沙灘車的牌子。我的生物學家朋友伊蓮曾說：「人們從來不重視他們不知名稱的東西。」或者說不知所以然的經歷。如果達爾文沒有坐船去加拉巴哥群島親身體驗自然，而是成天待在他的小辦公室裡盯著電腦螢幕，那我們還有《物種起源》可讀嗎？如果森林裡倒了一棵樹而沒人知道它的生物學名稱，那它存在過嗎？

「事實是最後的裁決者；事實是外面正在發生的事，不是你腦子裡想的，或是電腦螢幕上出現的。」戴頓（Paul Dayton）說。他一直為科學，尤其是高等教育，在理解和描繪自然時，對海洋的變化隻字不提而忿忿不已，他認為這會誤導今後幾代人對自然和事實的理解。戴頓是位於拉荷亞的斯克瑞普斯海洋研究所的海洋學教授。作為一個海洋生態學家，他所做的生態學研究譽滿全球。他對南極深海底群落的研究始於一九七〇年代。二年前，美國生態協會授予戴頓和他的同事頗具權威的「庫珀生態學獎」（Cooper Ecology Award），理由是他們「研究了關於在環境梯度（環境因子在兩極端狀態之間的連續變化，可用來評估環境影響）擾亂的情況下，群落穩定性的一些基本問題」，這是此獎首次頒給海洋體系的研究。二〇〇四年，美國自然學家學會授予他「威爾森自然學家獎」（E. O. Wilson Naturalist Award）。

此刻，一個細雨濛濛的春日，戴頓坐在他的辦公室裡，目不轉睛地看著斯克瑞普斯碼頭外暗冷的太平洋。辦公室裡有個小生態箱，裡面養了隻叫卡洛斯的蜈蚣，他餵老鼠給牠吃。戴頓是帶著敬畏和尊重接近自然的，但他並不把自然浪漫化。他成長在冰天雪地的伐木營裡，父親若不打獵，全家人就沒得吃。戴頓精幹、肌肉發達，一頭灰白的頭髮、頗具感染力的微笑和經過寒風烈日考驗的皮膚，他有時一定覺得像在北極睡了長長的一覺，醒來發現自己在一個陌生的未來世界，什麼都沒有名字，自然不是在商店裡出售就是被分解成了純數學。他告訴我，在海洋生態學領域，很多優秀畢業生「絲毫不懂自然史」。沒幾個生態學大三、大四的學生，或海洋生態學本科生「知道主要的海洋動物門類，如節肢動物或環節動物」。

在離戴頓幾公尺外（離卡洛斯更遠）坐著一名美國國家公園管理局的海洋生物學家蓓可（Bonnie Becker），她在卡布里奧國家紀念公園工作。她完全同意戴頓的觀點。最近她意識到，儘管自己之前受過訓練，現在也不能辨認出洛瑪岬附近的一千多種無脊椎動物。所以她就創立了非正式的教學小組，主要是學生教學生。她說：「大家就這樣說。你知道，就是請你喝杯啤酒，告訴我你所知道的所有關於帽貝的知識。」能叫出動物名字、甚至是知道那些名字的人愈來愈少、所剩無幾。在聖地牙哥和橘郡，能大概說出很多重要無脊椎海洋動物名字的人不到六個，主要是博物館工作人員和解說員，還有少數當地監管廢水處理和下水道出口的公務員。但這些人沒什麼機會把知識傳給新一代。「幾年之內就沒人能認出海洋生物中重要的物種了，」戴頓說：「我可沒誇張。」

我們不了解的事物可能會傷害我們。「卡特琳娜的一位老兄寄給我他發現的蝸牛照片，」戴頓說，「蝸牛正在往北遷移。蝸牛不該在那裡出現的。這隻蝸牛肯定有問題，或者說環境出了問題。」全球暖化？也許吧。「但如果你不了解蝸牛是入侵動物，你就無法發現問題。」人們很容易將這種普遍的無知怪罪於公立學校，但戴頓認為，責任主要在高等教育中分子生物學的主導地位。他本人並不反對分子生物學，也沒有遇上什麼反對分子生物學的教授，但是他說，新的現代大學科學教育理念，目標很明顯就是使這些「學」——無脊椎動物學、魚類學、哺乳動物學、鳥類學、爬蟲學——「回到十九世紀，那才是屬於它們的年代」。我與戴頓在斯克瑞普斯辦公室談話後不久，他在美國自然學家學會的年會上發表了一篇論文，如今被大量轉載。在這篇文章中，他強調了更大的威脅：

上世紀環境嚴重惡化：很多物種數量急劇下降，牠們的生態環境也發生了重大改變……這些環境危機與學術界對自然科學實質上的摒棄同時出現，年輕科學家和大眾再也沒有機會學習一些基本知識，這些知識能幫助我們預測人口水準和複雜系統對環境變化的反應……研究分子生物和理論生態學的團體在他們各自的領域已大獲成功，還發展了很多專業分支。這些專家已為各自的領域做出了許多突破性貢獻。但是……這種還原論的方法在解決日益嚴重的全球問題，如人口數量減少、種族滅絕，或是動物棲息地減少等方面卻少有建樹……我們必須在所有的學術機構中恢復自然科學課程，以保證學生能親身體驗自然，能學習自然科學的基本知識。

我問戴頓能做什麼具體的事改變現狀呢？他的回答可不樂觀。「不僅是我們的精英教育歧視自然史和微生物學，而且從經濟方面考慮，基本上也無法實現改變，因為好的自然史課得小規模進行。」儘管如此，他還是希望，如果公眾能更了解當代年輕人在自然方面的缺陷，則能促使政治家們「開始要求大學教授生物學的基本知識，並明確定義真實的自然史屬於這類基本知識。」

不幸的是，很難找到有足夠自然史知識的人來教學生。戴頓建議高等教育「設立課程並聘用滿懷熱情的年輕教授」，還要組織日益減少的老一代自然學家指導年輕學生，這些學生「從來沒有機會學習任何自然史」。目前至少有一個機構——西部自然學家學會，已經這樣做了，他們支援訓練年輕的自然學家。如果教育和其他有意無意的力量繼續使年輕人愈來愈不去接觸自然，科學本身將付出很高的代價。今天大多數的科學家在幼年時就開始自然科學事業，他們追逐臭蟲和蛇、搜集蜘蛛、在自然面前深感敬畏。今天這樣「髒兮兮」的活動已迅速絕跡，那未來的科學家該如何了解自然呢？

「恐怕他們無法了解自然了，」戴頓看著遠處消失的地平線說，「甚至沒人知道我們的學生已經無法了解到世界的這種智慧了。」

薩拉汀（Rasheed Salahuddin）是一所高中的校長，主管我家所在校區每週一次的戶外教育活動，他看到了恐懼自然的腐蝕性作用。「太多孩子把自然和恐懼、災難聯想在一起，而沒有與戶外直接接觸。」他說。薩拉汀帶六年級學生上山，讓他們看自然的奇蹟。「有些孩子來自東歐、非洲以及中東。他們把野外、大自然看成是危險的地方。他們把自然與戰爭、藏身地相聯繫，或是純粹功利地把樹林當成拾柴火的地方。」

他說，城市裡各種民族背景的孩子都有類似反應。有些從未曾到過高山、海灘，甚至動物園，哪怕動物園離他們家很近。有些孩子整個童年就是待在公寓裡，整日惶惶不安。他們把自然與附近被小混混們控制的公園當成同一件事。「這對未來意味著什麼？」薩拉汀問：「自然已經被對它一無所知的流氓搶走了。我們得把它搶回來。」

第十二章 未來自然的守護者從哪來？

對一個連鶺鴒都沒見過的孩子來說，禿鷲的滅絕會有什麼意義？

——自然主義者羅伯特．派爾

最近，我碰到了一位極其投入且能力卓越的環境主義者，他積極地參與了位在南加州有山有海的聖第托河公園的建立。我問他：當公園落成、大片的土地和水域得到了保護時，孩子們會怎麼玩？

「這個，他們可以和父母一起徒步旅行……」他頓了頓。孩子能在這片土地上無拘無束地閒逛嗎，譬如說，搭一座樹屋行嗎？我的朋友陷入沉思。

「不，我想不行——我的意思是，要體驗自然還有許多更有建設性的途徑。」當我問他自己親近自然的情形，這位環境主義者尷尬地答道：「我搭了堡壘和樹屋。」

他明白這其中的悖論，卻也不知道該怎麼辦。許多傳統活動本質上都有破壞性。對一些人來說，在樹林裡搭一座樹屋或堡壘，和在沙丘間開車兜風沒多大差別。差別只是程度上的：同樣在自然中體驗快樂，一種方法是刺激人的感官，另一種方法則是在噪音和油煙味裡麻痹感官，還會留下持續數千年的痕跡。

了解這些差別並不容易，但是當「關心自然」逐漸成為一個標語而且遠離了戶外生活的快樂體驗時，你不由得想問：未來的環保主義者將從何而來？

如果環境保護組織和童子軍以及其他傳統戶外活動組織一樣，希望傳遞環保運動的遺產和對地球的持續關心，他們就不能忽視兒童去探索自然、弄髒雙手、沾濕雙腳的需要。他們還必須幫助減少使孩子和自然分隔的恐懼情緒。

直到最近，多數環保組織只對兒童給予象徵性的關注。或許這種缺乏熱情的表現，源自他們無意識中對兒童的矛盾態度，即兒童象徵或代表了人口過剩。就像那不能明言的咒語所講的：我們遭遇的敵人，正是我們的子孫。正如《來自地球的聲音》一書的作者羅斯札克所說的：「大體上，環保主義者在過去三十年間的策略，就是讓大眾感到恐慌和羞恥……我要質疑你們是否還能繼續這樣下去……一次又一次地按那個恐慌—羞恥的按鈕。心理學家會告訴你們，有毒癮的病患前來就醫時，他們已經感到羞恥了，醫生不能讓他們感到更加羞愧。」

環境主義者需要兒童的好感，這本應不言自明，但屢見不鮮的是，在拯救世界這件大人的嚴肅事業中，兒童被看作是小道具或無關緊要的因素。兒童具有一個常常為人所忽視的價值——他們將組成未來的政治選民群體，而他們的投票意願尚未確定，因為相對於理性的判斷，投票意願最終將建立在個人經驗上。

以下以美國的國家公園為例。

歡迎光臨虛擬國家公園

對新的世代而言，到優勝美地國家公園露營是一種過時的主意。大公園宣稱在過去幾年中，參觀人次明顯下降，這一趨勢在針對紐約和華盛頓的九一一恐怖襲擊前就開始了。人數的減少，對過分擁擠的公園似乎是好消息，但是它帶來長期隱性危機。

首先是數字。原本從一九三〇年代以來整體呈現穩定成長的國家公園遊客數，在一九八七年到二〇〇三年間下滑了大約二五％。優勝美地國家公園在二〇〇六年的遊客數是三百四十萬人次，但是跟十年前的盛況相比，還是流失了二〇％，儘管加州在這段時期增加了七百萬人口。大峽谷國家公園的參觀人次在一九九一年達到頂峰；優勝美地國家公園和奧勒岡火山湖國家公園客流量達到頂峰的時間分別是一九九二和一九九五年；雷尼爾山國家公園的客流量從一九九一年的一百六十萬下降到了二〇〇二年的一百三十萬。而自一九八〇年代末以來，卡爾斯貝洞窟國家公園的遊客數量驟降了近一半。

我相信遊客數量下降的最重要原因，是年輕人和自然的分離——從真實世界的體驗到虛擬自然的轉變。二〇〇六年，芝加哥伊利諾大學保育生物學家柏甘斯（Oliver Pergams）及研究員薩拉迪克（Patricia Zaradic）分析了這些下滑數字，他們在報告中提到，九七．五％的遊客減少量是由於美國人花愈來愈多時間在電子媒體上所致，以二〇〇三年來說，美國人一年平均花在電子媒體上的時間就比一九八七年多出三百二十七個小時，而柏甘斯和薩拉迪克也對於他們所謂的「親影像性」（videophilia）——一種從熱愛大自然（親生命性）轉為熱愛螢幕影像的生活方式——提出警告。北亞歷桑那大學對美國的國家公園進行的一項研究，得出了兩個主要制約因素：缺少家庭聚會時間和人們普遍認為去公園只是為了欣賞風景。其他原因包括假期縮短；美式公路旅行時間從三天半縮短到兩天半；國家公園預算及服務品質下降；以及門票價格的上漲（迄今為止，一輛車要收高達二十五美元的入園費）。

以前，進入國家公園工作的想法很容易激起美國年輕人心中一股質樸的浪漫情懷，但現在恐怕已經改觀，二〇〇七年，《洛杉磯時報》曾經報導一股新現象：「優勝美地、大峽谷和黃石國家公園的特許經營者每年從東歐、南美洲、亞洲和南非引入數百名外籍勞工，因為他們說，他們找不到美國年輕人來填補國家公園裡最辛苦的餐廚及旅館職缺。」

公園管理人員所說的「罩著擋風玻璃的旅行」正在取代露營。二〇〇一年，各國家公園露營的遊客數量下降了近三分之一，為二十五年以來的最低點。露營次數下降，在三十歲以下的年輕人中尤其明顯，可能因為當他們還是孩子的時候，沒有人帶他們露營過。因此，他們也將不會帶自己的孩子來露營。《奧勒岡日報》記者米爾斯坦（Michael Milstein）引述了加州的一項調查：十名露營者裡，有八名以上都是在兒童時期對野外萌生興趣的——但是接受調查的露營者中，超過一半都沒有帶著孩子。

那麼公園還是為孩子們開放的嗎？對看著《駭客任務》、在虛擬世界中成長的新世代而言，自然的神祕和野外的冒險大部分都被人為去除了。由於管理人員努力地讓公園更加安全和便於遊覽，野外常常最終變得感覺更像迪士尼樂園，而不是荒野了。一些孩子最後還為公園不如迪士尼樂園般奇異而失望。一些中學生寄給我他們對自然的感想，一個男生寫道，他參觀了猶他州虹橋國家紀念公園，看到了在如今的鮑威爾湖上方，歷經數千年從絕壁上穿鑿出的世界上最大的天然橋。他寫道：「這座橋相當令人失望。它沒有宣傳上說得那麼美。」於是他的父母只好租了水上摩托車來為這次家庭度假增加樂趣。

這就是隱藏的危險。如果公園和森林的遊客量陷於停滯，而遊客年齡不斷上升，對於將來決定公園和國家森林命運的未來政治選民會產生什麼樣的影響？如果遊客量下降有幸是未來的唯一改變，影響將不會很大，但要注意這一現象發生的同時，發展和能源利益正快速地增加它們對自然環境的壓力。

瀕危的環保主義者

更大的問題是關於環保領導者未來的倫理觀，特別是環保主義者、自然保育主義者和其他相關領導者日漸減少的情況下。

一九七八年，愛荷華州立大學環境研究教授坦納（Thomas Tanner），針對形塑環境主義者的成因做了一個研究。他的題目是「什麼引導環境主義者投身環保運動」，他對重要環保組織的工作人員和分支機構的管理人員進行了問卷調查。「最常提起的影響，是童年時期他們在自然、鄉村，或其他相對未開發的棲息地的體驗。但是出於某些原因，我們只聽到很少的環境主義者對兒童和自然間的連結表示關心。」坦納說。這些人當中，多數還是孩子的時候，幾乎每天他們都能在自然棲息地自由玩耍和探索。

從那時候開始，來自英國、德國、瑞士、希臘、斯洛伐尼亞、奧地利、加拿大、薩爾瓦多、南非、挪威和美國的研究報告就相繼證實並延伸了坦納的發現。二〇〇六年，康乃爾大學研究者威爾斯及萊基斯（Kristi Lekies）深入分析了童年對環保人士的影響，她們檢視以十八歲到九十歲之間都市成年人為主的廣大樣本群，結果顯示成年人對環境的關心及其連帶行為，是從他們十一歲以前在森林裡玩耍、健行、釣魚等「野外自然活動」中直接發展出來的。這項研究也認為，在自然環境中進行的自由遊戲會比成人主導的強制性遊戲還要有教育效果。矛盾的是，這代表野外活動的組織者應該讓遊戲愈沒有組織愈好，但仍需具有意義，這可不是一項容易達成的任務。

當然，兒童確實需要導師。根據環保心理學家喬拉的說法，一些針對環保領袖所做的調查發現，這些人士大部分都把自己在環保方面的奉獻歸因於童年期或成年期裡兩大因素的結合，那就是經常親近「記憶最深刻」的野外或半野外地帶，以及一位教導他們尊敬自然的成年導師。

「在一篇又一篇的故事裡，這些環保人士都提到自己被某位家族成員帶進山林或花園，並且在對方身上看到一種對動植物的欣賞與關懷之情，而不是恐懼或者魯莽的破壞。就連他們提到小時候跟家人去打獵或釣魚的情形時，他們的父母也不完全以功利為考量，」喬拉寫道，「一位在肯德基州當律師，後來為了阻止政府在富有生態及景觀價值的紅河興建水壩，毅然投身於環保運動的領袖人物，就曾經思考過自己為什麼跟那些建壩支持者不同。其實那些支持者中很多人都跟他一樣，從小在肯德基州的山林和田野間健行、釣魚，『這或許跟你和誰去釣魚有很大的關係，』他表示，『或者你健行的時候跟誰聊天。』在他的例子裡，他所跟隨的父親就不光只是釣魚，而是會花時間『欣賞眼前的事物』，觀察昆蟲、蠕蟲，並且注意周遭植物和樹木的細節。」因此喬拉稱之為「具感染力的關懷態度」（contagious attitude of attentiveness）。

環境主義者和自然主義者的童年，充滿了激勵年幼的他們愛護自然的故事，這些往事成為他們後來參與環保的動力。「親生命性」理論之父愛德華．威爾遜在自傳《自然主義者》（Naturalist）中提到：「大多數孩子都有愛玩蟲子的階段，而我從未告別這個階段。在培養一名自然主義者的過程中，關鍵是在重要時期的親身經歷，而不是有系統的知識。最好有一段時間去當未開化的原始人，不知道那些名稱和解剖細節。最好只是用很多的時間去探索和夢想。」

作家莫瑞斯（Edmund Morris）對自然保育的總統級資助人——老羅斯福總統——少年時期的描述，說明了一個相似的起源：

在樹林中建造棚屋、採集山核桃和蘋果、捉青蛙、曬乾草、割莊稼，還有光著腳在鋪滿落葉的長長小路上奔跑……充滿書卷氣的泰迪從中發覺了「迷人的樂趣」。即使在這些早年歲月中，他對自然史的知識也與眾不同。大部分的知識，無疑是他在冬天透過閱讀學到的……但每個夏天，他對身邊的花朵和動物長時間的觀察也具有補充效果。……泰迪對所有「新奇事物和生物」的興趣，帶來了長輩的驚險遭遇。一次他在輕軌電車上遇見漢彌爾頓．菲什夫人，心不在焉地脫帽致意，讓其他乘客驚慌的是，幾隻青蛙從帽子裡跳了出來……在打掃房間的女僕的抗議下，泰迪只好把「羅斯福自然史博物館」從自己的臥室遷到了樓上的後廳。「水槽腳柱上拴著一隻咬人的烏龜，」洗衣婦抱怨道，「教我如何洗衣服啊？」

我們應把優勝美地公園的誕生歸功於那隻烏龜。和老羅斯福總統一樣，作家史德格奈（Wallace Stegner）的童年，也充滿了他收集的生物，而且常常沒有想過這些生物的權益；這就是那個年代。在短文〈尋找那個地方：一個遷移不定的童年〉（Finding a Place: A Migrant Childhood）中，史德格奈描繪了自己小時候的家鄉，加拿大的一個草原小鎮。他有很多寵物或臨時飼養的生物，包括穴鴞、喜鵲和一隻黑足鼬。他把童年的許多時間，用來「設陷阱、射殺、誘捕、毒殺，或者淹死那些聚集在我們麥田裡的田鼠……沒人能比我那時更失去理智和更邪惡地製造破壞了，然而那也是蘊含著感情的」。

各家報紙都遇到了讀者群熟齡化的問題，在一定程度上，環保組織也面臨相同的年齡壓力。美國報紙訂戶的平均年齡已五十歲出頭，並隨著訂閱率的下降不斷升高；而歷史悠久的環保團體山巒俱樂部成員的平均年齡也已接近五十歲，且還在不斷上升。在美國這樣一個充滿朝氣多民族的國家裡，環境主義者看上去卻愈來愈局限於老人和白人。這些情況迫使環境和資源保護組織要為吸引年輕人而加倍努力，後面的章節將專門討論這個問題。但是，這些組織最迫切的挑戰是要捫心自問，他們的方針和文化態度是否微妙地加重了兒童和環保的分離。

其他一些傳統上從事讓兒童走近自然的活動組織，也必須問自己相同的問題。

未來的童子軍

娜拉揚（Madhu Narayan）剛剛從印度移民來美的父母，第一次帶她露營的時候，她只有三個月大。幾年之後，他們駕車穿越西部，一路露營。娜拉揚猜想父母的錢不多，而露營則是遊覽他們選定的這個國家一種便宜的方式。她說：「我們經歷了很多天氣美好的日子，然後大雨來了。」在一場電閃雷鳴的暴雨中，大風吹走了這一家的帳篷，他們只好睡在車裡，聽著風雨的精靈在樹林間嚎叫和衝撞。即使現在講起這個故事，已三十歲的娜拉揚還會不自主地顫抖。

這些經歷和隨之而來的神祕感塑造了她的性格。今天，作為一個管理範圍很廣的女童軍戶外教育地區主管，娜拉揚主管加州的因皮里爾和聖地牙哥，她希望將親近自然的經驗傳承給女孩們。不論是對男孩還是女孩，童子軍的傳統觀念是，自然是演出中的明星，是組織的原則，是存在的理由，但問題是這個理由正在逐漸弱化。

在位於聖地牙哥巴爾博亞營地的童子軍總部（巴爾博亞營地是個成立於一九一六年的城市宿營地），娜拉揚和地區女童軍理事會副執行理事長歐布琳恩（Karyl O'Brien）展開了一疊文獻，介紹他們為三萬餘名女孩提供的豐富多彩的活動專案。儘管令人印象深刻，但是在過去三年中，這一地區的參加人數沒有增減，而這裡的人口卻急速地增加。這裡的理事會積極地自我推銷，提供了在市內的博物館做一夜逗留、做一日小環保員，和夏日露營體驗等活動專案，但女童軍專案中絕大多數活動都和自然無關（且通常和賣餅乾一起），包括學習容忍、吸菸防治、高爾夫球培訓班、自我提升、科學節、簡易防衛術和財經素養等。女童軍的「首席執行長露營」專案，請商界女強人到自然環境中為女孩們指導面試求職、產品開發和營銷等技能。

過去和未來的差別，在城市東部山區的女童軍營地表現得最為明顯：舊的營地一如傳統貼滿海報，還有開放式的小木屋和樹叢掩映中的帳篷；新的營地則看起來像個路燈照耀下的小型郊區。「當我知道，在我們的營地裡女孩們不能去爬樹時，差點摔了一跤。」歐布琳恩說。責任是人們愈來愈關注的問題。「我還是孩子的時候，如果摔倒了就只有爬起來，沒人管你；你自己學會處理結果，我就摔斷了兩次手臂，」娜拉揚說，「可是在今天，如果一個家長把孩子毫髮無傷地送到你這兒，最好回家時他們還是那個樣子，這就是家長的期望。作為一個要對孩子的安全負責的人，我必須尊重這種期望。」

童子軍組織必須容忍在安全保險開支方面的過度增長。不只是美國有這樣的現象。二〇〇二年，澳大利亞的童子軍組織「女童軍」和「澳大利亞童子軍」公布，僅在一年內安全保險開支就增長了五倍，以至於澳大利亞童子軍的執行理事長警告說，如果保險費繼續增加，童子軍活動將「無法生存」了。

考慮到逐漸加重的社會和法律壓力，我們應該讚賞童子軍組織保持和自然接觸的努力。娜拉揚指出，二千名參加夏日露營的女孩中，大多數都接觸了自然，儘管有些只是間接的。「但是我們現在急迫地感到要把實驗室帶入營地，或在自然教育中心準備電腦，因為人們已經習慣這些。」歐布琳恩說。童子軍活動正在應對類似於公立學校的壓力：隨著家庭聚會時間和空閒時間的減少，美國人民期望這些機構更多地挑起社會的重擔——承擔更多的社會、道德和政治責任。問問任何一個童子軍組織，就能知道這樣做是多麼困難。

美國童子軍的公眾形象，或多或少已經從打繩結和架帳篷的瀟灑男孩們，轉變為禁止同性戀、驅逐無神論者的成年領隊了。和女童軍一樣，童子軍也在掙扎著跟上時代——還有市場化。在德州歐文鎮的新國家童子軍博物館裡，展覽以虛擬技術呈現，讓遊客爬上山峰，乘著獨木舟順流而下，和利用登山自行車進行模擬救援。人道對待動物協會（PETA）的活動成員發起了一場運動，試圖勸說童子軍組織放棄頒發釣魚優異徽章。二〇〇一年，《達拉斯早報》報導，全國各地的一些童子軍理事會正在出售野外營地以支付帳款。

對童子軍和女童軍組織而言，綠色環保並不容易。父母的壓力迫使這些組織選擇更安全、更高科技的活動。童子軍活動努力保持實用性，做到包羅萬象，提供適合所有人的專案。那也許是一個不錯的營運方針，但也可能恰得其反。有一次，一位經驗豐富的出版社編輯告訴我：「一本寫給所有人看的書其實是誰都不看的書。」隨著童子軍活動範圍的擴大，對自然的關注卻減少了。但是，少部分家長和童子軍領導人已經開始主張，發起回歸自然的運動。「他們通常是年長者，」歐布琳恩說，「是那些還能記起一個不同的時代的人。」這批成年人能為未來的募款行動提供一個目標市場的機會嗎？比起坐視自然遠去，或是要求取消非自然活動為戶外活動讓路，為什麼不讓這些成年人為童子軍活動建立一個全新的自然分支呢？這倒是個有趣的可能性，歐布琳恩說。實際上，這不僅具有作為營銷工具的作用——找到你的定位並抓住它——它還是一種使命。

童子軍領導人強調，童子軍是一個教育專案，教會年輕人塑造品格和信仰傳統，指導和服務他人，健康地生活，並終生學習。童子軍的創始人貝登堡爵士（Sir Robert Baden-Powell）確實感到親近自然能培養兒童的品格和健康，而實現這個教育目標的最佳戰略就是回歸自然——這也是許多家長和童子軍領導人援引的方法。

娜拉揚就是其中之一。「我在另一個組織做諮詢工作時，曾帶著從未離開過都市社區的愛滋病患兒童到山裡去，」她說，「一天晚上，一個九歲的孩子把我叫醒，她想去上廁所。我們走出帳篷，她抬頭一看就呼吸急促地抓住了我的腿。她從來沒有見過星空。那天晚上，我看到了自然對一個孩子的影響力。她變了。從那時起，她關注一切東西，譬如別人都沒有留意到的、用自然保護色偽裝得很好的一隻蜥蜴。她的感覺甦醒了。」

依附理論

自然保護不能只依賴自然保護機構的組織力，它還取決於年輕人和自然的關係——取決於年輕人如何依附自然，或說如果年輕人依附自然的話。

我常想知道：除了好朋友、好工作和舒適的天氣，我喜愛南加州的什麼？顯然吸引我的不是人工環境，至少大部分都不吸引我，這裡的土地被分割成條條塊塊幾乎認不出來了。我確實喜愛城市裡面的公園和老街區，特別是在霧氣開始消散的清晨。我也很喜歡那些海岸。太平洋抗拒著變化，依然是衝浪的南加州人最後的自然領地。它是那樣可靠，總是在那裡，同時呈現著神祕和危險——太平洋裡的一些生物要比人類還大，甚至比人類知道的都＝還龐大。我不會衝浪，但是我懂得衝浪者對海洋的情感，而且這種情感一旦形成，就將永不消逝。

當我駕著車向東開往山區，經過大梅薩、聖伊莎貝爾和朱利安鎮時，我知道這些地方已經深深進入我的生命。它們有一種與地球上其他地方都不同的神祕。但是有一個聲音常常在我心中說：不要陷得太深。因為隨著城市和郊區的蔓延，我下一次開車來到這裡時，我所愛的這些田野、小溪和山脈都可能消失，因此我不能全心全意地喜愛。對那些從不依附自然，或小小年紀就學會提防那種依附的孩子們，我想知道他們是不是也會表現出相似的特點和反應？

在二十五年間，心理學者瑪莎．艾莉克森（Martha Erickson）和她的同事們，運用他們稱之為「依附理論」的兒童成長生態模式，作為正在進行的親子互動縱向研究的基礎。他們把這些概念應用到父母在高危險環境下的預防性干涉行為上。家庭的及周邊社區的健康狀況，已引起瑪莎愈來愈多的關注。

「我們通常討論親子情感，因為即使父母不可靠、冷淡或不常見面，我們也很少見到缺乏親子之情的狀況。然而，我們發現親子之情在性質上有所不同。譬如，當家長長期很冷淡的時候（譬如是一名抑鬱的家長時），孩子會用保持距離，或表現出對家長漠不關心等方式來防止自己受到拒絕的傷害，發展出一種我們稱之為『迴避型依附』的情感。」

我提醒她，一些同樣和感情缺失有關的反應和症狀，也會在人們對大地感情淡漠的時候發生。以我自己的經歷來說，我所居住的地區發展速度極快，要對一個地方產生感情很困難；對很多幾十年前來到這裡的人而言，像我自己是從堪薩斯州來的，南加州留住了我們的人，卻留不住我們的心。在兒童成長學領域裡，依附理論認為子女和父母間深深羈絆的形成是心理、生物和精神上過程的複合結果。如果沒有這種情感，孩子就會感到迷惑，容易在日後以疾病的形式表現出來。我相信，相同的過程也能讓成年人和一方水土緊緊結合，帶給他們歸屬感和意義。如果對土地沒有深深的眷戀，一個成年人也會感到迷惘。

「用依附理論來處理兒童和自然的關係，是個很有趣的觀點，」瑪莎如是說。她又補充道：

兒童對自然的體驗，在對兒童成長的研究中似乎很大程度上被忽視了，但是考察兒童幼年時對自然的體驗，追蹤這些體驗如何影響兒童，對自然界持續生出尊重之情、感到被撫慰——慰藉和尊重，是親子情感研究中的核心概念——是相當有趣的。既然自然能讓我們從忙碌的生活中得到平靜和撫慰的力量，研究家庭和自然的聯繫如何影響親子關係也非常有趣。以個人的經驗而言，我的家庭成員間的關係，就是通過很多年的共同自然體驗形成的——從分享我們幼兒時翻開大石頭發現一隻老鼠般大的甲蟲時的驚奇，到孩子上小學時划著我們的老獨木舟，沿著附近的小溪漂流，再到在山裡徒步旅行的體驗。

對土地的眷戀不僅有益於孩子，也有益於這片土地。正如自然主義者芬奇（Robert Finch）所說：「有一個這樣的時刻……在我們和土地的關係中，我們意識到自己已不再關心，我們不由自主開始相信，我們的街坊、城鎮和這片土地大體上已經消失了。」他指出，在這個時刻，當地的風景已經不再是「一個和人類對應、活生生呼吸著的的美好存在，而是遭受著不可逆轉的腦死。它也可能保持活著的狀態——透過汙水處理廠、補償性濕地、甲殼動物再生專案、對酸化的池塘採取石灰治理，為……池塘除草、海岸培養計畫、圈起來的鳥類保護區，和劃定『綠色區域』——但它將不再發展，即使會發展，也不是順應自然自己的意願」。

如果一個地理區域以一種降低自己的自然整體性的方式快速發生變化，那麼孩子們對這片土地的情感就處於危險之中。如果孩子們對土地沒有依戀，將不能從自然中獲得身心的幫助，也不會對環境或這片土地感到一種長期的獻身熱情。缺乏依附之情又會讓首先造成這種疏離感的客觀條件逐漸惡化，形成一種惡性循環，讓我們的孩子和自然世界間的隔閡愈來愈大。

我並不是說一切已毫無希望，實際上還大有希望。自然資源保護和環境保護組織，以及一些傳統童子軍組織已經開始覺察到大自然缺失症帶來的威脅。其中幾個組織就像我們將看到的那樣，正在帶頭讓自然和孩子重逢。他們了解到，自然知識重要，但激情才是奮鬥的長期動能，能激勵我們保護自然遺產、建設綠色城市、再造失去的土地和水源。激情不會來自於影帶或光碟，它是孩子用沾滿泥巴的雙手從大地裡捧出來的，它沿著染上草汁的袖子走進心中。如果要拯救環境和環境主義，我們必須先拯救瀕臨消失的指標物種：自然中的孩子。

第四部
自然和兒童的重逢

我又康復了，
我從山裡涼爽的風和清澈的水中甦醒……

——繆爾

每一年對我們都是新的驚喜，
我們發現自己已經幾乎忘了鳥兒的歌聲，
當我們再度聽聞時，宛若身處夢境，
令人憶起從前的存在狀態……
自然的聲音總是那麼令人鼓舞。

——梭羅

第十三章　把自然帶回家

在自然界中，讓兒童去體驗，遠比學習知識重要。

——卡森

單憑父母的力量是無法改變現狀的。然而所有監護人、父母、家庭成員都能在家中，或透過其所隸屬的機構來影響這一進程。教育工作者、都市計畫專家、年輕的自然專案領隊、環境主義者，這些人將共同決定第三邊疆的方向，是自然體驗的終結，或是以新的形式獲得重生。父母應該鼓勵各種機構進行變革，而不是坐視不理。

對於現代的父母來說，要平衡工作和家庭生活已讓他們筋疲力盡。日常的瑣事已經夠多了，不想再做其他的事，是可以理解的。因此換一種方式面對或許會好些，把自然當作一劑良藥，可以減壓、增強體質、精神滿足，還能更具創造力、幽默感、安全感。如果一個家庭讓孩子更加融入自然，就會得到以上種種回報。

把熱情當禮物

幾年前，夏德（Jerry Schad）邀請我和兩個兒子與他們父子一道，沿著聖地牙哥東部山脈棉白楊河谷遠足。當時我的兩個兒子一個五歲，一個十一歲，他的兒子才四歲。我們把車停在日出高速公路邊上，沿著一條崎嶇不平的小路，走到下面很遠的一個山谷。這條小路穿過茂密的樹叢、胭脂櫟和石蘭科等常綠灌木叢。無數讀過夏德寫的《準備遠足》（*Afoot and Afield*）野外指南，找到棉白楊河瀑布（這個名字就是夏德起的）的無數徒步旅人，又把它踩寬、踏深。

在我帶你們進行這次遠足之前，我要先說說為人父母所承受的種種壓力。大人只能和孩子一起做正確的事，其他都不值得。簡單來講，我們之中的許多人必須改變觀念。如果帶孩子到自然中是為追求完美，或覺得又是一件麻煩事，那就會失去很多樂趣。家長更了解自然並和孩子分享，是一件很好的事情；如果家長能和孩子一起去了解自然當然更好，而且樂趣更多。

我們沿著曲曲折折的小路往下走。夏德的兒子湯姆在前頭跑，我的大兒子傑森牽著弟弟馬修的手，在愈來愈不好走的小路上前行。夏德曾告訴我，他在聖克拉拉谷長大，就是現在有名的矽谷。兒時，他從沒有外出露營過。但從十二歲開始，每到夏天他便在後院睡覺，並迷上了夜空，最終使他成為一位天文學教授。長大後，他還是喜歡在野外鋪一張墊子，躺在群星下入眠。

他滿懷敬畏，講述著郡裡那些失落的角落的神祕事件，尤其是夜空的神祕故事，譬如金星在沙漠上投下的奇怪陰影。湯姆和馬修正值淘氣的年紀，比起金星陰影，他們對叢林裡狼的糞便更感興趣。他們戳它，還為它取了一大堆的名字。馬修很想知道為什麼我們沒有看到大型動物。

「因為牠們有超能力，」我解釋說。

他停下了腳步。

「牠們能在很遠的地方聽到我們的聲音、聞到我們的氣味，」我補充到。這話對他產生了作用，但這只是瞬間的。因為有這麼多的石頭要搜集，時間卻這麼少。這兩個小男孩，爭著、搶著要跑在前頭，一直往前跑。小孩子不像大人：我和夏德剛見面，客客氣氣的；馬修和湯姆立刻熟悉起來，相互說著小祕密，也相互罵著玩，好像他們已認識二十年了似的。

「我要在叢林裡開出一條路來！」湯姆高聲宣布。他消失在樹叢中。過了一會兒，他喊道：

「小心蛇，隨時都有可能竄出一顆蛇頭來。」這麼多年來，湯姆的父親夏德親眼見到過二百隻大角羊，一頭山裡的獅子，與很多響尾蛇。夏德說，在四月，人應該要小心提防蛇出沒。這時，他避免離開小路行走，或是在樹叢中為自己開闢一條路。那時候，蛇從冬眠中甦醒，很餓，很可能具有攻擊性。

「我通常帶著湯姆在家附近步行，但我也喜歡帶他到這兒來，」夏德說，「他能夠考驗自己，能探索，能冒險。學到關於徒步旅行的最佳判斷力，對他來說很重要。」

他給做父母的建議是：帶著你們的孩子做些簡單、距離較短的健行，要靠近城區，因為往往他們在身體感到疲憊之前，就開始覺得無聊了。

馬修第一個聽到了瀑布的聲音。

我們來到了路的盡頭，在一個小橡樹林裡，在那裡，棉白楊河從缺口處奔流而下。我們順著這條小溪走到了第一個瀑布群和一些深潭，這些深潭由融雪和最近幾場雨的雨水匯集而成。孩子們爬上大岩石，沿著礁石奔跑，夏德和我朝他們喊著，提醒他們慢一點，要看路。「看到那裡比較暗的地方嗎？」夏德對湯姆喊，他指著一條條流過岩石表面、然後流向深潭的黏液。「別踩那些東西；很滑，你會跌進水裡。」

孩子們像蜥蜴一樣掠過水面爬上岩石。看著他們，夏德帶著如同親自經歷一般的興奮承認道，「我和湯姆一起時，就像是透過他的眼睛看到這一切，很新鮮。」我們在一塊大岩石上坐了一會兒，眺望著一池深水；這些小男孩則把這塊大岩石當滑梯。在懸崖那兒，夏德、傑森和我用身體擋著他們，防止他們掉下去。過一會兒，我們厭倦了這樣的玩法，把馬修和湯姆叫來，讓他們殿後。我們的口袋裡裝滿了石頭，那是馬修一路上撿的，堅持要我們帶著。

夏德給我印象最深的，不是他那令人敬佩的淵博知識，而是他那具有感染力的激情。如果這份歡愉沉睡了，我們就必須喚醒它。對於那些先前失去機會與戶外活動建立聯繫的父母而言，這不是個輕鬆的任務。但是，這樣的機會還是有的。卡森曾說：「如果一個孩子要保持他與生俱來的驚奇感，他需要至少一個能與之分享這種驚奇感的成人陪伴，和他一起重新發現我們所在世界中的歡樂、興奮與神祕。」

最重要的是，要找到或重新發現感受快樂、興奮和神祕的能力。二戰後法國的文化部長及小說家馬勒侯（André Malraux）曾引用一位牧師的話，寫道：「根本沒有『成年人』這種說法。」當然，重新發現孩子的敬畏，任何時候都不晚。讓孩子與自然建立聯繫的最有效方式，就是成年人自己先與自然先建立聯繫。如果爸爸、媽媽、祖父母、外祖父母或監護人已經花時間在戶外，他們能拿出更多的時間；他們可以獵鳥、釣魚、徒步旅行，或是做些園藝工作。如果孩子們感覺到了大人們對自然的真正熱情，他們會模仿這樣的情趣——即使他們長成十幾歲的少年，假裝失去這樣的情趣。

作為成人，喚醒對自然的驚奇感的另一種方式，是和孩子一起閱讀自然類書籍。與電視不同的是，閱讀不會吞沒各種感覺或是操縱思想，閱讀會激發想像力。你還記得第一次讀《森林王子》或《湯姆歷險記》或《哈克歷險記》時的驚奇感受嗎？吉卜林筆下世界中的世界；馬克吐溫筆下緩緩流淌的河水，自由的感覺和神祕島嶼上的海沙，還有洞穴深處的世界？正如喬拉所指出的，環境教育工作者和環保積極分子反覆提到自然書籍對兒童有著重要的影響。

像一九五〇年代的許多孩子一樣，作家克拉瑪（Kathryn Kramer）是讀著《魔戒》系列長大的。一個又一個夏天，她反覆讀著這三部曲。「在夏天避暑的屋子裡坐在起居室一張很不舒服的柳條椅上，我的腿直直地伸著，如同不會畫膝蓋的人筆下人物僵直的雙腿。」「我可能偶爾透過窗戶看看四方的天空；這似乎就是我想從戶外燦爛夏日得到的一切。在托爾金的書中，有我需要的所有天氣。」她被征服了，尤其是被托爾金對自然的描寫所征服。她引用了這段精采的描寫：

他們身處在一座綠樹叢生的島上，視野被遮蔽了。在東南邊，地面陡然下降，山坡似乎遠遠地延伸到樹下，好比島上的沙灘，實為一座從深水中上升形成的山……島的中央有條河慵懶地蜿蜒向前，河水是棕色的，河兩邊垂著古柳，在河面上形成了彎拱，倒下的柳樹擋住了河的去向，成千上萬褪了色的柳葉星星點點地散落在河面上。空中滿是柳枝上翩然舞動的黃色；山谷中和煦的微風輕輕吹過，蘆葦婆娑，柳枝吱吱作響。

托爾金書中盡是類似的描寫，用「比大多數人一生用到更多的詞彙來描寫一個地方。」克拉瑪說。如今，她為七歲的兒子讀《魔戒》三部曲，將這個故事作為禮物送給他，透過故事，也把自己對自然界的熱情傳給了兒子。

無聊小傳

到了夏天，父母常會聽到孩子嘰嘰喳喳的抱怨：「沒勁、無聊。」無聊和害怕是一對孿生兄弟。無聊，這個消極的藉口，把孩子擋在自然之外，或者，我們可以利用它讓孩子走進自然。

過去在夏天，孩子很容易就從無聊的狀態中逃脫，至少記憶中是這樣。多數的電視節目不過是些肥皂劇、問答比賽，偶爾播放一部牛仔電影，都讓人只想跳起來跑到外面去。

「可是時代變了，」我先前提過的那位教師卡芙卡說。她有三個孩子，「小孩子的時間再多，也不在外面玩。他們待在家裡玩電玩。」她終於明白，在孩子的長期記憶中，精心策劃的活動和更為自然地發生的經歷相比，是多麼的蒼白。她想在孩子們的生活中培養一種魔力。然而她也是個務實的人。「現在的小孩子就是不出門，不怎麼在外面玩、騎車。他們對電子的東西更感興趣，」卡芙卡解釋道。「看著他們懶洋洋地躺著看電視，我就不舒服，但是，說實話，一直找各種東西激發他們興趣，我也受夠了。」

「『無聊』這個詞從不在我的字典裡頭，」我們之中有人記得祖父母曾經這樣說過。根據思帕克（Patricia Spacks）的說法，事實上在十九世紀以前，沒有人的辭彙中有這個詞。思帕克是維吉尼亞大學的英語教授，著有《無聊：一種精神狀態的文學史》（*Boredom: The Literary History of a State of Mind*）一書。思帕克認為，中世紀時，如果有人表現出我們現在所認定的無聊症狀，大家就會認為這個人患上了淡漠症（acedia），一種「精神疏離的危險形式」，是對世界及其創造者的貶低。誰有時間這樣自我放縱？有多少麻煩事、流行病和生存的苦痛？默然、憂鬱或倦怠，被當作一種罪過。之後，人們發明了節省勞力的機器，社會開始看重個人，注重「對幸福的追求」。忘掉所謂淡漠的罪過；如今我們能承受得起無聊這種情感狀態，而且，也正及時。思帕克教授認為，無聊是件好事，至少大多數時候是這樣的。「如果生活在前現代時期從不無聊，」她寫到，「那它也不會是現代意義上的有趣，令人激動或是興奮。」

「無聊」最好的結果就是催生出創造力。如今，商場裡滿是孩子，他們湧進電影院，排隊等著看最驚悚、最血腥的暑期電影。然而，他們仍抱怨，「好無聊。」這樣的娛樂如同大熱天的一杯糖水，讓孩子們更加口渴——想得到更快、更大、更暴力的刺激。達爾（Ronald Dahl）是匹茲堡醫學中心的小兒科醫學教授，他在《新聞週刊》上發表了一篇文章，稱這種有潛在危害的新式無聊是造成兒童、青少年精神問題增加的原因之一。達爾暗示，這種症狀使得更多的醫生在處方中開利他能和其他「刺激性藥物來應對兒童讀書注意力不集中；或是開抗憂鬱劑，用來幫助他們找到生活中失去的趣味和快樂。」

我們需要區別建設性無聊的精神狀態和消極麻木無聊的精神狀態，這一區分很重要。建設性無聊的小孩最終會找本書看、蓋座堡壘，或畫畫（或做電腦藝術設計），或是在鄰近的籃球場打完比賽滿身大汗地回家。父母和其他照顧孩子的人能做一些事來培養孩子身上的建設性無聊，它常常能讓孩子對自然更加敞開胸懷。

- 首先：常覺得無聊的孩子需要父母或態度積極的成人更多陪伴。事實上，關於無聊的抱怨，可能是為了引起父母的注意。父母或其他成人需要和孩子在一起，限制他們玩電玩或看電視的時間，帶他們到圖書館或去自然中多走些路，或帶他們去釣魚，都可以幫助孩子遠離電子產品，激發想像力。
- 第二：關掉電視。取消孩子看電視的特權，以此作為對孩子的懲罰，然後帶著孩子玩。最初孩子玩得慢，之後就能充滿想像力且自由自在地玩。有這樣經歷的父母都將承認時間、無聊和創造力之間的聯繫。「電視有特殊的力量。可能是因為電視以聲音和影像刺激的方式提供了太多東西，孩子們不用再獨立創造，」休思頓（Aletha Shuston）說。休思頓是堪薩斯大學電視對兒童影響研究中心的主任之一。
- 第三（這條建議適用於夏季活動和待在家裡的時間）：在成人的指導和孩子的無聊之間

找個平衡。太無聊會出問題；太多監督則會扼殺建設性無聊及其伴生的創造力。「我給學生一些自由的時間，這種時候，他們就是畫畫、閱讀、睡覺、做夢，尤其是到戶外去，時間不到就不用著急趕回來。」卡芙卡說：「我知道，安排沒有安排的時間，這話聽起來矛盾，但你應該做。」

自從卡芙卡成為老師後，夏天有暑假，但其他父母有些在家辦公，有些自己的開店，或是扮演著傳統的家庭主婦角色；今天大多數的父母都沒空，如果他們要指導孩子們明智地利用無聊時間的話，他們需要更多的彈性工時（譬如靈活的夏季工作時間）。也許好心的雇主可以幫個忙。

父母也可以幫助社區夏季娛樂活動進行籌款。夏令營對許多全職父母，尤其是單親父母而言，好比天上掉下的禮物。對於生長在環境仍帶有自然原始一面的社區的孩子而言，好的夏季活動就是生存。有些活動為夢想者騰出空間。「冒險遊樂園」就提供給孩子們滿是舊輪胎、木板和工具的荒地，還有供搭建和挖掘的地方，由一個成人在旁邊照看。有監護而不給予過分指導的自然活動，能幫助孩子進行探索。另外，青少年中心讓十幾歲的孩子，而不是成人，來主導娛樂活動。像這些活動理應得到更多的支持。

最重要的是，要有成年人能理解無聊和創造力之間的關係，並願意抽出時間和孩子在自然中度過，願意提供平臺讓孩子們透過遊戲發展創造力，透過自己的想像進入自然。

後院裡的自然與林中漫步

人與自然的初次接觸一般是在後院；而居住在自然風景區附近的幸運兒可以直接走進自然。但是，許多住在樹林、原野、峽谷和溪流旁的人表示，自己的孩子從不到那些地方去玩。原因是父母和孩子都害怕遇上陌生人，或者是這些孩子對自然根本不感興趣。

坎貝爾（Billy Campbell）是南卡羅萊納州的一名內科醫生，同時也是一位自然資源保護論者，他認為兒童對家庭周圍環境的興趣通常不是偶然形成的。他相信，兒童現在最大的問題不是缺乏對自然美景的體驗，而是缺少與自然元素的日常接觸。坎貝爾認為，除了常見的阻礙之外，兒童對戶外環境缺乏興趣，部分可能歸咎於媒體對自然的呈現方式。那種方式可以引發很好的教育作用，但同時也可能過於刺激和極端。「所以孩子們對於廝殺場面百看不厭。如果電視節目裡沒有灰熊把小馴鹿剖膛開肚那樣的畫面，他們就會覺得這節目很無聊。」

坎貝爾是在森林裡長大的，他在那裡面玩打仗遊戲，抓鰷魚，撿鳥蛋、蛇皮和甲蟲。他深信，這些體驗本身都是很刺激的經歷，並且對他成人後的性格有深遠的影響。如今，坎貝爾家的花園就毗鄰數百公頃的鄉間森林，但他並不認為他現已是少女的女兒蕾文，能夠自己發掘這片樹林的神奇。所以坎貝爾夫婦一直有意識地帶領女兒認識那片更為親密的自然空間：

在蕾文會走路以前，我們就帶著她去健行。我們每週五次漫步到溪流或湖邊。我們會想一些小遊戲，讓她在前面跑，打手勢決定方向和路線。她現在還是每週幾次徒步穿過這片百年森林，去看望她的堂兄弟姊妹（他們住在大約二百多公尺外）。我們會在林子裡撿一些好玩的東西帶回家。她長到十歲大的時候，已經完全適應了走個十到十六公里的距離，同時爬上六百公尺的高度也沒問題……關鍵在於，對蕾文來說，林中健行是她世界的一部分。她不把這個看成是一年一次的稀奇活動。她懂得欣賞自然的美麗。

一個家長眼裡的愜意健行，在另一個看來可能像急行軍一般痛苦，對孩子來說也是如此。該引導孩子還是強迫孩子走到戶外，兩者只有細微的差別，為人父母者必須拿捏好分寸。為了優勝美地國家公園兩週遊而去購買昂貴的露營用品，並不是走進自然的先決條件，而且這也不能取代在自家後花園那樣的慵懶休憩。

後院柳樹下被草叢或落葉掩蓋的地洞，季節性溪流的一條分支，甚至是前院和馬路間的那條水溝，這些微不足道的地方對於幼童來說都是宏大的宇宙。在兒童的眼裡，巷子盡頭的溪谷遠比去山間或自然公園探險來得神祕有趣。讓孩子們帶領我們去他們獨特的天地，我們就可以重新發現自然的愉悅和神奇。在這片天地中探險，我們就進入了孩子們的世界，同時為了他們祝福這些自然的小角落。當我們對穿過矮林的一隊螞蟻顯出興趣甚至表達敬意，就等於向孩子們傳遞了一個訊息，這個訊息將持續數年，甚至延伸至他們的下一代。我們回到這些簡單卻奇妙的自然角落，和孩子一起經歷季節更迭，世界變遷，見證動物王國的興衰歷史。

《美國林業》（*American Forests*）是由全美最早成立的非營利性公民自然保護組織發行的一本期刊，雀綺曼（Deborah Churchman）在其中這樣寫道：「你的職責不是給孩子們一次接受教育的機會，而是讓他們發現，我們生活在一個多麼奇妙的世界裡。」她建議人們重溫自己孩提時期那些簡單幼稚卻趣味盎然的遊戲：「帶孩子們到溪邊跳步走在石頭上，讓他們看看石頭下藏著什麼東西。雨後散散步，數地上的蟲子（因為氣孔被水給淹了，蟲子們都出來透氣）。打開手電筒，看循著光飛來的昆蟲（牠們愛死了紫外線，至於為什麼，科學家們也還沒有研究出來）。到原野上（穿著鞋子去）看蜜蜂飛入花叢。」找一處溪谷、樹林、防風林、沼澤、湖泊或是一片曠野，經常去那裡遊玩。雀綺曼在文中引用了一句印度的古老俗語：「攀千峰不如知一山」。

在《雷鳴樹》（*The Thunder Tree: Lessons from an Urban Wildland*）這本書中，派爾描寫了他童年時常去玩耍的地方，就是他家附近那條一個世紀前修建的灌溉渠。他說，那條溝渠是他的「聖殿、遊戲場和解憂地」，是他「想像中的荒原，逃生口，和他的自然主義思想萌芽之處」。

許多人都還記得我們曾經將天上的星星當作頑皮的孩子，記得鄰家屋後的山坡和巷子盡頭的那排樹木。像派爾一樣，我的第一個特別的去處也是一條水溝，一個幽暗神祕的溪谷，沿岸布滿葡萄藤、榆樹和枝節交錯的荊棘。我會帶著狗，在岸邊坐上好幾個小時，戳著身邊的泥土，聽動物在我們看不到的下游活動，觀察向深淵邁進的螞蟻。一個幾十歲的成年人會覺得大峽谷深邃、原始而獨特，但在幾十年前，當他只有四歲大時，僅僅一條水溝也有著同樣的魅力。

派爾寫道，這些都是「初始之地，在這裡，我們和其他生物的界線被打破了；在這裡，泥土填進了我們的指甲，對它的歸屬感滲入了我們的皮膚」。這些是「二手土地，是代代相傳的棲息地，在這裡你必須竭力尋找以發現一些值得珍愛的東西」。英國作家和自然主義者梅比（Richard Mabey）將這種未開發和未保護的環境稱作「非官方鄉間」。這些棲息地通常物種繁多，到處都有了解自然的機會；派爾花了十年時間在水溝旁觀察，記錄到的蝴蝶就有近七十種之多。

要是你的孩子還沒有發現這樣一個祕密基地呢？那就和他／她一起去未知的角落探尋，記住，不是急行軍，而是共同歷險。雀綺曼說，「在你提議『我們出去玩』時，呵欠連天的孩子，可能會被激起濃厚的興趣」，跟著你一道去採集泡茶用的嫩枝。

鼓勵你的孩子去了解原野盡頭、湖泊岸邊，和沒有噴灑殺蟲劑的花園邊一塊三十六公尺見方的土地。尋找棲息地與棲息地之間的界線：樹林連著原野；岩石和泥土與水域相接。這些邊界處總是生機勃勃。在八月裡，和孩子一起坐在湖邊，不要動，靜靜地等待，等待，看青蛙重新出來活動。用上你所有的感覺。在十月裡穿過一片蔓草叢生的花園，一片樹林，或一片原野。和孩子一起寫遊記；鼓勵孩子用文字和圖畫來描繪，描繪一隻衣衫襤褸的大黃蜂搖搖擺擺地穿過秋葉，或是兩隻灰松鼠奔跑著採集修築冬巢的苔蘚和小樹枝。你們相互提問：這個地方在六月是什麼樣子？那隻大黃蜂上輩子會不會在採集花粉時把花朵壓彎了腰？如果孩子願意，也可以描繪樹葉、雲朵或青蛙的輪廓。回到家以後，她可以給圖畫上色，在本子裡夾朵花，補充一些關於天氣的細節。她也可以以那隻大黃蜂的口吻來寫個小故事：當你觀察牠時，牠心裡在想什麼？牠的夏日日記裡會寫些什麼？

打造一條「飛蛾之路」，這是雀綺曼的建議。「用食物調理機混合濕軟的水果和陳年啤酒或紅酒（或長時間放置的果汁），加上甜味劑（蜂蜜、糖或者糖漿），製成黏稠的汁液……帶上一枝畫筆，在日落時領著孩子出去。在至少六處木質的表面甩上準備好的黏汁，有樹是最好的，其他未經塗漆和加工的木頭也可以。等天黑了再回來，看看被引誘來的都是些什麼小東西。通常會有幾隻飛蛾，加上幾十隻螞蟻，蠼，還有其他昆蟲。」還可以利用賞鳥網站提供的資訊，追尋遷徙的候鳥。冬天尋找冬眠的昆蟲、五倍子，或是動物在樹裡或近旁挖掘的洞穴。春天和孩子一起抓蝌蚪，把蝌蚪放進魚缸，觀察牠們轉變成青蛙的過程，然後把這些青蛙野放自然。八月裡再去探訪牠們。秋天找尋候鳥留下的鳥巢，還有松鼠在秋天築好的寬敞巢穴，因為松鼠通常在冬天產下後代。

園藝是另一種讓孩子親近自然的傳統方式。科羅拉多州立大學合作推廣部的園藝大師莎德布魯克（Judy Sedbrook）建議父母們栽種生長速度快且便於兒童抓取的種子，以此來鼓勵孩子的熱情：「蔬菜對於小孩子來說是很好的選擇，很快發芽，而且成熟時可以食用……兒童可能會得到鼓勵，吃下自己親手種植的蔬菜，而這些蔬菜他們平時碰都不碰。如果花園夠大，也可以種葫蘆。收成以後，你可以稍加裝飾，把葫蘆做成鳥舍。」「向日葵花房」是一種獨特的園藝活動：在一個二・五公尺正方的荒地上，父母和孩子可以在一條淺溝裡種下向日葵種子或幼苗，成熟後能長到二・五公尺高的品種與一・二公尺高的品種交替栽種。你還可以在其中種些玉米；因為玉米可以趕走露尾甲蟲，而向日葵可以使玉米免受黏蟲的危害；餘下的空隙再栽種一些白三葉草。茂密的向日葵儼然像一座房子，兒童在其中嬉戲，甲蟲、蝴蝶和其他昆蟲都聚集在花心上。種一些自花授粉的植物，這些植物能生出甘露瓊漿，提供棲息築巢之所，還能增加授粉蟲鳥的數目。這種活動能夠鞏固被打亂的授粉鏈，為蝴蝶和蜂鳥的遷徙重建通道；你的孩子也能參與這些飛行動物的遷徙之旅，而不是僅僅作一個旁觀者。

擠出時間

時間是關鍵。比起讓各個家庭去攫取消失的資源，倒不如建議為人父母者多花些時間親近自然。這不是什麼不可逾越的障礙。單身母親科娜斯（Teri Konars）就是個很好的例子，她告訴我她如何克服了缺少時間和自然知識的障礙：

在我兒子亞當的童年記憶中，有一部分是關於捕捉的。那是我們住在學生公寓的時候，亞當才五、六歲大。我發現了一個單親社團，我們就開始和其他社員一起去露營。第一次去的是沙漠，那是亞當最喜歡的地方。他一直記得在那裡看見草原狼，用絲蘭葉子做成針線，還有沙漠上的星空。他現在已經二十多歲了，他說那段經歷對他有著深遠的影響。我也玩得很開心，不過我們的車子在回來的路上熄了火。開著老爺車去沙漠旅行很勇敢，也可以說很愚蠢，但是我們和其他人在一起，所以這不要緊。身為單親媽媽，出去露營的唯一方法就是加入一個團體，因為你害怕野外的陌生環境，單憑自己的經濟條件也很難解決汽油、露營設備和食品等露營需要的開支。

我花了幾年時間搜集其他家庭的故事，其中一個故事因其簡單樸實而能引起特殊的共鳴。堪薩斯州一位家長教師協會女幹事這樣對我說：

我的兒子緊張過度，我和丈夫也緊張過度。然後有天晚上，我們突然明白，我們會把音量提高八度、眼睛瞪得老大的那些夜晚，我們都……就是一切都太多了。我們到極限了。突然間，我們明白自己其實是在暗示兒子，要得到愛，他必須先有所作為。我和我的丈夫就是這麼做的：為了讓別人愛戴他，他長時間工作；為了讓社區的人愛戴我，我承擔很多課外活動。這簡直太瘋狂了。我們反倒變得愈來愈不可愛。

所以這家人列出了自己喜歡做和討厭做的每一件事情，然後比較各自的清單。兒子的清單令他們詫異：他其實不喜歡足球，這對他的父母來說還真是新聞。他真正喜歡的是在後院勞動。這也讓他的父母吃驚。結果他們發現，一家人都喜歡戶外活動、露營和散步，不需要什麼目的地。於是這對父母不再加班，取消了一些社交活動，一家人開始偶爾去林間漫步，聆聽風聲。他們有了閒暇時間，重建了家庭內部的聯繫，也重建了與自然的聯繫。

當然，拉近與自然的距離不只列一份清單那麼簡單，解決問題的關鍵也不只在父母。父母在家庭內確實可以產生一些神奇的作用，但是單靠父母的力量是不能完全解決的。父母們需要與學校、環保組織和都市計畫者相互協助。

第十四章　面對恐懼的智慧

我兒子小時候，喜歡去房子後面的峽谷玩。他們會搖晃著繩索，或者在桉樹林中的季節性小溪中玩耍。而我更希望他們和夥伴們一起，不是獨自到峽谷裡玩，並且要帶著手機。他們不想要帶手機，但是我告訴他們，如果不聽我的警告，就得付出自由的代價。

當兒子們長大了些，我開始嘗試補償那曾經毫無緣由的懼怕。我向他們強調接近自然是多麼的重要。我帶著他們在凱瑪卡山森林，或是安沙波列哥沙漠州立公園中的沙漠裡健行。我讓他們跑在前面，自己故意走在後面，但盡量保持在我能看見和聽見他們的距離。就這樣，我特意讓他們深入自然。即使在研究旅行中，我也帶著大兒子；我們會在聖地牙哥海邊用假蠅釣大鯊魚；和墨西哥的牛仔們一起騎馬到巴雅的里歐桑托多明哥。在那裡，我們抓住了一隻極其罕見的鱒魚，然後又放了牠。我看著傑森爬上漸漸遠去的河流邊上的大圓石，雖然我幾乎聽不到他的聲音，但是一直盡量讓他在我的視線之內。

我的辦法就是，給孩子們機會去體驗「控制中的冒險」。

我會帶著馬修，我的小兒子上山，我們也會在幾公里外的海灣上划著小船，或穿過低窪沼澤地，他會觀察那些像蝙蝠一樣散開的黃貂魚；有時會去靠近海岸的巨藻森林，到處是比人還大的魚。越過船舷，馬修注視著那令人眩暈的水域，和搖擺的巨藻細縫中閃露出的光線，彷彿感受到了地球心臟的跳動。而我會在船的另一頭看著他，他是那樣聚精會神，好像已經離我幾公里之外了。

我想也許這樣的旅行會彌補一些他們未曾享有的自由，至少部分滿足他們在自然中獨處的需要。我希望如此，我也相信自然將是他們戰勝恐懼的最佳辦法之一。

我們都知道公園具有構建社會和諧的功能。美國公共土地信託基金會是一家致力於保護土地的全國性非營利機構。該機構提出，公立公園和休閒設施「極大程度上可以減少犯罪事件發生，尤其是青少年犯罪」。

納入自然環境的公園設計，可以經由改變大人的行為，為孩子們創造出更安全的環境。因為這可以鼓勵大人經常看護孩子。樹木和花草不是僅僅是裝飾。例如，芝加哥舊城區的國宅裡，綠色植物還可以鼓勵孩子進行創造性的遊戲，家長也會更常在周圍看護他們。一九九八年，《環境與行為》（*Environment and Behavior*）雜誌曾報導過一個針對芝加哥居住空間發展的六十四個室外空間的調查。該調查顯示，在有樹木的地方，三歲到十二歲兒童在外遊戲的人數，幾乎是在沒有樹木區域遊戲兒童的二倍，而且他們的遊戲更有創造性。這一地區共有五千七百名居民，是美國十個最貧窮的街區之一。

從政策層面來說，「這些關於激發更多遊戲的發現，非常令人感到興奮，因為總體而言，遊戲在兒童的發展過程中具有十分重要的作用。」前文提及郭，執行該項研究的伊利諾大學人類環境研究實驗室聯合主任說。

安全的意義同樣十分重要。調查顯示，在有植物的地方兒童會得到成人加倍的看護。這樣的研究決定了大多數人會如何行事，那麼對兒童，又是怎樣的情形呢？

現代生活限制了我們的感官，因為我們的關注點幾乎絕大多數是視覺——大概就是電腦螢幕或是電視機螢幕的尺寸了。相反地，在自然中，我們會運用所有的感官。要知道，感覺是兒童自我防衛的第一道防線。兒童能夠更經常地接觸自然，就能更直接地看到這個世界。他們可能會發展出更多心理技能，而這些技能會幫助他們發現真正的危險。因此他們也可以在今後的人生中，辨別真正的和表面的危險。在大自然中遊戲，可以向孩子灌輸本能的自信。

自然中的高度警覺：增強與生俱來的自信

在我和很多父母及孩子的談話過程中，我發現孩子普遍缺乏自信。我的筆記也記錄了大量事例，可以證明自然確實有助於幫助兒童樹立自信。珍妮特的女兒茱麗亞和我談了自信問題。茱麗亞是華盛頓大學的學生，主修國際事務中的安全和防衛。最近，茱麗亞參加了預備軍官考試，十分明顯，她選擇了一項將使她面對恐懼和不安定的工作。她和她媽媽都認同，是自然塑造了茱麗亞的自信，當然這其中也離不開媽媽的指導。

當茱麗亞還很小的時候，如果我們外出，我會鼓勵她去「注意」，告訴她要克服恐懼，而不是「要小心」。我們在野外時，也從沒遇到過讓我們感到恐懼的生物。我希望我能教會她學會判斷。例如在岩石上爬的時候，絕對不應該將手伸進你沒有檢查過的石縫中。我想要讓她懂得正確地看待其他生物。告訴她動物與人類一樣，也是有生活領域的。牠們和我們做著同樣的事情，那就是努力生存。不管是在哥倫比亞特區遇到一隻狂吠的狗，還是在野外遇到美洲豹，我都會告訴她要慢慢地往回走，不要跑。我相信讓她有機會成為一個「野孩子」，對她的生存直覺很有幫助。這不僅是在叢林中，更是在大城市中的生存直覺。有時，人類是最危險的生物，也是最難以解讀的生物。我經常教她直覺的重要性，那跟心理生存技能不同。如果你感到類似「啊，哦」之類的，那種感覺就是真的，如果你想保持安全，生存下去，那麼就要聽從那種感覺！

茱麗亞自己也同意，正是她童年在自然中的經歷，使她現在成為更堅強、更具有觀察力、更懂得安全的成年人：

如果你問我，我從自然中學到了什麼，首先我得要分享一下我從我媽媽那裡學到的東西。你可能不相信，在自然中我是那麼自由自在，所以媽媽有時不得不限制我的行為。有次，我告訴媽媽我喝了我家旁邊一條小溪裡的水時，她立即就要拉我去醫院做寄生蟲感染檢查。我那時七歲了，悄悄拿走了媽媽在實驗室裡的試紙。所以我知道這水是能喝的。我也知道哪些植物味道好，哪些植物味道雖好但是吃了會生病。但是我也必須遵守一些規定。譬如，如果沒有繩子，就不要攀爬高達三十公尺、表面粗糙的石頭，那樣會讓媽媽嚇出心臟病的。當然還有：不要在後院小便。但這些都是次要的，對我的成年生活沒有什麼特別影響（雖然我確信大家會同意我媽不准我私自對花園施肥）。自然讓我有高度警覺的能力，而我很少在人們身上發現這種能力。

茱麗亞所使用的「高度警覺」一詞是有指導性的。通常來說，這種高度警覺性，就是總是使自己處於警戒，並且隨時準備進入「戰或逃」的態度，與童年時期遭受的創傷有關。然而，來自自然經歷中的早期高度警覺，或許可以說是高度警覺的輕鬆面。它是一種積極地關注自然的態度，並且只在適當的時候保護自己。我們都熟悉「街頭智慧」這個概念。從這裡我們引申出另一個也許對年輕人更寬泛適合的智慧——自然智慧。

瓊斯（John Johns），一位來自加州的父親和商人，他相信在自然中長大的兒童會學到怎樣做決定，而這是在一般狹窄的、計畫好的環境中缺乏的。這些決定不僅危險，而且可能是機會。那些童年時期在自然的挑戰下成長起來的人，可能會變得更堅強。人們都說有著既定規則、有組織性的體育活動可以塑造性格。如果那是真的——當然它極可能是真的，那麼我們也可以說，自然一定透過我們不能完全明白的方式塑造著我們的性格。自然環境要比任何運動場所都複雜得多。自然當然也提供規則，也存在危險，並且以我們所不易感覺的方式進行著。

「直覺上，我認為我的孩子們在自然中面對和發現危險的能力不錯，因為他們曾經在自然中生活過。」瓊斯說道，「他們都經歷過由於害怕，而腎上腺素急劇增加的情形；也曾在沒有月亮的夜晚鑽進睡袋，想像著外面各種各樣可怕的事情。不管當時他們是多麼的緊張，不管他們現在是不是只是當時反應的重覆或調整，毫無疑問，這些對他們在世界上生存來說都是有利的。」他常想，也許這就是他和妻子帶著孩子們進行這麼多自然之旅的最重要目的。「我們只是很少認真地這樣想問題，但是我們能感覺到我們這樣做的好處。」

史蒂芬斯，一位來自加州南部的母親，選擇在峽谷邊生活。她說，選擇住在那裡，既因為那裡的美麗景色，也因為或許在那樣的環境中，孩子們才可以自然地培養自信。她說：

我認為兒童時期是培養孩子對野外喜愛的最佳時期。否則他們極易疏遠自然，害怕它，甚至對自然沒有一點好奇心。我經常在熟識的孩子和大人之中發現這種反應，他們在自然裡感到不舒服，也對外出或接觸自然感到恐懼。

我所住的街區的母親們也問過我，我對於孩子是不是太放心了，這樣是不是有點愚蠢。她們想知道，為什麼我允許孩子們在毫無監管的情況下在峽谷中玩耍。要是遇到危險怎麼辦？她們會這樣問。她們害怕孩子在那裡會遇到「可怕的人」或是叢林的狼（要知道，牠們經常在中午出沒），當然，還有蛇。但是在那裡生活的十二年中，我從未見過一條蛇，倒是在校園的操場上經常有管理員抓到、並將蛇殺掉。不錯，那裡的確是有危險的。我就遇過這樣的危險。有一次，我的小兒子和他最好的朋友同時踩到一枚生鏽的釘子——也只有男孩子會做出這樣令人費解和痛苦的事情。他們的尖叫聲讓我以為他們被蛇咬了，所以必須趕緊帶他們去急診室打破傷風預防針。但是，除了那次以外，我孩子們和他的朋友們就只有在運動場上受過傷。我想那正是危險所在：在運動中孩子們互相慫恿著要變得更具有攻擊性，他們只想著要贏、贏、贏。自然卻可以提供他們一個發展內在感覺的好環境，因為他們必須要時刻意識到自己所處的環境。

家長能做的最重要的事

我並不是說在自然中成長就會使孩子們對危險免疫，至今還沒有科學研究證明這點。但是，我認為在自然中玩會帶來更多的安全保障，而且我們一直保護孩子們的那些傳統方式也不見得像想像中那麼有效。家長可以做其他的事情來減輕這種擔心和害怕。

曾經有一個時期，美國上下充滿了對陌生人危險的恐懼，美國有線電視新聞網CNN的贊恩（Paula Zahn）曾經訪問克拉斯（Marc Klaas），關於我們應該怎樣保護孩子。像我們之中的大多數人一樣，克拉斯也許更不願意去想這樣的問題。一九九三年，一個月光皎潔的晚上，他年僅十二歲的女兒波莉，在位於加州柏城的家中遭人綁架並撕票。從那以後，克拉斯成了電視螢幕上大家熟知的人，他代表著尋找失蹤兒童的聲音。政客把他塑造成爭取加州第一百八十四條款——三振出局法——通過的形象代言人。投一票吧，他和政客說，將來孩子就不會再像波莉這樣被謀殺。

但就在投票前，克拉斯改變了主意。他說，這項法案會使已經膨脹的監獄更充斥著吸毒者和偷獵者；而且，去除使孩子處於危險狀態的深層原因，是一項法案做不到的。贊恩問他可以給家長們什麼建議，他說：「我們必須了解，如果歹徒可以將孩子們從房間裡騙出來，那麼美國的每個小孩都處於危險中。」但是，他補充道：「我們應該丟掉這一整套懼怕陌生人的想法，換其他的方式來應對。」家長和孩子們應該擁有一種力量，「孩子應該相信自己的感覺，」他說：「他們應該與那些誘拐者戰鬥，使自己遠離那些使他們感到不舒服的事物或人。當然了，他們也應該明白有一些陌生人他們是可以接近的。」

其他人也表達過類似的觀點。不要只告訴你的孩子們什麼是邪惡，還要告訴他們什麼是良善美好——告訴他們去判斷哪些人是他們在遇到危險時可以求助依靠的。要知道，教導適當的信任要比教導懼怕困難得多，但是卻非常重要。正如克拉斯所說：「孩子們需要的，是那些能夠幫助他們保護自己的知識。身為家長，我們應該做的就是克服自己的恐懼，解決問題，並細心地對孩子們說明。」這一建議並不適用於孩子已經被誘騙了的情況，但這種情況十分少見。在這個陌生環境變得日益恐怖的社會，家長最害怕的就是隨處都隱藏著的危險——街道、購物廣場、甚至自家後方的峽谷裡。

那麼，我們要怎麼做，才能不將孩子鎖在屋子裡，而讓他們盡情享受社區和自然的豐富多采？

克拉斯提出了這樣的建議。「我覺得對那些十歲或十歲以上的孩子，我們應該認真考慮讓他們每個人都有手機，這樣一來，我們就可以在所有時間和他們保持聯繫。我並不是為手機公司做廣告。但我確信這是我們一直尋找的答案中的一個。」

在幾年前的那陣陌生人恐懼中，我曾經向新罕布夏大學社會學教授芬克爾霍請教，為了保護孩子，什麼是家長最應該做的事。他提到了「壞人恐懼併發症」的核心問題。「現在外頭有數量驚人的課程，試圖教授孩子們怎樣保護自己，」他說，「但我認為，家長真正應該做的事情，就是與孩子建立一種良好的、支援性的關係。因為如果一個孩子有自尊、自信，與家長有很親密的連結，他是不會輕易成為受害者的。我們的研究顯示，壞人不太可能『捕食』到這樣的孩子。因為他們能感覺出來哪些孩子能夠判斷真假，哪些孩子不會被愚弄或被騙。研究中同時顯示，大多數受害的孩子同時是感情上被忽略的孩子，或是來自不幸福的家庭，或遭受了其他的不幸。」

所以，可能不一定和自然有關，面對壞人，我們還有一個關鍵的解決辦法。那就是當我們教導孩子培養自尊和塑造自信的時候，我們同樣也給予了可以伴隨他們一生的愛。我們能夠給予他們最好的保護，就是我們的愛和時間。如果治癒這種壞人恐懼併發症可以用簡單的五個步驟來描述（在一般的執法程序之外），這種治癒方法可以表述如下：

- 花更多的時間與孩子相處；告訴他們可能要面臨的危險，但是要同時培養自信，鍛鍊他們的感覺，告訴他們如何判斷哪些人可以相信。
- 讓孩子多與那些可以相信的大人接觸，獲得這方面的知識。
- 了解你的鄰居：多投入街區和周圍社區的生活；鼓勵孩子去了解值得信任的鄰居。
- 如果孩子要離開你的視線，那麼鼓勵他／她和同齡小朋友一起玩耍，而不是獨自一人

（遺憾的是，如果另一個選項只能是完全不讓孩子接觸自然的話，那麼在此也只能不鼓勵孩子們在自然中獨處）。

・使用科技手段。佩戴個人定位手環的方法可能有些誇張，但是手機卻是很好的保障安全方式。就如同曾經孩子要帶著瑞士刀進入森林，如今他們要帶著手機了。

身為家長，我必須承認，即使做到了這些步驟，我仍然感覺不夠，而且不滿意。一方面，我不認為獨處是種奢侈；另一方面，我必須承認，我自己的恐懼就是導致我的兒子們沒能享受到像我小時候享有的活動自由的原因之一。但是，我知道，現在該是將恐懼放在它應有位置的時候了：必須承認，我們無法控制即將發生的事情，而且那些有九八%的可能性會變壞的事情，事實上並沒有變壞。當然，那二%的因素也不可以忽略。可是，自然就是解決的方法之一。讓我在這裡提出一種非傳統的觀點，第六步：為了孩子的安全，鼓勵他們更常在戶外、在自然中活動。自然中的遊戲可以加強孩子們的自信心，並且激發他們的感覺，激發他們對世界和世界中所有看得到和看不到的事物的意識。

雖然我們有很多理由擔心孩子的安全，但是要知道一個道理：如果我們讓孩子過度遠離自然，我們就會使他們處於危險之中；恰恰相反的是，如果我們能夠讓孩子自由地在自然中玩耍，不管是現在還是未來，他們會更安全。

接觸冰，發現美

在理想狀態下，兒童自己就會比較都市和鄉村的不同。對於每一種環境的理解都會培養他們的感覺，增長他們的常識。在自然中的體驗是否有些特殊之處，是否至少有一種特質能使孩子的感覺更敏銳呢？很多奇妙的可能性正等待著想要探究這一未知領域的學者去發現。

當然，大自然的廣度和深度，與聲音、氣味和影像所帶來的神祕，要比相對狹窄有限的都市生活大。在都市或郊區，我們的精力大都用來阻隔聲音和刺激。我們真的聽到了計程車的喇叭聲了嗎？我們想要聽嗎？在森林中，我們的耳朵是開放的，頭頂上方雁子的叫聲使我們更敏銳，我們的感官也隨之成長和發展。

有些家長在對自然風險的積極態度和對美的開放態度之間，看到了另一種關聯。在新罕布夏州，索貝爾有意識地運用自然，教會女兒什麼是「安全」。他稱之為「觸冰」：

這是人類都要經歷的儀式，我試圖教會她接觸薄冰的過程——真正地接觸和隱喻性地接觸。我們一起走到野外結冰的湖面上，感覺冰的整體結構：哪些質地是危險而有趣的，哪些質地太危險了。在類似這樣的經歷後，我幫助她學習怎樣評估環境。先不管我這樣做是有目的性的，還是不經意的，但效果是顯著的。走在冰上，我教她怎樣觀察裂縫，從而辨別出冰的厚度和質地，去觀察那些有暗流的地方——有的地方冰是薄的，有的地方冰是厚的。我教她在不得不跨過極薄的冰層時如何邁開雙腳，還有要隨身攜帶木棍。所有能夠提前評估危險的措施都要準備好。

兒童也可以獲得同樣的經歷和能力，來評估城市當中的危險環境，譬如坐公共汽車或是搭地鐵。但是作為研究自然在教育中的作用的專家，索貝爾建議，自然的生活指導功能具有一種神祕而且可能無法取代的特質。他相信，我們在自然裡冒險時，肌肉運動的原始感覺，與我們數千年來所學習之自然的器官運作方式是相近的，而且其他的經歷不會像前者那樣深刻。

聽著他的說明，我很想知道這種學習和高度警覺的未知強度是什麼樣子。這種特質是否僅僅與美麗有關，與那些將我們的靈魂吸引到自然的自然形狀和動聽的聲音有關？索貝爾認真思考了這個問題片刻，然後說，是的，對他而言，那是說得通的。他說他經常說起一位女士的故事。這位女士在一九八九年的加州洛馬普里塔地震中險些失去生命。這場災難至少六十二人死亡，三千七百人受傷。但是這位女士認為這場地震並沒有毀掉她的生活，反而挽救了她的生活。那時，她正面臨嚴重的心理問題，然後地震發生了。她說這場毀滅性的自然災害，要比她之前所接受的任何心理治療都有效，這次經歷使她重新回歸正常生活。「從她所說的話中，這樣一句很引人注意，」索貝爾說，「那就是她自己給自己的診斷。她說她的痛苦是因為無法感受到美。我也很認同這個觀點。我知道我的病痛在於遠離美麗，治癒方法就是重新找回與自然的親密關係。」

索貝爾決定不讓他的女兒也經歷這種距離產生的痛苦。她將發現自然，在美麗中行走，她將懂得什麼是冰。雖然自信和覺知可以在體驗自然中得到，但是這幾代人並沒有到自然中去尋找安全感或正義，他們去那裡尋找美。很簡單，一旦我們讓孩子遠離自然，他們也遠離了美。

第十五章 海龜的故事：把自然當作品德老師

師法自然。

——華茲華斯

對我的家人而言，春天意味著龍捲風，還有海龜。龍捲風從奧克拉荷馬州升起，越過堪薩斯州以東、密蘇里州以西的山嶺時，箱龜也開始了牠們的遷徙。柏油路和水泥公路上有星星點點的「旋轉龜」、「爬行龜」和「碎裂龜」——我們把欲前往海龜聖地，卻被疾駛的車掀起的狂風吹翻，像陀螺一樣旋轉的海龜叫做旋轉龜。而爬行龜和碎裂龜，也就不言自明了。

每年，我的父母都會載著我的兄弟和我去拯救這些海龜。

看見旋轉龜或爬行龜的時候，父親就煞車，母親跳出車外，身上的白襯衫在風中飄揚。她衝過水泥路——有時還要躲避車輛——去抓海龜。她經常一手拿著一隻海龜衝回來。她把這些寂寞的旅者放到後座的腳墊上，或者我兄弟和我的腳上。這樣一次救援之旅，我們可能找到多達幾十隻海龜。

然後父親就調頭開回家，一邊閃躲著另一波爬行龜和旋轉龜。

這些獲拯救的可憐兒，都被放在後院地底我們稱為「海龜穴」的地方，就位在樹籬的陰涼處。樹籬外是玉米田，玉米田外是無垠的樹林（至少在我的想像中是無垠的）。父親在樹籬下挖了一個坑，坑壁用鐵絲網圍起來，再將土堆回網孔裡，然後用一片鐵絲網封住土坑頂部，並用木樁和石塊將鐵絲網邊緣固定，爬行龜和旋轉龜就放在裡面。每年夏天我都在樹蔭底下連續趴上幾個小時，窺視「海龜世界」。我餵海龜餵漿果和萵苣，研究龜殼的形狀、臉上的花紋、牠們伸縮頭的方式和牠們怎樣排泄。

我最喜歡那只叫「西奧多」的健碩老海龜。牠是一隻非常小心謹慎的海龜。霜凍初來的時候，我就掀起鐵絲網蓋，揀起海龜走到褐色的玉米田裡，踩得玉米稈劈啪作響，把我夏日的朋友們放掉——除了「西奧多」，牠在我家地底冬眠。有一年春天，西奧多再也沒有醒來。我哭著將他用衛生紙包起來，並在「海龜世界」旁邊為牠舉行了隆重的葬禮。母親參加了這次葬禮。

我經常想起這些可能成為碎裂龜的爬行龜和旋轉龜。有時也想，不知道其他的父母，是否也會在春天到路上搜尋箱龜，而孩子則穿著睡衣坐在後座。

現在一些人對孩子們撿海龜感到不滿。但是，若孩子收集的並非瀕危物種，對自然是利大於弊的。收集海龜（後來收集蛇，把牠們暫時養在車庫裡的玻璃容器裡）給了我接觸自然的親身經歷，也是讓我的家人聚在一起的活動之一。從生物學來講，我們脫離狩獵、採集式家庭生活並不久，那時，家庭或家族中的每一位成員都有重要的工作要做。這樣說似乎讓撿海龜顯得過分重要了，但是我仍真切地記得在撿海龜的路上那種奇異而美妙的感覺。和父母、兄弟一起垂釣時，我也有這種感覺，因為，那種時候我和家人是一體的。

垂釣和狩獵

不僅是因為理智，也是出自情感因素，我不狩獵，也不鼓勵我的孩子們去狩獵——也因此，若有人狩獵他們會感到相當震驚。我承認從道德上來說，打獵和垂釣差不了多少，但是我傾向將垂釣看作孩子與大人一起進行的積極體驗自然活動。在《大河戀》一書中，麥克林（Norman Maclean）寫道：「在我的家庭裡，宗教和飛繩釣並沒有多大的區別。」在我兒時的家中，鯉魚和垃圾桶也是如此。像許多人一樣，我來自一個熱愛垂釣的家庭，但是我們並沒有因此而自大。事實上，我們傾向於釣鯉魚，牠往往是不可食用的——除非你知道怎麼烹調。我們聽說有人知道怎樣用壓力鍋將牠們煮得更嫩。因此，我的父親，一位藥劑師，就嘗試著學習這一技術。結果，我隱約記得曾經有過一次爆炸，鯉魚肉醬紛飛的經驗。

讓我欣慰的是，我的兩個兒子都懂得自然對人的治療作用。馬修宣稱，垂釣（現在再加上賞鳥）就是他的良藥。我也認為那些將使他往後的人生充滿意義。

垂釣不只是男人的活動。飛繩釣的人口，增長最快的就是女性。「我簡直討厭稱它為釣魚。」佩奇（Margot Page）說。她住在佛蒙特州，自稱「魚婆媽媽」。作為一位知名的飛繩釣釣友，她正在將這一釣魚傳統傳授給女兒。「我寧可叫它水療。是的，這活動需要釣線，也跟在溪水中你看到的亮點有關，但是我們去垂釣的真正原因在於水。當你熟悉了這些生活在水裡的生物時，你會被牠們吸引，去看牠們、親近牠們。但一切都開始於對水的感覺。」

兒童開始體驗垂釣的最佳年齡是多大呢？「大概五歲，但是一般說來不要小於五歲，」馬克思（Hugh Marx）說，他在聖地牙哥附近的湖邊開了一個兒童垂釣培訓班。「剛開始，由年紀較小孩子的父母們垂釣，孩子則負責將魚拉起。」他建議不要一開始就教孩子使用複雜的垂釣技巧和設備，因為這樣可能會讓他們覺得很挫敗，垂釣也就失去了吸引力。最好的辦法是讓他們開始時就用竹竿，而不是價值百元的釣竿和卷軸。「讓孩子們享受垂釣的簡單樂趣，」他開玩笑說：「當他們將來成為釣魚高手的時候，至少不能吹噓說他們自小就是垂釣專家。」

他建議從普通的魚開始，譬如：翻車魚、鯉魚、大頭魚——尤其是大太陽魚和其他的太陽魚。因為這些扁狀的魚在拉沉浮漂的時候，能揪住孩子們的心。為了安全，彎折倒鉤，也更容易將魚兒無傷地放掉。為了魚兒，我建議釣到後再放掉，雖然帶幾條魚回家料理食用很適合作為食物來源的教育。

對我的大兒子傑森來說，垂釣的價值主要是使得他能和家人在自然中共度時光。但是馬修顯然很有垂釣的天分，他三歲就開始垂釣——在自己臥室的加濕器裡。幾年前我請他幫我寫過一篇關於垂釣和兒童的文章，這篇文章發表在《芝加哥論壇報》和其他幾份報紙上。他的建議很棒：

馬修・洛夫（十二歲）給父母們的垂釣小建議：

一、和孩子一起釣魚。
二、讓你的孩子一起去釣魚，即使你並不想帶他們去。
三、帶孩子去買餌料和裝備，這也是垂釣樂趣的重要部分。
四、如果孩子還小，帶他們去容易釣到魚、魚也不大的地方。
五、只要孩子願意，就任由他們釣，讓他們迷上釣魚。
六、允許孩子按自己的方式釣。如果有大人在一旁嘮叨規則，可能會變得非常讓人惱火和沮喪。
七、孩子釣到魚的時候，至少假裝你很興奮。如果孩子覺得你並不在乎，他是在強迫你，那麼這一天就毀了。

八、就算你很懂垂釣，請不要主動給孩子太多建議，即使這些建議在孩子小的時候是很有用的。

九、讓孩子教你怎樣釣魚，並參與其中，這將是加強和孩子感情的最好時機。

十、請記得，垂釣以及花時間和家人在一起，與做家庭作業一樣重要或更為重要。

十一、享受過程，這是去垂釣的第一要義。

十二、不管你做什麼，切記不可讓孩子往水裡扔石頭！

現在的家庭，更容易遇到關於孩子們與自然互動（譬如狩獵、採集）所引發的道德問題，這在過去那年代很少被提及。這些問題伴隨著第三邊疆而來，也反映出人類與其他動物之間關係的變化。二〇〇〇年，「善待動物組織」（PETA）宣稱垂釣是「動物權利的最後邊疆」。此組織發起特別針對兒童的反垂釣運動，組織成員在孩子們放學時發送傳單，手持指責孩子們為殺手的標語，抗議在布魯克林舉行的兒童垂釣公開賽。而該組織的協調員卡爾和「小魚吉爾」——一個穿著魚形服裝、一百八十公分高的漁業夥伴，試圖在全國各處訪問幾十所學校。「只有一所學校讓我們進去，」卡爾說。但是他們毫不氣餒，她和「小魚吉爾」駐紮在學校外，散發傳單並且告訴孩子們垂釣是邪惡的。

該組織一則反垂釣的廣告，邀請年輕的阿里加塔演出。他是位素食者、動物權狂熱分子和童子軍成員。「童子軍教育我，童子軍成員不應該傷害自然和動物。這也是為什麼我認為不應該頒發垂釣榮譽徽章，」他說：「童子軍就應該做對的事情，對世界施加積極的影響——這正是我現在所做的，替善待動物組織為魚兒們發言。」

即使沒有善待動物組織的反對，垂釣在年輕人圈子中也不大流行了。約有四千四百萬美國人仍舊定期去垂釣，但是垂釣者的年齡正在攀升，釣具行業也為有些州年輕人垂釣數目的下降而擔心。《戶外探險雜誌》（*Sport Afield*）的編輯愛特伍（John Atwood）說：「現在每個孩子都伴著登山自行車長大，過去是釣竿的角色。」

狩獵是年輕人與自然互動的另一種傳統方式。一九九七年，各州發放了一千五百萬份狩獵執照，比十年前少了約一百萬份（有趣的是，婦女反而保持了狩獵者的數量，女狩獵者在一九九〇年代達到了兩百六十萬人次）。一九九八年，年輕人校園暴力事件激增之後（有的使用獵槍），散文作家莫洛（Lance Morrow）寫道：「有時社會中會發生結構性變化，一些並不清醒的集體決定，譬如抽菸，曾經是浪漫和成年的標誌……狩獵也可能發生這樣的變化。」

是的，讓孩子直接接觸自然還有其他方法，但是愛自然的人們在要求結束狩獵和垂釣時，如果沒有提出新的選擇給孩子，那他們應該反省一下，自己真正的意圖是什麼。不管怎麼說，狩獵對自然造成的傷害，與都市化以及汙染所造成的傷害是無法相比的。讓人們停止狩獵和垂釣，我們可能失去很多致力於反對破壞樹林、田野和水文流域的選民和組織。

垂釣引發爭議的核心問題在於：魚兒是否會感覺到痛？無需費力從科學角度去探究這一爭端，答案在於你怎樣定義疼痛和痛苦，要回答可沒有想像的那麼簡單。當然，這一定義尚未確立。將來垂釣或狩獵的孩子將感受到愈來愈大的壓力。然而在這個日益喪失自然的世界，垂釣和狩獵成為孩子們了解自然的神祕和道德的最後方式之一，而這都是影像無法傳遞的。是的，垂釣和狩獵是骯髒的，從道德上來講也是，但是，自然也是骯髒的。如果總是要透過玻璃、鏡頭、螢幕或電腦去看自然世界，孩子們就不能真正的了解、珍惜自然。

此外，垂釣也能將不同世代的人們連結起來。在孩子很少跟隨父母從事家族事業或繼承父母職業的世界裡，垂釣就成了父母能夠傳遞給下一代的一種嗜好、手藝和行業。即使垂釣不大流行了，但對許多家庭而言，垂釣能讓一代人與另一代人緊密結合。

我的兒子傑森，現在二十二歲，住在布魯克林，在曼哈頓上班。他經常花好幾個小時徜徉在城市的街區、花園和河流沿岸。有一天晚上，我去紐約看他的時候，我們花了四個小時的時間，徒步穿過中央公園。我們在公園湖泊的其中一座橋上站了很久，凝視著因夜色而沉靜的透明碧綠湖水。我們看見一位約莫五十多歲綁著馬尾的男子穿過叢林到河畔投下釣餌。突然一條鱸魚咬鉤了，奮力躍出了水面，魚尾在水面拍打而過。傑森和我都驚訝地笑了起來，我突然懷念起他小時候我們一起釣魚的時光。

過了一會，傑森說：「爸爸，走過那些舊街區，看見那些舊磚瓦和變遷的事物，我有時好像又回到了小時候在我們屋後峽谷探險的感覺。」

傑森能在表象下發現別人可能完全忽視了的自然，這讓我感到十分欣慰。

野外採集，與從摘取到觀賞的轉變

對不喜歡垂釣和狩獵的家庭，還有一些很好的選擇。其一就是野外採集（wildcrafting），這本來是指學習野外謀生的知識和技能，但是愈來愈常專指尋找、採集野生的植物當作食物、草藥或手工藝材料這件事。

這可不是你母親的榨葉汁，而是與自然的複雜互動，需要耐心、仔細的觀察和區分物種的能力。野外採集也有自己的一套道德規範。《優涅讀者》（*Utne*）雜誌一篇名為〈游擊收集者〉

（The Guerrilla Gatherers）的文章指出，在自然保護區裡進行野外採集是違法的。野外採集組織建議父母和孩子問問自己以下問題：我們是否在脆弱的環境中採集？這種植物是否已經稀有、瀕危，或者是否有足夠的量能夠採摘？有沒有野生動物啃食？植被叢處於擴張中、縮小中還是維持不變的狀態？拉斯特（John Lust）在《自然療法聖經》（*The Nature Remedy Bible*）中，建議野外採集者「從植被繁盛的地方採集，這也是植物最壯的地方」，而且「應該留下足夠的植物，確保它能恢復生長」。

他認為，細心的採集應該「能經由修剪，輔助野生植物生長」。野外採集具有兒童狩獵和採集中所應有的道德規範，因而更有價值。審慎的野外採集，能將孩子直接與自然相聯繫，有助於向孩子們解釋食物的來源，教育孩子們永續發展的基礎。

觀察野外動物是另一種更加無害的活動。有些人在自家後院觀察浣熊，有的卻跋涉千里就為觀賞某種特殊的鳥類。不幸的是，根據美國內務部《全國漁業、狩獵及野生動物調查》，在一九九一到二〇〇一年間，參加傳統的野生動物觀賞這一娛樂活動的美國人人數減少了——從一九九一年的七千六百萬下降到了二〇〇一年的六千六百萬。野生動物觀賞中的某一分支卻正在發展中。《世界觀察》（*World Watch*）報導說：「賞鳥已經成為美國發展最快的戶外娛樂活動。」傳統上來說，賞鳥是成年人的愛好。但根據《賞鳥》（*Birding*）雜誌所言，和其他戶外活動不同，賞鳥可能正逐漸流行於年輕族群中。部分原因在於便利攜帶的野外指導手冊和先進的攝影技術的出現，使得賞鳥比過去容易得多。數位相機大大地降低了用幼蟲、甲蟲和花托試驗拍照的成本。二〇〇一年，十六到二十四歲的賞鳥者比例從十．五增加到十五．五%，但是二十五到三十九歲的賞鳥人士，卻從三一．八降到了二四．三%。《賞鳥》猜測，原因在於「二十五到三十九歲的族群忙於照顧家庭，不能像前幾年那樣全心投入賞鳥活動」。

對於主要使用聽力的兒童，或者視力不好的兒童，賞鳥是體驗自然的一種絕佳方式。老羅斯福總統童年時視力不好，卻能學上百種鳥叫，甚至長大後都還會學鳥叫。而且賞鳥也不一定要花很多的錢。《育兒》（*Mothering*）雜誌提供了一些有用的建議：

> 不要急於到圖書館去找書，讓你的小科學家觀察和紀錄第一手的資料……列一份清單或者圖表，分別記錄每一種不同的鳥。這樣你的孩子會學著使用第一手觀察和積累知識……了解鳥類可能會使你的孩子也對其他自然科學感興趣：你可以幫孩子在花園種幾排豆子，分別使用不同的土壤和肥料，或者觀察比較三種不同的樹木新芽。目的都在於鼓勵孩子觀察、提問和解答問題。

觀察野生動物是人類捕獵本能的現代表達方式嗎？《世界觀察》副編輯尤斯（Howard Youth）提供了一個更為複雜的解釋：「當某種生物只有幾百隻的時候，反而會吸引成千上萬的人。而在這一物種還普遍的時候，人們通常是不會注意牠們的。譬如人常喜歡觀察捕獲的貓雄、大猩猩和禿鷲。」

寫自然日誌對年輕人來說也是一種有用的工具。偉大的自然主義作家繆爾和李奧帕德都寫自然日誌。美國環保署的生物學家西柏（Bill Sipple）從十一歲就開始寫，到現在共有兩卷約一千二百多頁的日誌。早期探險家斯庫爾克拉伏特（Henry Rowe Schoolcraft）一八一八年長途跋涉穿越奧沙克高原，而後發表了這次旅程的詳細紀錄。他日誌中描寫的地貌和我們如今所見迥異。他生動地描述了豐茂的大草原和所遇到的成群麋鹿和野牛。新英格蘭的垂釣客們則記錄了一百五十多年的釣魚日誌，這些日誌中的生物學紀錄對現在保護野生鱒魚群有至關重要的幫助。

家庭成員也可以一起寫野外日誌，這能成為家人在自然中共度的理由和關注點。密蘇里州自然保護部斯普林菲爾德自然中心副主任任喬萊斯（Linda Chorice）指出，寫日誌並不需要特殊的配備，只要紙或活頁筆記本、幾枝鉛筆、一把削筆刀。「雖然你的日誌可能永遠不會作為歷史文獻發表，但是任何時候打開，都能重溫當時的記憶，也是你個人的戶外體驗紀錄。」

所有這些活動，都可以教島孩子對這個星球上的其他生物保持耐心和尊重，雖然孩子可能需要花些時間積累這些知識。

不是網路，而是海洋

不久前，我了解到小羅伯・甘迺迪（Robert Kennedy, Jr.）如何透過捕撈、釋放和觀察，讓他的孩子接觸自然。小甘迺迪以作為「河流保護者」的環境律師聞名。河流保護者是為保護紐約城的流域而成立的環境保護組織，曾使哈德遜河免於汙染的厄運。小甘迺迪最知名的一項成就是紐約市水域協定，他代表環境人士和紐約市水域的消費者們進行協商，以確保紐約市的水質乾淨。作為河流保護者的首席律師，「保護水聯盟」主席、「自然資源保護委員會」的高級律師，小甘迺迪在西半球的各個地區研究環境問題。閒暇時，他喜歡帶著五個孩子到哈德遜河潛水——一種被稱為「兄弟潛水」的活動。

甘迺迪帶著其中一個孩子潛入到河床底部，坐到他喜歡的一塊大岩石旁邊，躲過急流。他會摟住孩子的肩或腰（為了孩子的安全，也可以感受孩子的呼吸情況），然後兩人相互交換呼吸管。他們坐在巨石旁邊，周圍簇擁著隨波舞動的水藻，看過往的魚兒：有好鬥的鱸魚、長鬍鬚的鯰魚、從水族館裡放出來的熱帶魚（主要是神仙魚，有時有海馬），甚至有一次見到了原生鱘魚，它體型巨大、看起來古老而又優雅。對小甘迺迪來說，看魚兒游弋可以讓他從成名的壓力下放鬆，這也教會了我們應該如何和孩子一起體驗自然。

為了寫書，我和小甘迺迪一起去釣過魚，我帶著兒子們乘坐一艘小船從加州海岸出發。釣魚的時候，小甘迺迪告訴我，他作為家裡的「自然小子」的早期經歷，以及那些經歷如何影響了他對孩子們的教育。他說：「小時候，我每天下午都在樹林裡度過，我喜歡找蠑螈、小龍蝦和青蛙。從我六歲開始，我的屋子裡就堆滿了魚缸，堆得滿滿的。到現在還是那樣。我有一座三百五十加侖大小的魚缸，而且我的屋子裡到處都是魚缸。」他和孩子們從哈德遜河裡捕撈鯰魚、鰻魚、大頭魚、鱘、帶花紋的鱸魚、河鱸、黑鱸、藍魚，還有鱒魚，把牠們帶回家養在魚缸裡。

我們往海裡駛去的時候，小甘迺迪激情地講到，應該重新讓孩子們和自然連結。「我們是自然的一部分，人類終究是捕食性動物，在自然中有我們的角色。如果我們將自己和這一角色切割，我們也就是在與歷史切割，與那些將我們聯繫在一起的事物切割。我們不想住在一個沒有垂釣客的世界，遺忘了季節、潮汐，遺忘了那些將我們與人類萬代、與沒有手提電腦的過去，以及最終與上帝相連接的東西。」

他說，我們不應該將自然當作上帝崇拜，但是自然是上帝與我們交流最直接有效的方式。「上帝透過彼此，透過有組織的宗教，透過智者和偉大的書籍，透過音樂和藝術與我們溝通」，但是沒有什麼比得上「造物所展現的精緻、優雅和喜悅」。「如果我們摧毀了大量的自然資源，鋪設鐵路而不再能接近河流、因汙染而不能垂釣，或者制定諸多的規則禁止人們到水上活動，從道德上來說，這相當於將地球上最後一本聖經的最後一頁撕毀了。這是對我們自身輕率的一種懲罰，但我們沒有權利將它加諸於孩子身上。」

巨浪抬起了我們的小船，海鷗在船尾盤旋，身後的城市逐漸沒入薄霧裡。小甘迺迪說：「孩子應該去水裡。把我們連結在一起的、溝通人性的、使我們成為一體的，不是網路，而是海洋。」

第五部
叢林黑板

人應該去聆聽自然的語言，而不是畫家的語言。
對真實事物本身的感受要比對畫作的感受要多得多。
——梵谷

第十六章　自然學校的改革

應把教孩子理解自然作為其人生中的一件大事對待。

——湯瑪斯．貝瑞（Thomas Berry）

「環境為本的教育」（也有一些其他的叫法）這一概念存在至少有一個世紀。杜威提倡學生應該深入當地環境，他在《學校與社會》（*The School and Society*）中曾經寫道：「校外的體驗有其地理、藝術、文學、科學，以及歷史各方面的因素。所有的研究都源自一片土地，以及植根於這片土地上的生命。」經驗教育並不極端，它是環境為本的教育理論的核心主張，這種教學方式的出現和發展，遠遠早於使用資料影片在教室裡講授環頸蛇的知識。環境教育強調如何在世界上正確地生活，而體驗教育則看重如何透過感受自然來過日子。

哈佛大學教育學教授嘉納，於一九八三年提出了具有說服力的「符」理論，進一步推動自然在教育中的地位。正如在前面的章節所描述過的，嘉納提出，兒童和成年人具有七種不同的智慧，包括：語言、邏輯—數學、空間、身體—動覺、音樂、人際與自省智慧。最近他又添加了第八種智慧，叫作自然智慧。

在多元智慧理論和相關研究的激發下，一場可稱之為「自然學校改革」的新興運動正在穩定發展。雖然這場運動的規模相對還小，但是已經開始。

美國各軟體公司把電腦學習程式兜售給兩歲孩子的父母。大多數美國小孩到小學二年級時都已經接受過好幾年的學前教育，並且也已飽嘗考試之苦。齊卡洛（Lora Cicalo）是一位受過良好教育、積極進取的專業人士，她就讀小學的女兒和全班同學要參加加州標準化測驗報告評量（STAR）作，覺得壓力很大，這使齊卡洛大為震驚。她說，「老師什麼事情都得教學生，怎樣塗寫答題卡（譬如，不要打叉，不要在外面畫圈圈），怎樣在限時測驗時不落後之類的。這些孩子的父母對這個測驗都很重視，孩子也都很擔心結果。可他們才七歲啊，我們幹麼給他們那麼大的壓力呢？」為了提高學校水準嗎？或許吧。

美國人把小孩推向了競爭的前沿，而芬蘭的教育體系卻與此恰恰相反。「經濟合作與發展組織」於二〇〇三年進行的一項研究顯示，芬蘭在很多方面超過了包括美國在內的其他三十一個國家：讀寫能力芬蘭位居第一，數學和自然科學芬蘭名列前五。美國名次位居中段。《紐約時報》報導說，「芬蘭成功的『祕訣』說來既複雜也簡單。其中一些『配方』可以『出口』他國以供借鑒（例如，課堂的靈活性），但有些卻不能（例如，這個國家人口少且民族單一，以及大多數芬蘭人都相對富有）。」

在美國一些教育家和政策制定者的標準看來，芬蘭的做法好像有悖於常理。芬蘭孩子七歲之前不接受任何教育，而在美國，七歲已經算是大孩子了。芬蘭沒有特別的神童計畫，教育經費也比美國少。芬蘭要求教育者遵循全國統一的課程大綱，但對他們的教育方式給了自由發揮的空間。還有一點，芬蘭教師奉行寓教於樂的原則。而與此相比，美國的趨勢則是放棄休息。在芬蘭赫爾辛基市蘇塔利拉區一所典型的學校的做法是，允許學生「脫了鞋到處跑。每堂四十五分鐘的課結束之後，學生就有十五分鐘休息時間可以放鬆，透透氣」（《紐約時報》）。芬蘭還倡導環境教育，把大量花在課堂上的時間轉移到自然環境或周邊社區。芬蘭社會事務及衛生部指出，「學習的核心不在於學習來自外部、已經加工過的資訊，而是在於孩子和環境之間的互動。」我確信美國在教育方面也有一些可供芬蘭教育借鑑之處。但是，如果我們至少採用兩個「芬蘭特色」——社會更加尊重教師，和熱切地進行環境為本的教育呢？

席罕（Lauren Scheehan）是奧勒岡州西爾波若的燕尾學校（Swallowtail）的創辦人和教委會主席，她相信很多人，包括在矽谷效力、工作繁忙的技術人員在內，都努力在自己和孩子的生活中尋找更多的平衡。

她說：「我們認為，電腦技能教育應該延到中學再施行。這樣的話，孩子仍有機會在自己家用電腦，或者到朋友家玩電腦遊戲，那個世界並沒有對他們關上門。」但是燕尾學校使學生有機會離開「無處不在的電子脈衝，這樣能使他們的感官更常去感覺真實環境」。席罕說，重點在於創造「自由選擇的道德基礎，而不是完全依賴於電子媒介」。一些英特爾公司員工把子女送到這所學校。他們重視科學技術，「但他們也明白，人類有些方面無法在電腦中找到。」席罕如是說。

燕尾學校迄今仍舊只是特例，但這一情形會改變的。就現狀來說，愈來愈多教育人員致力於採取新的方式教學，為教育注入直接體驗的新血，尤其是對自然的體驗。對這場運動的定義以及名稱還有待商榷，最近幾十年，這類教育改革以多種名義出現，如「面向社區的學校教育」、「生態地區教育」、「經驗教育」，還有最近的「地方為本教育」或「環境為本教育」。不管叫什麼名字，環境為本的教育一定可以成為治療大自然缺失症的一劑良藥。這種教育的基本理念是把周圍社區，包括自然環境，當成首選的教室。

在真實世界裡的學習

為了讓教育改革更有效，教師應該把孩子們從教室裡解放出來。利伯曼（Gerald Lieberman）就是這麼認為，他是一個研究環境為本教育的全國性機構「州教育和環境圓桌會議」（SEER）的主任。

SEER一篇名為〈彌合成就上的差距〉（Closing the Achievement Gap）報告中指出：「由於全國各地的學校周邊環境和社區，因地理狀況迥異而大不相同，『環境』一詞在每所學校的具體含義也就不一樣：可能是一條河，一座城市公園，也可能是瀝青操場上開闢出的一座花園。」這篇報告發表於二〇〇二年，但一直被現行教育體系所忽視。SEER和十六個州的一百五十所學校合作了十年，確認了一些環境為本教育的典型教案，並研究了學生們在標準化測驗中的得分情況。得出的結果相當令人驚訝：環境為本教育能夠提高學生在社會科學、自然科學、語言藝術和數學方面的學習效果；提高標準測驗成績和成績平均點數（GPA）；幫助學生發展問題解決能力、批判性思考和決策能力。

- 佛羅里達州泰勒郡高中的教師利用學校附近的伊肯費那河，進行數學、科學、語文、生物、化學，和關於該郡經濟學等學科的合作教學。
- 在加州的聖博納迪諾，金巴克小學的學生在校園裡的池塘、菜園，學校附近的溫室和本土植物園區裡學習植物學，研究微生物和水生昆蟲。
- 科羅拉多州的格倫伍德泉，高中生設計並監造了一座袖珍城市公園，都市計畫專家還讓學生們幫忙，沿著科羅拉多河修了一條商業徒步街和一座公園。

・在賓州，杭廷頓地區中學的學生在學校附近的小溪採集資料。教師邁可・辛普森（Mike Simpson）用那些資料教授分數、百分比、統計學，以及解釋圖表。他說：「我再也不擔心想不出實際應用的問題，而且學生自己就能做到。」

索貝爾認為，地方為本的教育，重點在於「學生直接在當地社區內學習」。他對這樣的學習進行了獨立評估，其中包括美國國家環境教育和訓練基金會的一個教案，得出了與利伯曼相似的結論。談到閱讀能力，所謂「教育改革的聖杯」的時候，索貝爾說，地方為本的教育或者環境為本的教育，應該成為「守護聖物披堅執銳的一名騎士」。參與這些教案的學生通常比傳統課堂裡的學生表現突出。

譬如達拉斯的霍齊基斯小學，在一個環境為本的教案中學習的四年級學生，考試通過率比傳統班級的學生高出十三％。德州教育局督學認為，和全州小學同期平均進步水準的一％相比，霍齊基斯小學的成就「意義極其重大」。在波特蘭市，「環境中學」的教師們講授課程時會利用當地河流、山岳和森林為例；他們種植原生種植物，研究威拉默特河，還進行許多其他活動。這所學校九六％的學生在解數學題方面達到、甚至超出了該州制定的標準。與此相比，在其他一些同等層級的中學，只有六五％的學生達到目標。環境為本的教育能夠擴大傳統的學校改革行動的效果。在北卡羅萊納州，教學標準的提高，使得四年級學生在全州數學測驗中獲得「良好」的比例上升了十五％；但是位於該州阿什維爾的一所實施環境為本教育的學校，四年級學生的表現更加出色，達到「良好」的學生比例上升了三一％。

除此以外，參與這些教案的學生，無論是出勤率還是行為表現，都比傳統課堂教育出來的學生好。據報導，明尼蘇達州小瀑布中學參與環境為本教案的學生中，受處罰的比例比其他九年級學生低五四%。以前在霍齊基斯小學，僅僅一年之內就有五百六十起學生違紀事件需要老師把學生送校長辦公室處理。兩年之後，隨著環境為本教育的進行，違紀事件數目跌落至五十起。

時間再拉近一點，二〇〇五年，美國研究中心發布一份研究報告，研究對象為四所小學二百五十五名需要特別保護的六年級生，每人皆曾上過三項戶外課程，為時皆達幾個月。該研究以這一群上過戶外課程的學生，和另一群沒有戶外課程經驗的對照組學生作比較。該研究提交加州教育局的報告裡，重要的研究發現包括：科學概念掌握力於評量裡提高二七%；合作能力和衝突解決能力提高；自尊、解決問題的能力、學習動機、課堂上的行為皆有所改進。該報告指出，小學教師和戶外教學指導員「屢屢強調，戶外科學學校能為孩子提供『重新開始』的機會」。

索貝爾提到了另一件很奇妙的事情：一所學校的物理老師在講力學原理的時候，讓學生參與社區裡一條小路的重建。在這個過程中，需要使用到滑輪、槓杆、支點。而這所學校有制定所謂的「高年級蹺課日」，這一天高年級學生可以任意蹺課。有個學生對那個物理老師說：「老師，我今天其他課都蹺掉了，但卻不想錯過你的課。我對這課堂上正在進行的計畫實在太著迷了，捨不得蹺啊。」種種跡象顯示，這種改革的確起了作用，為什麼沒有更多的學校也考慮這麼做呢？怎麼會有這麼多學區在縮減戶外教學課程和室內環境教育課程，或者在分配經費的時候，在這二者當中擇一作取捨。可是，這兩類課程不是都有其必要嗎？這些問題顯然不會成為標準測驗裡的考題。

「蒙特梭利」和「華德福」教育體系鼓吹「體驗學習法」已經有數十年之久，只是兩邊用的方法不太一樣。近年，較新的體驗教育（或者環境為本的教育）支持者建立了經驗教育協會，以支援專業發展、理論著述，以及評估世界各地的體驗教育。這個協會現在大約有一萬三千名成員，遍布三十個國家。一些組織已經將計畫付諸實際行動，其中最早也最有名的，是總部設在喬治亞州山城的「狐火」（Foxfire）。該機構的「狐火教學方式」源於一個教案，這個教案旨在為喬治亞鄉村地區的高中新生講授基本的英語技能。經過課堂上的學習之後，學生們自己編寫了《狐火雜誌》以及一系列的書籍，介紹阿帕拉契山區的生活和民俗。「狐火」已經成立三十年了，它為教師和學生提供的教案，主要集中在文化方面，而非自然，但是，自然的主題卻貫穿其中，提供了各方面的資訊，從蛇的傳說到野生植物到獵熊的知識，應有盡有。

其他比較活躍的組織，有頗具威望的國家野生動物協會，和位於紐約詹士頓地區的羅傑·托利·彼德森自然史學院。在學校使用彼德森學院提供的課程來教學的教師，會參加該學院的暑期培訓。他們受過訓練之後回到課堂上，會開始帶領學生研究學校周圍一平方公里的地域。

十多年來，作為像納卜漢（Gary Paul Nabhan）和派爾這類作家作品的發表平台，獵戶座學會，這個總部設在麻州的非營利性機構，「決定將其中一些思想付諸實踐。」經常為其所屬的《獵戶座》雜誌撰稿的環境作家尼克森（Will Nixon）這樣寫道。現在獵戶座學會為教師提供自然教育獎學金，包括參加一次暑期講習班、支付學生實地考察旅行，和購買素描本、背包以及「其他資金短缺學校所不能提供的物品」的費用。

丹寇爾特（Bonnie Dankert）是聖克魯茲高中的英語教師，也是獵戶座學會獎學金的得主。尼克森引用她的話：「我以前常帶著學生去加州沙漠或高山旅行。我們閱讀這些地方的文獻，研究當地的植物和動物群落，那真是很棒的經歷。」但她承認，從來沒考慮過要帶學生去學校附近的海岸山脈區和蒙特利灣，她本以為她的學生熟悉並且也喜歡這個地方，但她錯了。她的學生告訴她，他們對自己住的地方沒什麼感覺；一次去學校附近的州屬森林郊遊的時候，丹寇爾特發現，班上九〇%的學生從沒到過那裡。她告訴尼克森：「他們知道這個地方，可是從來沒去過那裡，從沒有坐在一棵杉樹下想像這個地方一百年前是什麼樣子。」

丹寇爾特放棄了長途旅行，開始在蒙特利灣進行教學。她很重視本地的作家。譬如，在閱讀史坦貝克（John Steinbeck, 1902-1968）的小說《罐頭廠街》（*Cannery Row*）的時候，丹寇爾特邀請當地一位海洋生物學家領著學生們，去史坦貝克也曾經探尋過的蒙特利灣的漲潮池實地考察。除了幫助學生學習自然科學，丹寇爾特的學生還討論了「社群」的意義——因為史坦貝克小說中的一個人物曾用了一個隱喻，把生活社群比作漲潮池。尼克森寫道，這次實地考察旅行幫助這個班級形成了自己的社群。丹寇爾特回憶說，「有個小孩永遠戴著棒球帽，他的眼睛總是躲在帽子的陰影下。後來，他摘下了帽子，開始和別人交流。」

阿拉斯加州荷馬市的一位初中教師受到獵戶座學會獎學金的資助，曾經協助組織了一個教案，這個教案允許八年級學生比正常學期提前三周結束課程；在那段時間裡，學生們研究附近的冰川，學習冰川學、海洋生物學、植物學，以及文化史。這位教師告訴尼克森：「這不是為了考試而背誦記憶。當你靜靜地坐在冰川前面，看著冰池，冰漬的沙礫，以及從地衣一直延伸到高大森林的植物帶，然後寫下、畫下你所看到的。你和這個時刻聯繫在一起。這種體驗也就成為你生命的一部分。」

詹姆斯和大蕪菁

愈來愈多的父母以及好學校逐漸意識到，在教育孩子的過程中，應當側重孩子和自然之間的直接與親密接觸，這一點非常重要，也非常有教學效果。有的教師自己對學生進行跨學科的地方為本教育，沒有任何機構支援他們，除了校長對他們精神上的支持。事實上，當前教育上取得的進步大多來自反對傳統的一些個人，包括校長、教師、父母還有社區裡自行安排課程的志工。專心投入這項事業的個人和服務機構可以完成很多事情。

葛蘿巴瑞克（Jackie Grobarek）是一位富有創造力的小學教師，她用「蝴蝶理論」來形容教育活動。根據氣象學家羅倫茲（Edward Lorenz）的理論，一個系統初始的輸入可以透過反饋放大，對整個系統產生巨大影響（有的人把羅倫茲的理論通俗地解釋為「蝴蝶效應」，猜測巴西的一隻蝴蝶搧動一下翅膀，是否就可以讓德州颳起一場颶風）。葛蘿巴瑞克認為親身經歷的體驗，並非總是立竿見影的回報。她說：

學校是一種非線性的系統。這種系統中，少量的輸入也能帶來巨大的影響。今年夏天我們的學生栽培了植物，也餵養了蚯蚓和毛毛蟲，到後來還放走了長大的蝴蝶。因為學生餵養的「嬰兒」需要食物，他們從中學到很多知識，譬如蚯蚓可以吃垃圾，而植物可以吸收蟲子的排泄物，蝴蝶需要吃某些特定的植物，並且需要在其他植物上產卵。這些東西都是在我們學校校園和峽谷裡學到的。學生意識到，我們的峽谷雖然已經變成了討厭的垃圾場，但其實也是一個相當不錯的生物棲息地。那裡長滿了野茴香，而這種植物是大燕尾蝶的寄宿地，同時也是牠的食物。我們按照班級分組活動，僅僅這週我們把幾乎裝滿四車的垃圾拖出了這個地區。這麼做會提高學生的閱讀和數學成績嗎？也許會吧，不過我覺得這些體驗帶給學生的改變或許不是考試成績能衡量的。

有時候，活動的「催化劑」可能是一位有遠見的校長。托瑞松樹小學離我住的地方不遠，學校校長道爾（Dennis Doyle）是個熱心的年輕人，他帶著學生去附近的峽谷。他這樣說：「我們帶領各個班級的學生下去觸摸、品嘗、聞味和追蹤。讓二十六個孩子保持安靜非常不容易，可是我們就這麼做。」道爾認為，要想把孩子引領入科學的大門，讓學生親密地接觸、體驗自然，要比單純依賴教科書更為有效。他解釋說，事實上在十九世紀，所謂的自然學習法在小學的科學課堂上占主導地位。然而二十世紀科技的進步取代了自然學習法，直到愈來愈多的教育家開始發現，技術導向且以教科書為基礎的科學教育不甚成功。

在美國國家教師協會舉辦的全國科學測驗中，托瑞松樹小學六年級的學生在動手操作部分成績非常低，所以道爾和學校的教師決定採用一個激進的手段。他們想把學校後面的峽谷恢復到自然狀態，創造一個戶外的教室和自然小徑。這是為了幫助孩子體驗自然，就像他們的父母曾經體驗過的一樣；同時也為了提高科學教育水準，讓教育變得即刻和人性化。

在踏入峽谷的征途上，各個工作小組的孩子、教師以及孩子的父母，清除了非原生種的植物，包括蒲葦草和冰花等。西班牙水手把冰花帶到了加州。來自托瑞松樹州立公園的一位解說員參與了這個教案，他解釋，這種冰花生命力很強大，可食用，富含維他命C，對於預防壞血病非常有用。很多人相信因為冰花覆蓋著地表，可以阻止土壤腐蝕。但是，由於這種植物手指狀的葉片中含有大量水分，重量足以使一座陡峭的堤岸倒塌。在這個峽谷，它的日子算是終了了。學生把峽谷的棲息地還給了當地的植物，譬如托瑞松樹、絲蘭、仙人掌和茂密的樹叢。學生還在教室裡培養樹苗，以備將來移植。

某個週末，三十多位父母和他們的孩子一起在峽谷裡工作。這些大人中，一半來自不遠的高級住宅區，另一半人則住在普通區域，孩子會坐校車去學校。他們又推又拉，一起用彎刀劈砍蒲葦草。道爾說，「這種經歷能比任何正式的團隊精神培訓更讓人們團結在一起。」

道爾盡量讓孩子們去峽谷的「征途」輕鬆一些，他把自己對自然的成人觀點降至最低。一天，我們步行穿過學校後邊的峽谷，道爾問了孩子們幾個問題，但他自己並沒有給出答案。

「快看那些嫩枝，」一個叫做達倫的男孩說：「一根樹枝好像已經死了，另一根還活著呢。」

「你為什麼這麼說呢？」道爾問他。

達倫開始了詳細的解釋，但他的理論卻也不乏謬誤之處。

「你的解釋真有意思。」

達倫跟著道爾後面走，檢查其他樹枝的情況，非常興奮。在這個特殊的課堂裡，想像力遠比精準度重要。

我在一九九九年遇過一位了不起的女性，她叫思多莉雅（Joan Stoliar）。她和丈夫住在紐約市的格林威治村，她看起來六十幾歲，罹患過兩種癌症。她經常穿著高跟鞋，戴著魚形耳環，騎著摩托車穿梭於紐約街道。在癌症最終奪去她生命之前的幾個月，我曾經陪伴她訪問布魯克林區的三一八中學。那裡有一大群七年級學生正聚精會神地觀看四百條小鱒魚，他們圍著養魚池轉來轉去，準備複製一條鱒魚小溪。

幾十年來，紐約一直都保持著飛繩釣的傳統文化，而思多莉雅受其熏陶。她可能是加入歷史悠久而又與眾不同的「希歐多戈登飛繩釣俱樂部」的第一位女性。之後，她說服了俱樂部為紐約州的「鱒魚教室」教案提供贊助。此教案同時還得到鮭鱒類保護協會、美國漁業和野生動物基金會、哈德遜河基金會，以及卡特斯爾水域公司的支援。

十多年前，這個教案始於加州，現在已經遍及全美各州。其共同目標是：保護物種多樣性，並將孩子與自然結合起來。紐約州在城市孩子與鄉村孩子之間建立了紐帶，思多莉雅稱之為「將河流兩端聯繫起來的社會試驗」。紐約州貧民區內的十所學校，以及州北部八所學校的幾百名學生參加了這項活動，共同養殖鱒魚並守護河流。

思多莉雅說：「此教案使城市孩子對自然界充滿感激之情，而且讓他們目睹了飲用水的源頭。他們成為『流域兒童』。」十月，每個學校都收到了該州環境保護局送來的幾百顆棕色鱒魚受精卵，孵卵所所長甚至把自己家的地址告訴了這些學生。這樣，一旦有問題，他們可以隨時找到他。學生把這些受精卵放在事先設計好的水槽中，這是他們為重建鱒魚的生活環境設計的。

在布魯克林一條二．五公尺深的小溪中，有水從水泵中流出，流經圓形的岩石和水生植物，流經冷卻器時水溫會保持在攝氏十度的恆溫。另外，水上還安裝有監控螢幕，可以全程記錄孵卵過程；一架攝影機將魚的放大圖像送到附近的電視台。學生負責照顧鱒魚並監測水溫、PH值，以及其他會殺死魚或者魚卵的因素。思多莉雅說這些孩子正在學習「即時養育」（instant parenting）。

次年一月，這些學生在班級網頁上報告了他們的進度：「我們看到石蠶正在吃一尾死掉的鱒魚，也發現一隻大魚苗嘴邊露出一節鱒魚尾巴——牠可能吃了一尾小魚。可以看到很多捕食的場景。一九九九年約有四十二條魚死亡，不過我們還剩四百多條魚。」鱒魚一天天長大，鄉村和城市的孩子也一直以信件和電子郵件保持聯絡，談論各自的進展和收穫。「我們希望能一直做朋友，甚至希望有一天同一條河流中的魚兒也可以加入我們。」思多莉雅說道。

每年春天，如果柔弱的鱒魚仍然存活的話，孩子們就會坐車到北部卡次啟爾的河流，與鄉村孩子見面，然後一起把他們養的魚野放。拉多雅是一名八年級的學生，她告訴我說：「這裡沒有任何有毒廢棄物，這是我見過的第一個水庫。這裡好漂亮、好乾淨。」

一天早上，我去參觀了拉荷亞的一所私立兒童學校。學校裡，老師、家長以及孩子們遵循一位知名園藝專家的指導手冊，一起在菜園裡努力勞動，這位專家不久便會來學校參觀。在學生們靜候專家巴塞洛繆（Mel Bartholomew）的到來時，我就針對園藝的看法詢問了卡芙卡老師所帶領的四、五、六年級的學生。

「我覺得在商店買的萵苣要比在園中採的好吃，」詹姆斯說道，他才十一歲，不過，是一個懷疑論者，「商店裡會把萵苣洗得乾乾淨淨了再賣，噴霧器一直都會開著。」詹姆斯還是一個新手，這是他第一次接觸園藝工作。這時，十歲的麥特也主動談起自己對園藝的看法。「我碰到的問題是，園藝不像科技啊、電視啊、電腦啊，它不是一直在進步的。這些古老的木製園藝器具都用了幾十年了還沒有加以改善，」他說話時頗像一個來自二十一世紀的小孩，「工具應該不斷加以改進。」詹姆斯和麥特代表了他們那一代的孩子，尤其是那些住在南加州的小孩們，他們家中有後院。對這些孩子而言，園藝很難吸引他們的注意力，除非這樣的經驗是數位化呈現的。

為了讓這種狀況改觀，卡芙卡和助理老師愛德華茲（Chip Edwards）一同幫助學生依照巴塞洛繆所說的方法整建一塊菜園。巴塞洛繆是一名退休土木工程師，還是效率專家。幾十年前，他寫了《方寸園藝》（*Square Foot Gardening*）。這本暢銷書是「探索頻道」系列影片節目的拍攝藍本。傳統的田壟方便犁地，然而運用了巴塞洛繆系統理論的人們捨棄了傳統作法，轉以《方寸園藝》中所說的方法施行，就可以更細膩地照料自家的菜園。園丁可以很容易就地找到每種植物群，進而栽培或除草。這種方法也更適用於孩子，因為他們的手臂還比較短，構不到太遠的地方。這樣，就將菜園縮小到孩子能力所及的範圍內，從而增加了成功的可能性。「我吃了一些我們自己種的萵苣，」十歲的布蘭登說道，「我先把它們洗乾淨，再放了一些沙拉進去，覺得比在商店買的要好吃一典。」

班今年十一歲，是布蘭登的同學，他補充說，「我非常喜歡我們菜園裡的蕪菁。商店賣的太辣了。」這時，十歲的阿里納說他看見了地鼠如何在蕪菁地裡搗亂。「牠居然會把蕪菁挖出來！」

我轉向詹姆斯，說道：「你有吃進地鼠吃過的蕪菁嗎？」「當然沒有！」他驚恐地回答。

就在那時，巴塞洛繆來了。他住在紐約的歐菲爾德地區，個子很高，很清瘦，留著鬍子，頭髮很少，眼睛透露著他的善良。他是和妹妹莫特（Althea Mott）一起來的。他妹妹住在杭廷頓海灘邊。兄妹倆共同建立了方寸園藝基金會，旨在提倡園藝的治療功效。他們還到圖書館、療養院、教堂以及學校訪問。

「我們希望所有的學校都能開設園藝課，」他解釋道，「我們正在為不同年級的學生寫教材，希望全美國的孩子都可以就園藝方面的問題進行交流，首先透過信件，最終透過網路聯繫。我們還希望這些孩子可以把學到的園藝帶回家，帶動家人一起參與。」巴塞洛繆穿著牛仔褲，向學生的菜園走去。孩子們信心十足地開始了自己的任務，在菜園裡鋤草澆水，當然，詹姆斯和麥特也興致勃勃地參加了。巴塞洛繆在他們中間來回走動，微笑著詢問孩子們各自負責的作物狀況。

站在一邊的卡芙卡說：「在我們看來，園藝不僅僅意味著種植並照料蔬菜，也是一個經驗的積累過程。每天放學全班一起去菜園時，無論工作多難多累，大家都會覺得很快樂、很滿足」。接著，她說有個週一的清晨，下著毛毛雨，他們發現自己的菜園被溜滑板的人破壞了。「我們決定先努力搶救菜園，而不是去追究是誰做的。」卡芙卡說道。之後，他們將菜園命名為「夏娃的花園」，是用他們的一個同學的名字命名的，那位同學已經離開了這所學校，他們很想念她。

巴塞洛繆頗有興致地看著學生們勞動。「讓孩子了解自己每天吃的食物是怎麼來的很重要。」他說道。這時，突然傳來詹姆斯的聲音：「我的蕪菁好了，好大一個啊！」

「詹姆斯和大蕪菁，」有人說。

「鼓聲響起！」

詹姆斯咕噥著，開始費力地拔蕪菁。然後，他得意地拿給所有人看，並撥掉上面的泥土。之後，他又把蕪菁放到耳邊用手敲敲看它是否是空心的。最後，他咧嘴笑了。

生態學校

理想的狀態下，學校的自然教案不應僅僅局限於上課和學生的實地考察旅行，而應該包括重新設計一個有創意的自然學校，或將舊式學校翻新，場地的設計應該將自然融入核心設計理念；或像之前所說的，環境為本的學校對自然保護區的利用。

校園棲息地運動始於一九七〇年代，是由環境教育組織發起的，如：「學習樹計畫」（Project Learning Tree）和「野生生物教育計畫」（Project WILD），以及一個英國很成功的全國性「透過景觀學習」教案（Learning through Landscapes），這個教案至少幫助改善了英國三萬所學校的中三分之一，從而激勵加拿大舉行類似的教案「學習園地」（Learning Grounds），還有瑞典也開設了一個類似的教案。美國漁業和野生動物基金會，是美國傳統野生動物保護專案的主要負責機構之一，根據該組織的調查資料，一九九六年時已經有四十多個組織參加了學校自然保護教育。有些從環境教育發展起來的組織還加強了與大學的科學和教育系、博物館和自然保護組織的聯繫。美國國家野生動物聯合會則開設了「校園棲息地」認證教案，用以鼓勵創造出自己動手的戶外學習機會的領袖，這樣的學習機會是無法在傳統的教室環境下複製的。

芮芙金（Mary Rivkin）是巴爾的摩馬里蘭大學的幼教系教授，是這個領域最有影響力、成就最多的學者之一。她引用了親生命性假設，以及注意力恢復理論的研究者史蒂芬和瑞秋．卡普蘭夫婦的作品，尤其是他們有關「親近自然」的作品，及其對兒童和成年人的巨大益處。她說，很多幼稚園「有著良好的戶外活動場所，因為幼稚園老師長期以來一直都有讓兒童接觸動植物的傳統，並使戶外活動成為兒童日常生活的一部分。」她還描述了典型的綠化活動和理想狀態：「儘管有些學校會做一些大教案，尤其是在新式校園建設方面。但通常學校還是會從小教案做起。」起初，學校可以進行一些小教案，如蝴蝶花園、給小鳥餵食洗澡、種樹，或者建立自然植物園。接著可以轉移到大一些的教案，他們可以建池塘，通往自然景觀的小徑，或者復育小溪流。有益於生態的教案比美化教案更受重視。人工的或自然的小溪流可以提供戲水的地方。「泥沙可以用來種植；黏土可以用來製作東西。有些植物必須精挑細選，」她建議，「用眼睛看只能了解到這些植物的一些表面現象。觸摸、聞以及拆解是非常重要的。灌木叢和可以爬的樹才是真實的……」要確保操場周圍的藩籬夠安全，因為孩子也需要自己的空間：灌木叢、草叢、以及一些岩石。「對小孩子而言，種一圈一．八公尺高的松樹便是座森林。」

正如芮芙金所說的，儘管各個機構提供的支援愈來愈多，譬如由美國園藝協會、北美環境教育協會、生態研究所、位於布魯克林和克里夫蘭的植物園，以及其他機構贊助的一系列會議，然而幫助美國十萬八千所學校「綠化它們的操場」這個任務仍然有點讓人望而卻步。愈來愈多的幼稚園和托兒所設在辦公大樓裡，破壞了正進行得如火如荼的校園棲息地運動。在公立學校，「戶外毫無生氣的柏油路和修剪整齊的草皮，構成了戶外自然教育的一大挑戰。」然而，校園棲息地運動「正在逐步發展壯大」。

羅列出擁有多樣生態校園的研究報告多的是，包括自由活動區、野生動物棲地、健行步道、花園等等，對學生會有哪方面的好處等等。加拿大進行過兩項大型研究，「攻城掠地」（Gaining Ground）和「活動根據地」（Grounds for Action），一以多倫多學區為研究範圍，另一以英屬哥倫比亞、亞伯達、曼尼托巴、安大略、魁北克、新斯科細亞等地為研究範圍。研究人員發現，校園有多樣自然環境的學童，體能活動較多，營養方面的知識比較豐富，彼此來往比較有禮貌，也比較有創意。此外，校園綠化也能吸引附近社區成人多參與校園活動。加拿大研究人員也發現，綠色校園比起傳統的草坪加柏油校園，更有助於學習，綠化的遊樂場地變化比較多，迎合的學生類型也比較多，有利於學生的社會融合，而跳脫性別、種族、階級或智力的藩籬；而且，這樣的校園也比較安全。

綠色校園另有一大好處，則是顯現在教師身上。加拿大研究人員發現，不少教師都表示自己重拾教學的熱情。有一名教師就說：「我在外面上課，特別起勁……這才發現我的教學熱情其實還有很多。」有鑑於教師的職業倦怠愈來愈嚴重，綠色校園和戶外教學於教師的影響，實不容輕忽。教師也有權利享有大自然洗滌疲憊的功效。

另外，還有一項運動隨著經濟的發展形勢而時長時落，即生態學校。設立生態學校的初衷，是要把自然學習作為學校課程的試金石。幾十年來，這種理念在歐洲一直很流行。英國和蘇格蘭共建立了兩千八百所生態學校。這種理念還吸引了麥西（Dave Massey），他在新設立的加州地區環境教育協會擔任協調員。麥西說，所有學校都應該保護學校周圍的每一寸自然景觀，這樣做不僅是為了保護環境，而且是為了成功的教育。他說，「對於每個新學校的規畫，我們都應該認真考慮，好好利用周圍的自然環境。身為小學校長，他將學校附近的一條小溪流稱為學生的戶外圖書館：「我讓孩子們每週去兩次，研究那裡的三葉楊並種植一些植物。」

生態學校的最新構想是徹頭徹尾的「綠色」學校，因為它是用諸如大捆的稻草和灰泥這樣的材料建成的。這種建築成本低，牆壁絕緣度高，因此愈來愈流行。這樣，學校本身就為學生上了一堂生態課。

一般的學校、動物園、植物園、自然博物館之類的教育機構，或許因為空間或人手不足，沒辦法成為生態學園，那就向外去找，如何？農場和牧場難道不能充當新式的校園，供大家上課，親身體驗生態、文化、農業？蒙特梭利曾有創新的教育理念，認為青少年一年應該花一部分時間去農場做事；蒙特梭利教育運動便汲取他們開山祖師的概念，重拾「農家學校」的理想。挪威便有政府資助的課程，可見這樣的理想不是沒有大規模實施的潛質。從一九九六年起，挪威的農民和公立學校教師便合作在學校的教室和農場一起創立新的課程。挪威生命科學大學的教育研究員喬莉（Linda Jolly）說過：「我們的目的主要是想將學生從教室裡帶出來，體驗親手照顧大自然生物的滋味。挪威擁有未遭破壞、壯麗絕俗的自然勝景，但是，我們的孩子卻不懂得投身自然。」喬莉也參與挪威全國性的「生活學校」和區域性計畫「農園教育資源」的工作。而挪威的農民也從帶領學童從事農事，獲得了「新的目標，和社群又再建立起紐帶，贏得了尊重，也增加了收入」。雖然進展相當緩慢，但成果相當可觀，喬莉再加上一句，「有一所學校，九三%的家長都投票同意自己的孩子一個星期要去農場上一天課，而且，全年如此。」

美國的農場、牧場主人也和挪威一樣，為了維持收支平衡、保存農耕放牧的文化，也在尋找別的收入源；有的已經開始將工作時間、空間出租，供人進行遊獵等娛樂活動。而他們只要願意，一樣可以將時間、空間出租給學校的學生，甚至更進一步。政府若是偶爾用補貼的方式付錢給農民，要他們不種農作，這樣不等於在下一代身上種下了愛護大自然的種子嗎？

幸運的是，即使經濟不景氣、潮流使孩子遠離自然，世界各地仍然有很多老師、父母和機構（尤其是在加拿大、英國、斯堪地那維亞半島上的國家、美國）堅持在課堂上向孩子們傳授很多自然常識，不過更多地集中在「校園附近的自然景觀」、綠化校園以及生態學校的設計。這種經驗學習運動及其他相關活動，更能促進學校環境教育與管理者行為之間的關係。

還可以做什麼呢？學校可以開始與農會、自然環境中心、環境機構、鳥獸禁獵區等建立更為穩固而長期的關係，而不是僅去參觀一次就結束了。這些組織不必等待學校經濟狀況的好轉，而是聘請一些兼職的環境教育者給學生上課，組織家長、老師、學生活動，並讓老師學習如何把校園操場、附近的公園、樹林、原野或峽谷等結合到課程當中。最終，這樣的努力會使教育更有效率。

高等教育、生態知識以及自然史的復興

即使經費遭到巨幅刪減，教育改革走的是以考試為中心的路線，許多教師依然奮戰不懈，要把大自然帶回教學。而這些教師除了需要家長多多支持（最重要的當然還是學生的支持），同時也需要帶動起民眾運動，不再把學童關在教室裡。這樣的運動必須有熱心的企業、保育團體、公民團體，甚至園藝俱樂部，共襄盛舉，組成區域網絡以為基礎。這類網絡除了要多加募款，另有一件事同樣重要：直接參與。這類團體可以組織志工，支援志工計畫和校園的綠化工作，資助學童課外活動的旅費，讓學童可以到樹林、田野、溪流、公園、自然保育中心、鳥園、農場、牧場等地進行戶外教學。這類團體可以協助開設持續性的戶外教學課程，而非以前常見的單次活動。這類團體還可

以發揮教育社會大眾的功能。

目前還有一項重要的推力，就是要將戶外學習、室內環境教育、學業成就、管理人行為等連結，作進一步的記錄。「『行為推動行為』是我們的座右銘之一，」利伯曼說，「以前我們講的一直是知識推動行為；現在我們反而相信行為才會推動行為。」那投身大自然單純的喜悅呢？「單純的喜悅？不會在課程裡找得到的，」他笑著說，「我們是相信有喜悅沒錯，但尚未試圖去量化。」利伯曼對他研究體驗教育所得的研究成果雖然「高興又自豪」，但也說這類研究「不夠」，他說：「我們需要有更多人投入更多研究才行。」

不過，擴展學術方面的研究，以及在中小學納入更多自然教育，確實都需要在高等教育做出重大的變革。奧爾（David Orr）是歐柏林學院環境研究方面的教授，他創立了自然保護教育中心——草地溪流計畫。他呼籲大學層級都應該致力於新的生態素養（ecological literacy）的追求。奧爾認為，造成生態危機的最終原因是我們教育方面的缺陷。當今的主要教育形式，「提倡人類的主導地位，使我們遠離了自然生活，提倡零碎的片段而非一個有機的整體，過度強調成功和事業，將情感與智力、理論與實踐分離，使世人意識不到自己的無知」。也就是說，時下的教育培養了自稱無所不知的人，卻喪失了想像的能力。

奧爾呼籲創造一種新的教育方法來促進「生態設計導向的智慧」，從而反過來創建「健康、長久、有活力、公平、繁榮的社區」。他向教育家和學生提了一個簡單的問題：大學四年是使「學生成為更好的地球公民？還是像溫德爾．貝瑞的話來說，把學生培養成了『巡迴的專業破壞者』？這個大學是要對地區經濟的永續發展作出貢獻，或是以效率之名，行破壞之實」？他設想了一種教育改革方案，可以讓人意識到社會以及人類與自然界的疏遠，並提醒為了人類的生存，有必要在兩者間重新建立一種親密的關係。

奧爾建議大學為所有的學生設立培養生態素養的目標，這樣學生畢業後都會對以下內容有基本的了解：

- 熱力學定律
- 基本的生態學原理
- 自然資源的承載力
- 動能學
- 最低成本和終端運用分析
- 如何在一個地方生存得更好
- 科技的局限性
- 規模適當
- 永續的農業和林業
- 經濟的穩定發展
- 環境倫理學

在大學教育及其他層級的教育中，關注生態現實非常重要，不過實施起來卻有可能成為毫無趣味的思想體系。在自然中的好奇心和樂趣，才應該是生態素養的核心內容。

然而，要顯示這種改革的意義，就有必要在學術界進行自然史的復興。在前一章中，戴頓宣告了自然史的滅亡。這位海洋生態學教授認為自然史已經「被驅逐到象牙塔之外」，而且很多大學的生物系畢業生根本沒學過古典植物學和動物學。目前科學界流行的「無專利，便出局」原則，使得很多一年級研究生只懂一點或根本不懂主要的生物學分類，也不懂他們所研究的有機體的生命史。《海洋生物學》（*Scientia Marina*）這本雜誌中有一篇嚴謹的論文，其中戴頓和他的助教薩拉（Enric Sala）認為，一些學生所學的生物學知識是從書本上學的，基本上是根據分子生物學和理論族群生物學而來。「這種主流態度不需要學生發揮想像力和以地方為本的想法，但那些對生物學這學門是很重要的。更糟糕的是，有些生物學家甚至從來都沒親眼見過他們研究的生物族群與群落，甚至不能確定組成這些群落的物種到底包括哪些。這就好比想像著要動心臟手術，卻不知道真實的心臟是什麼樣子。」生物學研究已經從描述性生態學發展到機械性生態學，而研究支援體系也已經從「個別的小型科學實驗到集中的大型研究專案，後者的研究人員都有各自詳細明確的分工，更加注重集體合作而非個人創造」。他們這樣寫道：

> 若沒有形成完善的自然史，我們就有可能養出思維狹隘的生物學家。自然學家更像詩人而非工程師，只有基於一手經驗和常識的直覺才能夠創造出飛躍性的思想。如果我們要使生態科學重獲新生，就應該讓學生懂得直覺、想像力、創造力以及打破舊習的重要性，而非用嚴格的假設框架和技術所構成的「大腦手銬」限制他們。如果能夠做到，生態科學將前所未有地成為基要主義（fundamentalism）的要塞。

這裡，戴頓和薩拉指的是科學極端狹隘的視野。我問戴頓，這樣的革命，或者說反革命，應該如何進行時，他說：「我確信有一些出色的自然學家，同時也是分子生物學家，雖然我不確信我是否遇到過很多，但是他們一定存在。而且可以確定，有一些分類學家同時也是自然學家。」不過他仍然擔心他的那些自然史學家同事還不理解可能涉及的利害關係。大學裡找不到老師來教這樣的課程，因為懂得生物學和自然史基本原理的人實在少得可憐。我們如何才能改變這種趨勢呢？我要再次敦促家長、小學和中學老師、環境機構，以及決策者審慎權衡這方面的欠缺，對教育、孩子的創造力以及自然環境所造成的影響，而僅存的自然史學家必須帶領這次改革。他們專業的存亡與人類更重要的事業緊密相連：把年輕人與自然重新聯繫起來。

在各級教育中展開的以環境為本的教育運動，將會幫助學生了解，學校並不是個封閉的場所，而是通往更廣闊世界的大門。

第十七章 露營的復興

數十年來，聖地牙哥學區附近的山區持續舉辦了一個六年級露營。一代又一代的孩子們在上學期時，都曾在那裡的松林中度過一個星期。然而經過了這麼多年，這種露營的主要目的已經不再是單純地感受自然，而是變成了以自然為背景的不具競爭性的活動。不過，這種露營仍然讓一些孩子們得到了最初或最好的自然體驗。現在上九年級的邁拉描述了她在六年級時營地的生活：

我並沒有多少真正的自然體驗。雖然我的父母都成長於鄉村，但是他們對露營或戶外活動並不太感興趣。我大部分時間都待在家裡。我記得唯一一次在自然裡、在戶外度過的時光，就是六年級的時候去帕洛馬的露營旅行。在那裡，我感到非常舒服：跟幾個人一起，漫步在沒有鋪過路面的小路上。當然，那裡的食物並不好，住的小木屋也不舒適，但是散步和遠足很有趣。我真正歸依於萬物秩序中的某個所在……有時候，我想要遠離塵世，於是就透過記憶想像自己在自然中小居。

正如許多年輕人的感受一樣，現代世界對邁拉來說有時太過沉重。對於孩子們暫時從CNN、學校負擔、家庭壓力之中解脫出來的需要，我們怎麼可能高估呢？露營本身也是有壓力的，但是，就在那扇紗門之外，自然自有其療治之效。並且，正像邁拉經歷的那樣，那些記憶留存在腦海裡，就像定時溶解的藥丸。

顯而易見，露營的經歷不僅僅是帳篷和蚊叮蟲咬。如果總是試圖取悅每個人，從而令這些野外露營的任務被淡化，營地裡的自然體驗便將不復存在。遍布全國露營地中的種族關係以及其他文化、政治活動，是想像一個更加優雅和美好世界的重要嘗試：這些固然是民主政治的重要議題，但童年卻是短暫的。如果我們把這些問題作為唯一的優先考慮，那麼就會有又一代、甚至幾代孩子，在沒有太多自然體驗的情況下步入成年。戶外教育的價值就在於，它將注意力放在那些總是促進人類團結的因素上：暴雨、狂風、和煦的陽光、幽深的森林，以及被我們的地球所激發出來的敬畏和驚異，尤其是在我們的啟蒙階段。

露營的社會背景非常重要。臨床心理學家、家庭理療師、《拯救奧菲莉亞》（*Reviving Ophelia*）的作者派佛（Mary Pipher）說過：「最棒的露營是能夠在其中建立起一種共同目標感，這是一七四〇年代最好的感覺。」但是露營經歷中最重要的還是與自然的直接接觸。

那些很享受早期露營經歷的成年人，經常講述他們惡作劇和如廁危機的故事，但是他們也會描述那些精采的時刻，還有在可以控制的冒險中樹立自信的重要。後來成為哥倫比亞廣播公司攝影師的霍克（Ann Hocker，她經常在危險條件下工作），想起科羅拉多夏令營曾經教會她獨立和責任感的回憶：

我學會了謹慎。有一次我們參加去朗斯峰的遠足訓練，一場雷電交加的暴風雨迫使我們提早下山。在下山的路上，我們遇到了困在大石堆處的一對健行者。那個女人的腿被卡在兩塊巨石中間拔不出來。大雨滂沱而下，閃電彷彿就打在我們身下。我們只得沿著電線杆往下走，在之字形的彎路上跳著前行。我們遇到了前來營救他們的警察。往下走的路上，閃電實在太厲害了，我感到我的牙套嗡嗡作響，不得不用手捂著嘴。我們渾身溼透，還有一點害怕，但是到達山腳藍色舊巴士處的安全地帶時，我們感到充滿力量。這是讓我永生難忘的一課，它告訴我們，如果不做好準備就到偏遠或高海拔地區的話，是會受到自然的嚴酷對待的。雖然有時我還是會犯錯，但對自然的敬畏已經形成了。

為什麼投入有意義

根據伊利諾大學人類環境研究實驗室的泰勒和郭的分析，「關於接觸綠地與兒童發展之間最激動人心的發現，來自於針對戶外挑戰教案對孩子自尊心和自我意識影響的研究。有趣的是，透過四個長期性的研究，我們發現參與者在他們體驗自然後很長一段時間內（長達幾年），仍會不斷地宣稱自己受益匪淺」。

專門針對問題年輕人，尤其是被診斷患有心理疾病的年輕人的戶外教案研究顯示，這種教案有很明顯的治療價值。無論這個教案被用作傳統療法的輔助，或是本身就是一種療法，其正面效果都是必然的；即使戶外教案不是為治療疾病而設計，這種正面效果依然存在。過去幾十年的研究證明，冒險療法的參與者在自尊心、領導才能、學術水平、個人魅力、人際關係等方面都有所收穫。迪恩．伯曼（Dene Berman）和珍妮佛．戴維斯—伯曼（Jennifer Davis-Berman）在評價由鄉村教育和小型學校資訊交換中心開展的這種教案時說：「事實證明，隨著時間的推移，這些變化比在傳統教案中形成的變化更加穩定。」自從二十世紀早期，露營教案就被用來幫助穩定情緒。一項研究證明，自尊心的提升對青春期之前的孩子作用最顯著，但是對任何年齡段的人都有正面影響。

荒野探險課程如果能小心管理，成效也是如此。一九九〇年代末期，耶魯大學的凱勒特在戴爾

（Victoria Derr）協助之下，就曾針對青少年參與的三大野外教學課程：學生保育協會、全國戶外領導學校、外展教育基金會，做過大規模的研究。凱勒特的研究報告指出，他們發現有這類野外體驗的學生，「高達七二％」的人覺得那是他們「有生以來最棒的」體驗。凱勒特寫道，「時下的年輕人常被提醒，說他們面對於自己社交和技術層面的複雜人生，幾乎沒有自制力。」凱勒特說，年輕人在荒野、戶外學習應付所須面對的狀況，有促進情緒、感情發展的功效。「這些影響，包括提高自信心、自尊心，變得更樂觀、更獨立、更自主。此外，由於完成這些事都需要和別人合作，也因此可以鍛鍊出多種人際能力，例如提高合作、包容、同情、親密、交友的能力。」而且，這些正面的結果可以維持很多年。先前有幾份研究也都有類似的發現。

露營經歷對身障兒童也大有益處。在一九九四至一九九五年之間，美國「國家遊憩與環境調查」在全國對一萬七千二百一十六人進行取樣。二〇〇一年，以身障人士為關注點，對資料進行分析後發現，他們對於戶外娛樂和冒險活動的參與，等於，甚至多於那些身體健全的人。其他研究也顯示，身障人士參與了最具有挑戰性的戶外娛樂活動，他們就像那些身體健全的人一樣尋求戶外的刺激、挑戰和冒險。

研究人員同時發現，身障人士在露營經歷中獲得了體態上的提高和舉止上的進步。透過對十五個包含專門針對身障兒童（學習能力障礙、自閉症、感知障礙、輕重度認知障礙、身體殘疾、外創性大腦受損）的露營式夏令營進行研究後發現，參加這些教案的孩子在主動性和自我引導方面都有所提高，這些能力也轉移到他們的家庭和校園生活中。

輿論針對立基於自然的恢復性力量的露營和戶外教育的擴展，掀起了一場激烈的論戰，內容與健康息息相關，和對S'more（以棉花糖和巧克力做成的夾心餅乾）及營火的懷舊相比，前者是個更有市場的賣點。也就是說，我們從本質上需要露營的復興。

這裡有一個計畫可以實現另一種未來：那些關心兒童的機構，譬如教會、猶太教會、探險組織、娛樂節目、商業集團、自然保育和藝術團體，應該共同合作建立一種新的公共教育模式。美國的每個學區都應該與一個或多個當地野生生物與兒童保護區合作。創立並經營這樣的地方，遠比建更多的磚頭水泥科學實驗室便宜得多（雖然我們也需要更多的實驗室），也比購買最新卻又將馬上過時的電腦更有必要。這些保護區也可以成為高等教育向自然史回歸的重鎮。另外，他們還應該在全美推動重新對責任法進行審查。

這種自然教育保護區可以作為學校改革的一部分。

兒童生活保護區

華盛頓的班布里奇島為建立新型戶外教育保護區提供了一個可能的示範。大型軟體公司阿爾達斯（Aldus）的前老闆黛比．布雷納德（Debbie Brainerd）和丈夫保羅．布雷納德（Paul Brainerd）在島上買下了一〇三公頃的土地，並將其變成非營利性的普吉特海峽環境學習中心，《西雅圖郵報》稱其為「一個價值五千二百萬美元、面積一百多公頃，將太空站科技、寧靜的田野和《湯姆歷險記》的小島融為一體的設計」。報導指出，黛比稱此處為「學習的神奇之地」，尤其是對低收入、條件不好的城市年輕人而言。那是一個能讓老師和同學們待上一陣子，用「五種感官學習科學、數學、藝術、寫作、科技、文化，以及各個學科是怎樣聯繫在一起」的地方。在那裡，一座被稱作「鳥巢」的節能學生宿舍是用手伐的原木建造而成的，還包括一間「泥療室」。博物館捐獻的化石被鑲嵌在岩石壁爐上。但是，孩子把大部分時間花在戶外探險上。這個注重與自然接觸的學習中心被稱為「世界上最創新的環境教育中心」。雖然並不是每個社區都有像布雷納德夫婦這樣的捐贈者，但是花錢修建磚石、灰泥教室，以快速增加小規模的兒童或自然保護區是可能且實際可行的。范德荷芙（Candy Vanderhoff）說過，教育的未來在戶外。她曾經帶著我沿一條峽谷穿過陰涼的樹林，看著孩子們一個個散布在田野上寫作、傾聽。范德荷芙是建築師，也是業餘的原住民居所研究者。她個人的計畫是在南太平洋小島上的棚屋永遠消失之前，將它們都拍攝下來並編目。幾年前，她設法到了墨西哥的蒂華納，幫助享譽國際的藝術家哈貝爾（James Hubbell）創立了一所由泥土、石頭和磚瓦建造的學校。二〇〇一年，哈貝爾竭力勸說她負責一個在克雷斯特里奇生態保護區的青少年教案。這個保護區在加州的埃爾峽谷附近，是一片十．五平方公里的山地，那是我曾和林區的男孩們一起去過的地方。

克雷斯特里奇是一個新型的公園，一部分是日間露營區，一部分是自然保護區。這種模式是美國一些社區正在創建的，也是其他社區應該效仿的。一些組織，包括格拉尼特山高中、一個叫做「偏遠地區土地信託」的自然保護組織和哈貝爾的公司，都在這一事業上通力合作，貢獻力量。我第一次到那裡參觀的時候，哈貝爾和他的兒子德魯正打算建一個詹姆士說的那種「在小徑盡頭的自然涼亭，一扇隔開不同世界的門，讓人擺脫一種環境進入另一種環境」。范德荷芙說，建造的亭子將是結實耐用、能被生物分解、能再利用的。

那天稍晚，我們徒步穿過枝條錯節的橡樹林，加入一群圍成半圓的學生，他們坐在一棵幾乎在路易斯和克拉克[10]還守著不動產的年代裡就發了芽的老橡樹下。孩子們坐在大花崗岩石塊上，那些大石塊上布滿了很久以前庫米亞（Kumeyaay）印第安人碾磨橡子時磨出的一拳深的孔洞。這群孩子正在聽Kumeyaay.com的創始人班尼格斯（Larry Banegas）講課，他的網站講述庫米亞人的歷史。

班尼格斯在附近的巴羅那保留地長大，他教授的是被他稱做「傳統知識」的東西。他對孩子們解釋說，庫米亞人「不是游牧民族，他們半年住在山上，半年住在海濱」，並且遠離在原野上閒逛的人。他們還有其他技巧：他們用火開發叢林，同時保留可以做成食物和藥材的植物；他們修建水壩來擋住河沙，使河床升高，為水田芥、野芹菜和萵苣創造新的濕地。這種對土地和水的操控，與印第安人生活的原野不曾被人類改變的伊甸園式的神話是相矛盾的。相反地，班尼格斯所講述的內容，使頗具爭議的哥倫布發現美洲大陸以前的西半球新理論更有分量：那裡比我們想像的更有人跡和文明。

我想知道：關於人類對自然的介入，學生們將得到哪些知識呢？他們會明白，人類為了維護自然，為了生存，一直在重塑自然嗎？這個問題將是未來環境保護論的核心。

那天上午稍晚，我對范德荷芙說起一件令人氣惱的事。根據各地自然保護區的規定，孩子們是不允許在克雷斯特里奇生態保護區裡建造樹屋或堡壘的。但是我們之中的許多人，包括那些環境保護主義者，最初都是透過在樹林中建造堡壘融入自然的。當孩子不能再那樣做，剩下的只是待在溫室裡，結果將會怎樣呢？

范德荷芙思考了一下這個問題，走向她的車，拿回一本寫加州印第安人生存技巧的書。她指著一幅棚屋的插圖，一個庫米亞人用柳枝搭建，用草刷和毛紗覆蓋的藏身之所。「在這裡！」她微笑

10 指路易斯與克拉克遠征（Lewis and Clark expedition, 1804-1806），是美國首次橫越大陸西抵太平洋沿岸的考察活動。這支遠征探險隊的成立，旨在實現美國總統傑佛遜向西擴張的主張。領隊為美國陸軍的劉易斯上尉（Meriwether Lewis）和克拉克少尉（William Clark）。

著說：「孩子們可以在這裡建這個，那不是很棒嗎？」

確實很棒。

正如我們看到的那樣，現在的年輕人成長在美國的第三邊疆。雖然這一邊疆還沒有完全成形，但是我們知道它的基本特點。這些特點包括：離食物來源愈來愈遠，農家消失，生物絕對性消失，人類與動物之間產生了新的矛盾關係，新興市郊縮小了野外空間，諸如此類。在這快速變化的時代，我們能趕在前面開闢出另一個邊疆嗎？

第六部
仙境：開闢第四邊疆

我們不只是從某處逃脫
也在融入……我們已身屬一個最偉大的共同體，
一個和萬物分享生命奇蹟的共同體。

——克魯奇（Joseph Krutch, 1893-1970）

第十八章　柴契爾法官的教育：自然遊樂的合法化

有時候，馬克吐溫作品中的湯姆和哈克，似乎應該從樹林中回家，插上蓓姬的PS遊戲機，學打新一代的《俠盜獵車手》。如果蓓姬的父親柴契爾法官重新審視涉及孩子、娛樂、環境和土地所有者責任的法律體系，他可能會對如此之多的法律禁制和對房屋所有者的合約感到困惑。這些限制，從頭到尾就只偏愛電源插座，而非任何自然遊樂。

就這類事尋求法律建議，柴契爾法官可能會登入線上法律資料庫Lexis Nexis進行研究。他很可能會抓住我們法律架構中最明顯的一點：所謂的「遊憩之用」——近年來已有許多州實施這一法規。

「啊，可能會滿意！」他也許會喃喃自語道。

這些法律就是為了鼓勵土地所有者允許他人在自己開發的土地上進行遊憩。例如《加州民法》第八百四十六條：「平衡日益增加的遊憩地需求，和土地所有者對在他們的私人土地上進行遊憩的人的責任顧慮。」該法規言明，財產所有者「沒有責任保證出於任何遊憩目的而進入其所擁有土地的他人安全，或者對危險情況提出警告……」換句話說，土地所有者允許他人在自己土地上遊憩，但不用保證他人的安全。但是，在土地所有者出於某種考慮「蓄意或惡意不防止危險情況，或者就危險情況做出預警，而其又出於其他考慮允許他人進入的情況下，」該法規並不限制責任。

「無論那意味什麼，」柴契爾法官可能如是說。

此外，該法規沒有保護土地所有者不被「如果明確受到邀請，而非只是被允許進入的人」提起訴訟。該法規沒有特別提及孩子；涉及到孩子的案例要根據判例法。然而，其中一種解讀的角度是：一位邀請孩子使用該財產或監督他們玩耍的家長（或者自己的孩子邀請另一個孩子過來玩），比起那些不知道誰在那裡玩耍的家長，或者只是大概說「可以玩」但沒有看著他們的家長，更容易被起訴。

這時，柴契爾法官可能會靠在椅背上，推推眼鏡，總結出他可能已經滑入另一個宇宙，還不僅僅是另一世紀。

的確，不同的律師查看這一法規可以有不同的理解。最終，責任就由某一特定法庭的解讀而決定，退一步說，法庭的解讀並不是一致的。例如，一九七九年，在聖塔克拉拉谷的一位加州法官，就判定這項遊憩使用法規不保護一位財產所有者免於責任。在這個案例中，一個小女孩在騎車通過位於私有土地上的一座橋時摔了下來。由於她不是在「遊憩」，土地所有者被判應該為女孩的受傷負責。明白了嗎？然而在另外一起案例中，一位土地所有者得以豁免，當一個孩子在他的土地上爬樹時受傷了。

「去查清楚！」柴契爾法官可能會大叫道。

透過進一步的思考，他可能想辭去法官而改行當一名出庭律師。一邊切著羊排，他可能會開始想湯姆油漆柵欄的事，從公有人行道？還有那個在洞穴中發生的事故——和他自己的女兒！又是誰擁有那個洞穴？

「為什麼？竟有這種想法！」他可能會說，「蓓姬，馬上過來。我想問妳幾個問題……」

自然侵權法的改革及其他修正條文

害怕負責是阻礙在自然中玩耍的一股強大力量。第四邊疆的目標之一，應該是對私有土地管理和遊憩的法律進行全國性評估，尤其是涉及孩子的部分。評估過程應該公開，邀請父母、孩子和孩子遊戲方面的專家，以及其他人來提供意見。目的應該是保護孩子的安全，及其在自然中玩耍的權利。討論的焦點應該集中在減少父母和孩子的憂慮，以及律師的擔心，那些擔心和憂慮即使是無意識的，也會在孩子和自然之間增加現代的障礙。作為這樣對話的一部分，社區管委會應該重新評估他們制定的合約，看看哪些條款使得在自然中的玩耍成了違法行為。政府也應該採取同樣的行動。這個問題不僅是法律議題，也是精神議題。

在公共領域解決問題的途徑之一是官方態度轉變。很多對孩子玩耍的限制，尤其是為了保護環境制定的法規，如果能合理應用將是理性的。例如，與其不做任何解釋就發傳票，或者把孩子趕跑，公園管理者可以對孩子進行自然教育，教各個家庭和孩子如何在不破壞自然的情況下享受戶外活動。很多管理員已經開始這樣做了——在人員充足、任務並不繁重時。但是，讓我們面對現實吧。只要城市繼續過度發展住宅區，公園和其他可以自由玩耍的地區發展不足，那麼我們社區的公園和海灘將會被需求擠垮，必然會有更嚴格的法律出爐。因此，最終的修正措施不該是提高對瀕危棲息地的限制，而是創造或保護更多的自然地帶讓孩子玩耍，包括空地、深谷和我們自己社區的後院，使私人少受法律訴訟和罰款。

面對訴訟，解決途徑就是創造更多自然景觀的公園，和更有保障的私人玩耍場所，最終應該成為像克雷斯特里奇保護區那樣受法律保護的自然遊樂保護區。環境為本教育專家索貝爾提出了創設「環境代價區」（environmental sacrifice zone）的建議，要是你願意，也可以稱之為「遊戲保護區」。「有一條小溪，孩子們可以在那裡建水壩什麼的，玩耍的意義大於一切，對於環境長遠的發展是值得的。」他說，「孩子們不應該在沙丘上玩耍，因為會造成水土流失，動搖海邊房子的地基。雖然會產生一點破壞，但是孩子們應該有沙丘玩。在我說這些話的時候，人們會對我翻白眼。你對樹上的小屋也可以發表同樣的觀點，樹上的小屋毫無疑問會破壞樹，但是比起孩子們在樹中玩耍所學到的知識，對樹偶爾的破壞卻沒那麼重要了。」

即使創造許多可以玩耍的地方，家庭和社區仍然會面臨一連串法律、法規，和個人對戶外活動的限制。然而我們可以選擇。

私人社區可以參照美國滑冰公園協會的方法解決責任問題。這個機構是一位來自聖塔莫妮卡的母親於一九九六年創立的，私人公園每年會費四十美元，城市公園每年會費一百二十美元，滑冰人可以只支付象徵性的費用就能報名參加。得到的回報是，滑冰人在獲認可的公園或其他地方受傷，可以得到十萬多美元的醫療保障，如果是在這個公園受傷的話，另外還有一百萬美元的意外責任險。這種安排顯然有可能建立更多可供自然遊樂的地方。山巒俱樂部（Sierra Club，美國歷史最悠久、規模最大的保育團體）或其他主要的環境組織，將來某一天也可以提供一個類似的團體保險政策。

另外一個選擇是，每一個家庭，無論有沒有孩子，都考慮增加其責任保險的範圍。根據美國保險業協會的建議，標準的屋主保單應該包括像是樹屋事故的責任，但是屋主仍應檢查一下自己的保險涵蓋範圍。典型的屋主保單理賠的現場事故保險僅僅十萬美元，一些保險專家建議購買額外責任險。事實上，購買什麼都保的傘覆式保單並不貴，通常是每年二百美元，但是可以提供一百萬美元的保障；若再加五十美元，就可以得到額外一百萬美元的保障。有的傘護式保單還包括空地的保險。問題是如果界限劃在一百萬美元，就會有人提起訴訟，要求賠償二百萬美元。如果沒在法律上進行改革，或加強同行審評制度來阻止令人討厭的訴訟，事情何時才有結束的一天？

「文化已經感染了畏懼法律的心理了，」菲力普．霍華德（Philip K. Howard）說，他是《常識之死》（*The Death of Common Sense*）、《公益崩解》（*The Collapse of the Common Good*）二書的作者，也是兩黨聯盟「公益」的創辦人，公益聯盟的顧問團從保守派到自由派都有，如前參議員布萊德利（Bill Bradley）、前總統候選人麥高文（George McGovern）、前眾議院議長金瑞契（Newt Gingrich）、前聯邦參議員艾倫．辛普森（Alan Simpson）等等。霍華德希望重建社會大眾對法律的信賴，同時研議出一套判定風險是否恰當、健康的標準。霍華德表示，「由民調和焦點團體訪談得知，教育人員只要有辦法避開法律訴訟，就沒有什麼不願意做的。」

二〇〇五年七月，《南佛州太陽先鋒報》（*South Florida Sun-Sentinel*）有報導指出布勞渥郡在一百三十七所小學裡立了「不准奔跑」的警示牌，這是該郡要減少校園傷害和法律訴訟的手段之一。校園裡的旋轉椅和鞦韆已成歷史陳跡。「這些東西會動，會動的東西是校園傷害的頭號殺手，」布勞渥郡的校園安全督學作出解釋；就是他下令在校園設立「不准奔跑」的牌子的。那水泥的爬行管呢？找不到了。「這樣的東西愈長，就愈可能有流浪漢躲在裡面。」這是他的解釋。只是，怕成這樣，有道理嗎？端看你要相信哪一份研究報告：看看美國社會大眾興訟的衝動是往下掉呢，還是持平？抑或是短期停滯後又往上揚？

這類統計數據莫衷一是，加上大部分的案件都於庭外和解、未詳加追蹤，而致雪上加霜。另外，威脅提告的數字也沒人記錄，這類事情對社會大眾行為的影響可能比法官、陪審團還大。其實，有些消費者律師還認為有的公務員是因為別有用心，才動不動就祭出可能挨告的招數，畢竟，比起把公家的錢投入蓋新的遊樂場或雇救生員這類的事，這樣做要簡單、便宜得多。不管事實到底如何，觀感決定一切。

而要正面迎戰觀感問題，就要在好幾道前線發動戰事：引進「相對風險」（comparative risk）作為法律和社會標準，推出新式保險，設計安全的公共遊樂場並給予法律保障。

「公益」也呼籲美國法界要超脫目前「侵權法改革」的概念，進行全面性的改革；目前的侵權法改革重點幾乎只放在限定訴訟賠償的上限。沒錯，權大勢大的被告，有的時候若沒有鉅額賠償，未足以嚇阻犯行。不過，損害賠償訂下上限或是擋下興訟的管道，不僅未能減少興訟的數量，而且，依據霍華德說法，只保障了一邊：「這樣的作法少了我們這種指導原則：以社會全體為著眼點。」「公益」就呼籲法官和立法人員提出更明確的標準，講清楚怎樣的人可以告怎樣的事。除了已經提出來的改革之外，霍華德也呼籲成立公共危險委員會，就社會大眾日常生活有重大變化的領域，詳加檢討，「像現在大家熱衷的戶外活動、兒童的遊戲等等」。

英國在這上頭顯然就比美國跑得快。二〇〇三年，英格蘭有一名十八歲的青年湯林遜，在公共湖泊因為跳水的角度太陡而撞斷了脖子。那時，柴郡議會已經知道有這風險存在，也立了「不准游泳」的警告標語，還計劃在岸邊倒廢土、種水草，準備封湖。不過，湯林遜在湖還沒封住之前就先一步跳水了。他的律師辯稱柴郡議會應該早一點行動才對，而官司最後是湯林遜贏了。但是上訴後，判決又被推翻，法庭認為賠償的主張是否成立，非僅繫於意外是否可以預見，也在「衍生該風險的行為內含的社會價值」。若是判准湯林遜賠償的請求，就會否定成千上萬人遊湖的樂趣。法院於判決文內以這一段常識作結語：「此中有自由是否得以保全的重要課題……法律是否應該因為有青少年可能會爬樹摔下來，而下令把樹木全都砍光？」

值此等待司法改革之際，環保律師施密特（Brian Schmidt）另有一看法，可能有所助益。施密特是「綠丘委員會」的律師，綠丘委員會是舊金山南灣的環保團體。為了將「自然遊樂」鬆綁，他提議創設他說的「讓兒童走出戶外法律扶助基金會」，一些特定機構或是個人若是因為鼓勵兒童到戶外玩樂而遭人濫訟，就由這基金會支付訴訟費用。基金會的志工律師接案的重點會放在譁眾取寵的無謂案件上面，或者是案例即可能創下很糟糕的判例。他自己倒是不太相信戶外遊樂產業會願意出錢成立這樣的基金會，「顯而易見，不管這主意有再大的功效，還是沒辦法扛起每一件濫訟的法律費用。」他還加了一句，「不過，不無小補，而且，被告一知道花費可能拿得回來，就比較不會隨便和解了。」而這樣也等於是向社會大眾說明：自然遊樂依然有價。

不要放棄

制訂戶外遊樂法律上的混亂，將是第四邊疆面臨的最大挑戰。但是為了鼓勵其他積極變化的發生，必須降低社會的訴訟障礙。

「在過去，如果小孩子或十幾歲的青少年，在鄰居家院子或學校的人行道上摔斷了一條胳膊，父親的保險公司會付醫院的帳單。」康多密提（Jim Condomitri）說。康多密提是一個孩子的父親，住在加州埃斯康迪多。「我們的父母主動承擔了意外事故、粗心或故意行為的責任。現在因為七位數的獎金在我們的腦海中跳動，我們翻開電話簿，在上面搜索能夠為我們在學校、市政府或保險公司的口袋裡釣錢的律師。」

的確，在很多案例中，因訴訟所受的傷害要比被狗咬的傷更嚴重。當康多密提的社區開始禁止在街道上玩球時，他認識到了這一點。這種遊樂可能不包括自然，但是至少是直接體驗，是一種戶外的活動，而不是模擬體驗。康多密提仔細鑽研市政當局那些措辭模糊的法律條文，發現沒有法律依據禁止這種遊戲，除非孩子們確實阻礙了交通的順暢。「家長和孩子不應該這麼輕易就放棄，」他說。好消息是，他們不必放棄。

糟糕的法律可以被修正；保護不被爛訟的執行力可以加強；新型的自然娛樂區域可以被建立——甚至可以打造新的城市和城鎮，在那裡，自然是受歡迎的，兒童和成年人在自然中玩耍稱為正常現象。

第十九章　野生化的城市

茱麗亞是珍妮特的女兒。因為要去華盛頓大學讀書，她從西維吉尼亞搬到了華盛頓。她在甘迺迪中心經營一輛流動小吃車，有時她把車開到屋頂的平台上，可以看到靜靜流淌的波多馬克河。一天傍晚，她發現那裡有個男人和他的兩個孩子。女孩和男孩目不轉睛地注視他們的父親，而父親則在看著一隻盤旋的猛禽。

「牠不是土耳其禿鷹，」父親說：「不過你們就快猜到了，牠有可能是什麼鳥呢？」孩子們又仰起頭向上看去。

「是老鷹，」男孩說道。

「比老鷹溫和，」父親回答說，「是哪種老鷹呢？」

「是白頭鷹嗎？」女兒問道。

「不是。哪種鷹在水邊飛行呢？」

茱麗亞講述這個故事的時候，差點就把答案說出來了，這時男孩說：

「吃魚的那種？」

「正是。牠是魚鷹。」父親說，「那好，下次你們怎樣辨認出牠來呢？」

此時，茱麗亞一邊繼續做她的工作，一邊回想著剛才的對話。

她的母親曾耐心地帶著她一起探索自然，因此她能理解孩子提出的問題，能與他們產生共鳴。

「即使在華盛頓這樣的城市，也有孩子像那樣成長，想到這我就很振奮。」她說，「直到這一刻之前，所有的事實都令人失望，因為在大學裡，我認識的人沒有一個能認出魚鷹。城市中的自然是最頑強的——在某些方面這使它成為我最喜歡的一種自然。」

目前，愈來愈多的生態學家和倫理學家對「野生動物在城市無處藏身」這一假設提出質疑。有些學者讓人們將城市想像成一個「動物園城市」（zoopolis），這個詞正是南加大教授、城市永續發展專案主持人沃兒許（Jennifer Wolch）用來與「大都市」（metropolis）諧音的詞。她設想透過計畫用地、建築設計，以及公共教育，將城區轉化成野生生物棲息地。

對於大多數人來說，這是一條艱辛的路。聽聽我們在說什麼——我們在談論城市邊緣的「空地」（那根本不算空地，而是充滿了非人類的生物），還有「改良」土地（把地推平、填平，上面再蓋起汽車維修廠）。多數有關城市的理論忽視了非人類生物物種，最進步的建築學院也同樣如此，即使推土機正在不停地挖山開荒。然而，如沃兒許所說，向「動物園城市」轉變的趨勢雖然罕有記載，但由於很多實際的因素，這現象已經在美國某些城市出現。例如，不間斷的景觀美化導致生物物種貧瘠，加大了環境的水依存度。這促使某些乾旱地區的城市鼓勵種植原生植被，既毋需費心養護，又有益於野生生物生存環境。

這一理念的中心思想，即對親生命性的心理需求——是提高生命的自然根基感。包特金（Daniel Botkin）是聖巴巴拉環境研究中心主任，他認為「如果人們意識不到城市是環境的一部分，那麼我們大多數人認為是自然的荒野就很難倖存」。哈佛大學設計學院的伯得斯利對新型市區和郊區景觀美化抱有同樣的希望，這樣，我們的孩子，孩子的孩子，今後便可以在此環境中茁壯成長：

> 我們必須在城市和郊區維持著良好的生態系統，我們必須堅信文化（儘管它可能一時間偽

裝成別的樣子）始終是現實世界的焦點，始終具備真正的問題和可能性。在購物中心或主題樂園裡，這意味著什麼呢？你能想像一個本身就是景觀，且能源上自給自足，能獨立處理廢水及原材料回收再利用的購物中心嗎？你能想像一個集娛樂、教育、環保為一身的主題樂園嗎？我想沒什麼不可以。我們在市場中創造了一個「自然」，當然要有能力改變它。

根據當前生態學理論，只保護城市中的野生生物生態區是不夠的。一個健康的城市環境需要可以用來實現動態遷移和基因多樣化的自然廊道。設想這樣一個理論適用於整個城區，野生自然廊道不僅在地域上深入到城區，也深入城市居民的心靈。兒童將在這一全新的環境中茁壯成長，成年人在其中慢慢變老，自然缺失將被自然多樣所取代。

「動物園城市」運動興起

「動物園城市」聽上去像是個新的或者烏托邦式的概念，實際並非如此。一八七〇年代美國的「遊樂場運動」（playground movement）認為，城市裡的自然場所比鞦韆、棒球場等人工設施更有價值；自然被視為是對美國藍領階級（尤其是他們孩子）健康有益的事物。這一運動促使了一批國家級城市公園的產生，包括紐約中央公園。與其密切相關的是二十世紀初期的「健康城市」運動，將公共健康融入都市計畫中，甚至規定了公園、學校和周邊住宅區的距離。

遊樂場運動也受其他力量影響。二戰後，城市為了發展而繼續建造一些大型公園，但通常是事後想法，而且這些公園愈來愈不自然，很多公園是為了適應組織性體育活動的需要以及規避引起訴訟的風險。近幾十年來，不管是兒童還是野生生物，都沒得到都市計畫者的足夠重視——不難證明，這兩者在二十世紀初期反而得到了相對多的重視。從那時起，大多數遊樂場和公園面積的擴大趕不上城市人口增加的速度。同時，這些公共空間愈來愈被馴養、整平、被規範，以及變得無趣——而且在規畫設計這些空間時，根本沒有將野生生物考慮在內。沃兒許注意到關於城市發展的討論根本就沒有涉及野生生物；新城市主義者傾向把永續發展定義為一個主要與能源、交通、住家、基礎設施有關的問題。

即使是自然作家也忽視了城市和郊區中的環境。《洛杉磯時報》上刊登的一篇城市自然運動倡導者、自然主義學家、《飛行地圖》（*Flight Maps*）作者普蕾斯（Jennifer Price）的文章：「一九九〇年的《諾頓自然文學文選》（*Norton Book of Nature Writing*）中，共九十四位作者撰寫的九百頁文章，很難理解大多數人在城市度過他們的大半生。」在《飛行地圖》中，普蕾斯主張：「除非你考慮如何使大多數人居住的環境可以永續發展，否則你無法保護野生環境或瀕危物種。」這一運動超越了傳統對公園的關注，重新定義了都市計畫、建築和修復那些失去的東西。據《時代週刊》報導，目前大批的社區團體、建築師、都市計畫專家、工程師、作家、官員和政治家聚集在一起，修復洛杉磯河域，使它不再是一條溝渠。

時代在變化。沃兒許講述了透過讓動物回歸城市，使城市「重現迷人風采」。她的觀點充滿了動物權哲學的色彩，事實上，她認為使城市重新自然化的主要受益者是動物。「一直以來，一致認可的動物與人的分界已經瓦解了，」她寫道，「對後啟蒙運動科學的批判，填補了動物與人之間的斷層。她也批判了現代科學中根深蒂固的人類中心說和男性主導說。人們對動物的思維和能力有了進一步了解，從而揭示出動物的行為和社交活動有著驚人的廣度和複雜度，而人類生物學和行為學研究則強調，人與其他動物沒什麼區別。人類的獨特性因此受到廣泛的質疑。」

我們之中一些人，也包括我，對人與動物形成的新關係不太認同。我們尚未準備通過負鼠居住問題的法案。我們當然承認，一個失去自然本性的城市或郊區環境，對兒童或土地都是不利的。我們追求的並非充滿爭議的再結盟，而僅僅是一種重新恢復的、對自然的依附。即使能達到和解也說明了其中的進步。

城市和郊區比我們想像的廣闊得多，還有很多不為我們所知的根深蒂固的特性。二〇〇二年，據《紐約時報》報導，紐約布隆克斯區和皇后區仍有原始森林遺跡，皇后區一棵存活了四百二十五到四百五十年、高二十三公尺的鬱金香屬植物，是紐約市最古老的生物。據《時代週刊》報導，在布隆克斯區的佩勒姆灣公園裡有「自十八世紀開始生長的樹木，稀有鳥類和植被在這些樹上旺盛繁殖」。正如我們要違反直覺地規畫休閒時間，要注意孩子獨處的機會，我們必須像保護野生生物那樣管理城市地區。「如果我們能意識到，在很多地方人與動物是共存關係，我們就大有機會獲益。美國最大的自由生態系統就是郊區居民。」野生生物學家、著名的永續發展社區營造專家布里德洛夫（Ben Breedlove）寫道。

事實上，城市或郊區居民與野生動物愈來愈接近的特殊現實，是現代的顯著特徵之一。這是一個諷刺，因為即使年輕人與自然脫離了，這種情況仍會發生。野生動物湧入城市或郊區可能促使人們重新思考：誰應該住在城市裡，為什麼？沃兒許寫道：「城市邊緣快速擴張，讓許多物種進入了住宅院落和公共場所，包括食肉動物，這讓不了解牠們行為的居民感到惶惶不安，對牠們的出現感到不知所措……因此野生動物的出現經常引起爭論，甚至衝突：野生動物傷害訴訟、狩獵比賽、消滅行動。簡而言之，如果你在聖塔莫尼卡發現一隻美洲獅，你將如何處理呢？」她指出，自然的破壞力和控制力對多數人來說都是不受歡迎和無法接受的。「人對與野生動物共存的藝術依舊相當陌生。」

據沃兒許所說，公眾愈來愈意識到「不斷的景觀美化導致了生態貧瘠、物種單一化的環境。這使得某些城市實施重視本土物種的法律，以緩解能源依存度，為野生生物創造棲息環境。」她同時指出，城區中出現了愈來愈多的民間運動：致力於保護某一種野生動物及物種群量，或保護城市中的峽谷、森林、溼地和其他野生生物棲息地。即使在科學界把人和動物的身體商品化的時候，沃兒許和其他人仍察覺，大眾愈來愈意識到，野生動物本身也是有其生存權利的生物。

「景觀都市主義」為這想法的理論基礎。肯特州立大學都市計畫中心主任杜拉克（Ruth Durak）將景觀都市主義定義如下：

> 景觀都市主義是號召人們徹底改變都市計畫，由露天場所、自然系統開始，逐步進行到構建城市形態，而非建造樓房和基礎設施。景觀都市主義重新規畫了城市設計的意義和重點：它強調將空地的利用放在首位，而非建築形態；提倡不確定性，改變一成不變的建築模式。它喚起了自然週期性的自我修復能力，也試圖讓它在城市中發揮作用。

另一個更流行的指標性概念是「綠色城市主義」，這是一種超越了目前美國流行的「新城市主義」的新方法。新城市主義一直著重在營造更好的郊區環境，卻忽視了城區生態，而綠色城市主義較關注能源議題，甚至超越了城市的永續發展問題。事實上，綠色都市主義迅速發展中，尤其是在西歐。

綠色都市主義：西歐案例

芬恩（Huck Finn）離開家鄉來到荷蘭。照片中的男孩就是他：撐篙乘著木筏，朝小溪般的運河下游划去。這裡是德拉赫藤市的生態村，運河兩岸蘆葦叢生，莫拉公園碧柳垂絲。

這種景色在今天的美國已經很少見了。在這裡，人們仍然「傾向於認為，真正的自然只能存在於原始的、最遙遠的文明盡頭，而這些地方與現實人類社會毫無關係」，美國維吉尼亞大學建築學院院長、當代「永續建築」旗手麥唐諾（William McDonough）寫道。奇怪的是，這種想法在為數眾多的土地開發者和少數的環境主義者當中都引起了軒然大波。眾多的土地開發者只提供給我們一個選項——並稱之為選擇。有些環境學家抱怨：為什麼呢？因為如果人們開始考慮在城市裡重建自然，那麼他們將以此為藉口向郊區蔓延。這種想法也許是合理的，但是正如麥唐諾所說，主流城市或郊區規畫「根本無法滲透到自然中，以至於我們實在太容易將敬畏留在國家公園的停車場」。

與此相反，西歐部分城市和郊區實施保護再生自然政策後，變得更有活力，更惹人喜愛。正如前面所提到的，在維吉尼亞大學教授比特里所著《綠色城市運動：向歐洲城市學習》中，芬恩在莫拉公園愉快地順流而下。在莫拉公園的封閉水渠循環系統中，用風力發動機來分流城市暴雨積水，然後將其循環至生長著蘆葦和其他植被的人造溼地，讓這些植被自動過濾積水——潔淨程度可以讓居民們在水中游泳。

與此相似的荷蘭「綠色屋頂」（Het Groene Dak）的發展規畫，其具體表現為構建社區內部的花園，「為兒童玩耍和居民社交提供一個野生、綠色、機汽車禁行的場所」，比特里寫道。在瑞士郊區，有個與此相似的生態村，「大面積的森林和自然土地被保留下來，沒有開發」。為了減少對自然的影響，建造房屋時以柱子支撐，設計時也盡量「使它們看起來好像平白無故矮了很多」。

他描述了歐洲多得讓人吃驚的綠色城市：有些城市半數土地用於森林、綠化和農業；有些城市不僅保護周邊的自然，還把城區內部的一些地方重新恢復成森林、牧場和溪流。這些社區人口密度比我們大，環境卻更適於居住。自然，甚至是荒原，與住宅區也只是幾步之遙。與「城市事物和自然事物的歷史對立性」相反，他寫道：綠色城市「基本上都處於自然環境中，而且，人們可以重新構想綠色城市，讓它們以自然的方式運轉——它們可以修復、滋養自然，使其充滿活力」。

「綠色屋頂」愈來愈普遍。由植被、天然草地，甚至是樹木覆蓋著，這樣的屋頂有防止紫外線、淨化空氣、控制暴雨積水的作用，還有益於鳥類和蝴蝶，而且夏季時可為房屋降溫，冬季時可為房屋保暖。使用壽命的價值遠遠超過建造初期的費用。從空中俯瞰，這片綠色好像蔓延的田野。愈來愈多的建築師把常春藤和其他植物形成的「綠牆」納入設計中，既使建築外觀更自然，也能防止塗鴉。

比特里說：在人口密度增加的同時，設計者們在創造「通常是野生的未開化」綠色空間。不僅建築師提倡這項活動，都市計畫也倡議這種做法。譬如在芬蘭的赫爾辛基，綠色空間綿延不絕地從市中心延伸到城市北部的原始森林。

瑞士蘇黎世大約有四分之一的土地面積被森林覆蓋。這些空間大多數都是祖先留下的，由古老的皇家莊園改造成公共用地，但綠色城市運動並沒有到此為止。很多城市正在修復河流和小溪，它們的天然河岸曾被混凝土人工化，有的則被導入地下。蘇黎世的目標是修復四十公里長的市內河流，並在其沿岸種植本土樹木和植被。

在荷蘭的台夫特，一個縱橫的自行車專用道路網把周邊社區和主要景點連接起來。荷蘭的一項計畫呼籲，在一條二公里長的公路上建造生態屋頂，作為人行道、自行車道以及野生生物通道。

另一種趨勢是創立或購買城市農場。瑞典的哥德堡市周邊有六十個農場，有些對公眾開放，居民可以自採漿果和蔬菜；有供兒童遊玩嬉戲的農場；還有作為身障人士專用的騎術訓練場。新建的居民中心，還可見小片的牧場、牲畜和農場建築。

學校也在逐步轉型。蘇黎世正在重新規畫學校，建築周圍的水泥路面變成了樹林和草地。通過鏡面反射系統，一所學校的學生可以在教室裡觀察並監測太陽能發電系統，以及綠色屋頂上的生物。支持者說，這種設計不僅僅實現了審美價值，而且兒童和成人在自然化的環境中，更容易集中精力，學習效率更高。

比特里在他倡導的這場美國綠色都市主義運動中，愈來愈關注對兒童的影響。他和妻子在荷蘭居住的那些年裡，他們被孩子的自由程度深深觸動——孩子面臨的交通安全問題大大減少，可以騎公共自行車、乘坐公共電車獨自出門。

他們印象最深刻的是，為兒童嬉戲而新擴建的野外空間愈來愈多——在這裡，孩子們可以挖土、建池塘甚至是小型堡壘。「他們無所顧忌，」他說：「我們還發現，孩子對家長不那麼叛逆了——我們很少聽到孩子們說：『我媽媽哪兒也不讓我去。』也許部分原因是文化造成的。在荷蘭你很少看見針對孩子的商業資訊，但主要還是設計因素。現在我們回到美國，有了我們自己的孩子，我們更加意識到創造一個不同的生活環境的重要性——一個更親近自然的環境。」

許多美國人認為這種生態烏托邦的想法很奇怪，甚至很危險。歐洲綠色城市主義證明，有一種選擇，對於城市的未來是實際可行的，這也給美國城市先驅者點燃了希望。他們同意麥唐諾的觀點，認為城市應該「為人們提供庇護；淨化空氣、水和靈魂；修復並充實我們的星球，而不是僅僅消耗資源，破壞環境」。誰知道呢？如果這種想法得以傳播，也許芬恩就會回到他的家鄉。

重返綠色美洲

二十年前，我去柯伯特（Michael Corbett）住的地方拜訪他，在那裡他好像生活在未來。柯伯特和妻子茱蒂在加州戴維斯的大學城種植著約三十公頃的番茄。在那裡，他們建造了「鄉村之家」，成為美國第一個完全由太陽能供能的住宅，也是現代綠色城市運動的最早典範之一。

柯伯特陪我參觀了這個二百個家庭的住宅區，純自然的環境讓我印象尤為深刻。在鄉村之家，車庫是可折疊縮攏的；房間的窗子朝院內開，對著開放式綠地、小徑和自行車道。在一個典型的社區裡，偶爾會看到修剪得像郵票一樣整齊的庭院，還有禁止或限制改變開發者設計概念的契約書。在鄉村之家裡，我看到了許多花園鮮花盛開，植物繁茂，夏天，屋頂攀爬著濃密的葡萄藤，遮蔭蔽日；冬天，葡萄藤變得很稀疏，讓陽光穿透而過。居民生產的食物量和農民一樣多。社區四周沒有門牆，而是被果園圍繞。柯伯特十幾歲的女兒麗莎詳細說道：「我們一大群孩子都是『收割手』，果園專門為孩子留出空間，我們去那裡撿拾堅果，再拿到村子中心露台的農民市集去賣。」

我們參觀時，柯伯特走到遠處邊界，用手擋著陽光眺望遠方，目光越過周邊的杏樹指著一片不屬於鄉村之家的公寓區。公寓的外表幾乎完全被白色灰泥覆蓋，在陽光下閃著光。一個小孩在水泥停車場慢慢為他的三輪腳踏車充氣。「快看那邊那個小孩，」柯伯特說，「他能去的地方有限，不是嗎？他要去哪呢？」

最近，我問柯伯特他是否觀察過在鄉村之家裡成長的孩子的行為，或他們家長的行為。「家長喜歡這裡因為孩子在這容易看管；這裡沒有混亂的交通，因此很安全。小孩子完全融入花園，從果園採收果實，這培養了他們對食物來源的尊敬。國中生們尤其對園藝感興趣——他們會自己去做園藝：高中生這樣做的少一些。有趣的是，二十年來，我在這裡從來沒有見過哪個孩子將番茄扔向別人。」

從來沒有？

「從來沒有。鄉村之家之外的孩子會這樣做。我們的孩子會趕走他們。」

試遍了所有方法，鄉村之家終於成功了。從鄉村之家建成之初，人們就排著隊搬進來。其中包括自由主義者、保守派人士、行動自由論者……這裡絕對不是反傳統文化的公社。二〇〇三年，加州大學戴維斯分校環境科學系的一位教授，告訴哥倫比亞廣播公司的奧斯古德（Charles Osgood）說，通常一戶鄉村之家居民的水電費是周邊居民的三分之一或二分之一。世界各地的開發業者和建築師紛紛來參觀鄉村之家。一些年過去了，類似的生態社區在西歐部分地區開始興起，綠色設計成為主流。

但鄉村之家在一個重要方面沒有成功。就柯伯特所知，在美國，沒有哪個商業機構願意推廣鄉村之家這一概念，這令他大為失望，他把部分原因歸咎於外表設計。不過，天空才剛露出一絲曙光。城市自然主義者和環境主義者的影響力愈來愈大，尤其在西北部地區。自然主義者、自然作家派爾稱讚波特蘭的城市自然主義者霍克（Mike Houck），表揚他努力創辦藝術社區使城市重現活力，和致力於城區河流的復育治理。「當溪流徹底擺脫充當暴雨時的排水溝的局面時，就是黎明時刻的到來。我們最終明白了親生命性和我們未來的聯繫。」派爾寫道。波特蘭的「城中之鄉」研討會推進了城市生態的多樣化，鼓勵西北部城市居民保護野生鮭魚。

比特里報導了一系列美國關於綠色都市主義的試驗。戴維斯城要求新開發區必須與貫通整個城市的林蔭道或自行車路相連。據比特里所說，「我們要實現一個重要的目標，即小學生可以從家裡騎車去學校或公園，途中不須穿過主要公路」。在奧勒岡州，波特蘭的綠色空間計畫呼籲在地域系統內，創造公園、自然區、林蔭路，以及野生生物和人類都能共用的試驗區。一九九七年，波特蘭州立大學的學生研究顯示，波特蘭商業區三分之一的屋頂都可以改造為綠色屋頂，而這種改造很有可能降低十五%的聯合汙水外溢量，為城市節省很大一筆開支。

許多研究顯示，綠色空間帶來的經濟效益是可觀的。例如，鄰近公園的住宅區居住條件上的受益。如果綠色空間採取合理設計，公眾所繳納的產業稅就更有所值，周邊環境更具價值，稅務登記的純收益也將增加。這些經濟上的刺激鼓勵我們搬出公寓，綠色公園（目前兒童利用的不多，他們更喜歡粗糙邊緣而非平整的綠地）向更自然的袖珍公園設計邁進。事實上，這種更好的設計是我們新發明的生活方式的一部分——創造動物園城市的有形實體。

動物園城市的典範是著名的奧勒岡州步道系統。被稱作「環形步道」，環繞著波特蘭地鐵線。一百年前，人們開始構想這個系統，計畫建造一條六十五公里長的步道。目前，這一系統已經達到二百二十五公里長，並繼續延伸。這條「環形步道」將公園、露天空間和鄰近居民連結起來。由此出發，其他線路以輻射狀深入郡、州以及聯邦遊憩區域。

綠色建築在美國正慢慢地流行開來。位於加州聖布魯諾市新建成的Gap公司辦公大樓，有一個由當地花草所覆蓋的綠色屋頂，《建築週刊》稱這一綠色屋頂「像周圍的綠色山丘一樣高低起伏」。這個屋頂可以減少達五十分貝之多的聲音傳播，並為附近的航空交通提供了聲音屏障。猶他州新建成的、有二萬個座位的耶穌基督後期聖徒教會會議中心，也罩著一個綠色屋頂。密西根州一個名為赫爾米勒家具廠的設計師們建造了一個收集、處理雨水地表逕流的溼地系統。比特里認為，目前最野心勃勃的設計大概就是位於俄亥俄州歐柏林學院新落成的「亞當・約瑟夫・路易斯環境研究中心」了。這一建築的設計使其可以脫離電力網而工作，建築可以處理自身的廢水，並透過坐北朝南的設計、屋頂太陽能、地熱管和節能措施的綜合作用產生電力。未來幾十年間，到了使用壽命的地毯也會在被更換下來後回收再利用。正像一位設計師所說的，歐柏林學院的這一建築「比其他建築都接近『像一棵樹一般運作的建築』這個比喻」。

位於加州聖塔莫尼卡市的勞勃・瑞福大樓也是一個綠色建築的好例子。這棟大樓是原建於一九一七年的翻修建築，是自然資源保護委員會的辦事處。勞勃・瑞福大樓比大多數建築少用約六〇%的水，因為它的屋頂可以接納雨水，地板是正在迅速取代傳統硬木的材料「竹子」做的，地毯是麻布製的，馬桶用雨水沖洗，小便池則不用水，因為安裝了吸收排泄物的特殊過濾裝置。

讓人吃驚的是，體現未來的最佳例子之一是芝加哥。在市長戴利（Richard Daley）的領導下，芝加哥通過發起一個令人印象深刻的運動，再次提出已有一百六十五年歷史的箴言：「花園中的城市」。這次運動不光旨在保護野外空地，同時意在重建野生動物棲息地、林蔭道、河流廊道，以及其他自然地貌，以擴大城市現有的三千公頃公共用地。戴利的目標是：把芝加哥建成全美國最環保的城市。受德國的屋頂花園啟發，戴利堅持把市政廳三千平方公尺的頂部設計成一個屋頂花園，這一屋頂花園，這對建築的隔音有一定作用，可以在暴風雨時吸收多餘的雨水，對防止污水外溢也有幫助，還扮演著巨型空氣過濾器的角色。

席格（Nancy Seegar）在美國規畫協會的出版品《規畫》（*Planning*）中報導：「這座花園已經帶來了一些預期的成效。在一次八月的熱浪期間，花園地帶的表面溫度在攝氏三十度到五十一度之間，比鄰近的庫克郡辦公大樓黑色瀝青屋頂的溫度低了四・五度到二十一度之多。」這個花園屋頂的成本是普通屋頂的兩倍，但壽命預計也是普通屋頂的兩倍，與其他同類屋頂一樣，節約下來的能源抵消了保養的費用。花園裡生長著一百五十個物種的兩萬多株植物，甚至有兩個蜂箱和四千隻無攻擊性的蜜蜂，養蜂人第一年就收穫了七十公斤蜂蜜，以後收穫的蜂蜜會裝瓶，在城市的文化中心出售，蜜蜂則會在附近的格蘭特公園採集花蜜。

芝加哥的成就不只如此，還包括自一九八九年以來栽種的三十萬棵左右的樹。市政當局還恢復了四十五公里的林蔭大道花園，並把八公頃未充分利用的城市土地和廢棄加油站改造成了小公園和七十二個社區花園。假以時日，這裡可能會有二百個這樣的花園。這些曾經遭人破壞的土地中，其中一塊現在已成了「科奎鷓鴣」花園，是以生活在波多黎各的一種樹蛙來命名的，現在成了附近一所小學的教室。在芝加哥的東南區，卡盧米特開放空間保護區已經建了起來，保護區占地一千六百公頃，包括溼地、森林和草地。而在位於芝加哥地區偏遠西部的凱恩郡，一項耕地保護方案也將買下耕地或耕地的開發權。

同時，芝加哥市還制定了一個再生性能源退稅方案，這是全美國此類方案中最好的方案之一。一個不斷擴張的自行車道網絡把住宅區、公園以及商業區連接了起來，出色的公共交通系統意味著在芝加哥這個大都市，私家車不再是生活不可或缺的物件。芝加哥還擬定了一個用再生性能源提供城市二〇%的電力，並翻修現有公共建築的五年計畫。這不是「獨行俠」的冒險，而是在芝加哥荒地聯盟的旗幟下一百四十個公共組織和私人組織的通力合作。商業區的建設也在芝加哥的公共領導之下，譬如說，建在重新開發過的地皮上的塔吉特商店會有自己的屋頂花園。

芝加哥的綠化措施甚至得到了保守專欄作家威爾（George Will）的讚揚，他引用了芝加哥第一任市長戴利對花的讚美。戴利的兒子說：「花能使人心情平靜。」戴利市長為許多芝加哥市民所愛戴，但在一九六〇年代，他手下的警察揮舞著警棍打破了花童和政治抗議者的頭。

現任市長的創舉，事實上是與芝加哥的古老道德觀念一致。「每個人都有權住在一個太陽、星星、田野、大樹和微笑的花朵都能不受約束、不受干擾地教導人們生活的一課的地方。」芝加哥偉大的土地規畫專家詹森（Jens Jensen）在一九三〇年代寫道。芝加哥市最早的規畫者為了爭取城市中有一個「在自然條件下發展」的大都市公園系統而呼籲，由此帶來的最初結果就是：城市的公園系統和八百一十平方公里的森林保持原狀，環繞著城市。「芝加哥一九〇九年計畫」則呼籲，城市有「原始森林，森林中長滿在當地氣候下可以生長的樹木、藤蔓、花草和灌木……林中應該分散有多處空地，還應有其他自然景觀，且允許人們自由使用」。因此，芝加哥本世紀的規畫不是沒人愛的孩子或不切實際的激進法令（請記得這是有擔當的芝加哥，而不是加州），而是對幾十年來城市不斷喪失自然屬性的理智回應。人們不明白，自己怎麼會與保護生靈的設想如此悖離，顯然，現在尋找回去的路還不算太晚。

綠色城市運動最令人感動的表現，大概就是幾家建築公司綠化部分紐約世貿中心廢墟的提案了。《紐約時報》刊登了提案實施的成果，並指出這些提案，為「自然景觀具有改造一個受到創傷和困擾之地的力量」，提供了「豐富的證據」。設計師們提出了把廢墟改建成一個樹木苗圃的想法，這個苗圃也是「一個紀念性的植物園——一個栽有世界各地奇花異草的大花園」。在這裡發芽的植物將會沿著「原來上班族從世貿中心回家的路線」，帶到城市的各個住宅區和公園，並栽種在那裡。在這變幻莫測的年代，人們會認真考慮這樣的想法，相當有力地印證了柯伯特和茱蒂多年前努力想在那塊番茄田上實現的夢想。

野地的徹底改造：為兒童著想的綠色城市設計

一直以來，新都市主義和城市永續發展運動都沒有對兒童的需求給予足夠關注。國際兒童遊戲權利協會會長、教育學家摩爾指出，現在幾乎沒有關於兒童生長環境和都市計畫的相關研究。幾個值得重視的少數案例。揭示了全球交通問題對兒童成長的負面影響。在一些城市，交通已經嚴重禁制了兒童自由出門的權利，新都市主義的倡議，多採用對交通有舒緩作用的減速設施和行人友好型的購物區和居住區，這些努力有一定成效，但對增加城市兒童接近自然的機會收效甚微。即使是所謂的「綠色開發者」也對讓兒童接觸野生生物興趣不大。生物學家布里德洛夫在評價二百七十三種野生棲息地設計的實用出版品和軟體時指出：「事實上，這些指南和相關技術全都無法實際應用，因為建築師、規畫者和管理者在控制著『自然棲息地』。」未來的城市設計不應只是滿足人類對道路通行能力和順暢交通的需求，還應像布里德洛夫所說的，滿足自然的需要，為野生動物的流動和生命週期提供條件。

在城市中保留自然區域，並不一定就意味著兒童能有更多機會接觸自然。譬如，《舊金山紀事報》記錄了舊金山東灣海岸線改造成州立公園的艱辛過程，就像是舊金山灣區版的「三十年戰爭」：「在公園應該是什麼樣子上看法分歧，使得公園的建設目標不明，導致建設停擺」。據《紀事報》報導，最突出的分歧出現在想要更多運動場地的居民，和「以同樣熱情為瀕危的老鷹、遷徙的野鴨和其他野生動物而呼籲」的團體之間。奧杜邦協會金門分會的執行理事范斯坦（Arthur Feinstein），形容公園是「讓我們的孩子明白這世上自然的最後希望之一」。

東灣區「三十年戰爭」的好消息是，城市花園成為未來的運動場設計人和野生生物直接體驗倡導者的爭論焦點，兒童接近自然的機會是這場辯論的中心。希望這個公園和其他將要修建的公園會注重兒童有把腳弄溼、把手弄髒的近距離接觸自然的機會。我們的確需要運動場和滑板公園，但我們應該把它們放在屬於它們的地方，譬如已經城市化的土地或多功能的學校用地。我們應該珍惜自然空間，尤其是海岸線地區，因為這些地方只要消失了（除了極少的例外）就會永遠消失。人們骨子裡是有可能需要山丘的自然曲線、灌木叢的清香、松樹的低語等天然環境的。我們精神的健康和活力，都有賴於這些零零星星的自然。未來不管流行什麼娛樂方式或運動，人們只會更需要自然。

我們現在能看到一些為兒童考慮的創新綠色設計，這些場所雖然不大，卻意義非凡。德州的奧斯丁買下了一個農場，改名為「先鋒農場」，並把它打造成一個活生生的歷史博物館。「孩子們可以去那裡玩，學到農業知識，撫摸各種動物。這個農場更像個動物園，但至少是個孩子可以定期參觀的農場。」德州的城鎮規畫者兼律師波利科夫（Scott Polikov）說道。在密蘇里州堪薩斯，懷特·哈欽森休閒與學習小組的懷特（Randy White）和思特克林（Vicki Stoecklin），正在為對設計兒童戶外遊戲空間——「發現遊戲花園」——感興趣的居民和企業提供協助。「『發現遊戲花園』有一種野外的感覺，」他們寫道，「兒童的發現遊戲花園與為成人設計的綠化區非常不同，這些綠化區大都偏愛修剪過的草坪和整潔有序的景致，發現遊戲花園在設計上則自由得多，因為兒童更喜歡沒修剪過的地方、隱密之處，和樹叢分隔開的天然寬闊不規則地區所帶來的刺激與神祕。」

教育學家索貝爾想徹底改造空地，他尋求與教育家、環保團體、景觀建築師和土地開發業者合作，為兒童建立保護自然區域或自然遊樂場所。正像他所指出的，開發業者經常擱置那些建運動場不夠大，建小公園地理位置不夠合適，建荒野小島卻正合適的小面積土地。索貝爾的設想是認領那些畸零的土地，改建成自然遊樂園，包括生活著青蛙和烏龜的池塘、可以摘果子的藤蔓、可以玩雪橇的小山、可以躲藏和挖土的灌木叢和山坡等自然景觀。不夠務實嗎？愈來愈多的規畫者和教育工作者在創建非常棒的遊樂場，如曼哈頓中央公園裡的遊樂場，在這裡，孩子們可以踩著大石塊爬到一個花崗岩山的頂部，山的一側挖出了螺旋形的滑梯（滑梯腳下是泥水）。加州桑尼維爾市有一個位於溼地旁邊的遊樂區，鼓勵孩子們在那裡挖掘魚化石。

冒險遊樂場的概念起源於二戰後的歐洲，當時，一位遊樂場設計師研究了在瀝青和水泥建成的「普通」遊樂場中玩耍的兒童，發現他們更喜歡在戰後瓦礫留下的木頭和土堆中遊戲。這個概念現在已在歐洲建立了起來，而美國也蓋了一些冒險遊樂場，譬如在加州柏克萊、杭廷頓海灘和爾灣的冒險遊樂場。杭廷頓海灘冒險遊樂場原來是一片空地，過去孩子們在這裡創造了自己的遊戲場所。如今，在這塊土地上，七歲以上的兒童仍可以在泥土中玩耍、蓋碉堡。遊樂場裡有一個可以划竹筏的小池塘，一座繩索橋架在池塘上，還有可從纜線頂一路滑下的輪胎鞦韆「拉鏈線」。另外，還有一個水滑梯，其實就是小山上一個覆有塑膠的凹槽，小孩子滑下來後底下有泥潭接著。爾灣的冒險遊樂場也提供組織有序的戶外和自然活動，像搭營火、戶外野炊、天文觀測和園藝。在爾灣的冒險遊樂場，新來的孩子在拿起錘子、釘子建碉堡之前，必須先參加安全講習課程，六歲以下的兒童必須有成人陪伴。這些遊樂場可能並沒有提供多少僻靜之處，但卻的確強調對自然的直接體驗。

隨著自然的治療性功能的新研究更廣為人知，尤其是自然遊樂對過動症的療效研究，人們會愈來愈多認同有益於兒童的綠色城市設計。

兒童和其他生物的健康規畫

在近一、二十年內，將有一大批城市和鄉村的總體規畫制定或更新，這將決定美國開放空間的未來。全美的規畫師和建言的公眾都將有機會審視：對於居民的未來，自然和野外的聯絡動線是否與交通動脈一樣重要？我們需要宏觀的區域性戰略和思維，而不是一塊地一塊地、一個公園一個公園的零散規畫方式。

最早提出環境永續發展和當地土地使用規畫相關性的先驅科學家之一霍納契夫斯基（William B. Honachefsky）認為，表面上看，市政府的土地使用措施似乎可以把環境的破壞降到最低，這些措施包括管理建築樓房的規章、不同場所對環境影響的聲明，以及控制雨水逕流、水土流失、植被消失和陡坡施工的地方條例。霍納契夫斯基認為：「這些當然都是出發點很好的附加工作，但實施起來也有負面作用。在這些措施的共同作用下，會永久性地形成一個有著一段一段的檢查、分解和緩解的系統，而這與自然系統真正的運作方式相反。」

這種支離破碎規畫方式的解決辦法之一就是「綠色印刷」（greenprinting），公共土地信託基金會的會長羅傑斯（Will Rogers）這樣稱呼這個辦法。綠色印刷是一種處理城市生態問題的方法，現在在美國有流行之勢。綠色印刷用傳統房地產技術和企業家保護自然的方法找出並保護開放空間，為公共自然保護進程創造了一幅藍圖。當公共土地信託基金會與一個城市或地區合作時，「我們會問人們希望自己的社區五十年後是什麼樣子。」威爾說道。他把這種先知道人們意見再規畫的方法稱作「遠離急診室的自然保護」。規畫者不是面對城市蔓延做出反應，而是能未雨綢繆。

儘管在城市環境中保護河流景觀和野生棲息地很有意義，人類的健康也是保護自然的一個原因，而這一點並沒有得到足夠的關注。譬如說，保護開放空間可能是解決兒童肥胖危機的關鍵。美國疾病管制局二〇〇一年的一份報告發現「典型的城市蔓延占去了人行道和自行車道，這一事實與現在美國社會人們普遍超重或有心臟病的現況相關」，報告的作者引用了一項南卡羅萊納州的研究，該研究指出，修建於一九八三年前的學校，學生步行上學的可能性，是一九八三年後的學生的四倍，從而指出這種情況給兒童帶來的危險尤其大。

應對這一挑戰的方法，就是通過一場全國性的綠色印刷運動：保護不斷消失的開放空間。這樣的努力正在西雅圖、田納西州的查塔努加、亞特蘭大、康乃迪克州的斯坦福德和紐約布魯克林區東河沿岸獲得具體的成效。《奧蘭多前哨論壇報》稱，近幾個月，佛羅里達州的傑克森維爾，「那個曾經有木質紙漿和狗糧般味道的城市，已變成了佛羅里達州『綠色印刷』的指標城市。」在上述城市中，公有土地信託基金會指導著一個分四步驟完成的「綠色印刷」過程，包括政府與私人組織的構想、廣泛的公眾討論、保護土地行為的調查，以及最後找出目標土地。這一過程的結果是，傑克森維爾的居民投票通過一項提案，徵收營業稅來保留開放空間。有些城市、郡和私人自然保護團體則更喜歡向土地所有者（尤其是農民）購買土地的開發權，之後「雇用」農民經營農場，而不是讓農民把土地賣給開發業者。

像布里德洛夫這樣的環境設計師和生物學家，主張更大的城市生態管理系統，那是一種由電腦控制的數位系統，美國漁業與野生動物局已使用「棲息地評估程式」（ＨＥＰ）約十八年之久。這一系統可以評估野生棲息地的狀況，也可應用於已開發的地區（譬如郊區需要重建的住宅區），並為該地區提出最佳配置方案。

「這個管理系統會變得愈來愈重要，因為將來我們不能購買大塊的土地。」布里德洛夫說，「你可以在土地上聚集一群群的動物和牠們偏好的獵物……對於大族群的物種來說，人類和動物之間並不真正存在爭奪領地的競爭，而在有競爭的地方，你可以用園藝設計和土地大小來處理，基本上也可以調和許多物種了。」

這些遠景規畫面臨的問題，通常要不在過程中被迫改變原計畫，或者就是只能放在規畫者、教授和記者的書架上。評論家通常會說這樣的設想永遠無法成真，因為沒有一個執行者願意有效地落實這些規畫。

除了遠景，我們真正需要的是一個簡單且能統領全局的組織原則。最好的規畫指南可能就藏在過去的某一本城市遠景規畫卷宗裡。美國都市計畫的奠基人之一諾倫（John Nolen），在一九〇七年提出了四項指導原則。未來的開發應該：

一、符合地形。

二、土地利用方式符合天然用途。

三、保護、開發、使用所有自然資源，不管是出於審美還是商業目的。

四、致力用有機的安排保證美的存在，而非單純的美化與裝飾。

今天，這一套原則大概可以總結為：尊重當地的自然完整性。我們也許無法在「生活品質」的定義上達成一致，但當我們看到一處自然景觀時，我們都會有感覺。因為現在我們對兒童和自然之間關係有所了解，更能體會到完整的重要性。

想像一個新城市

我可以想像聖地牙哥的潛力。既然我的城市已經打造成遊客的自然旅遊勝地，那為什麼只限於聞名的動物園和海灘？何不把整個聖地牙哥打造成全美國第一個動物園城市？

「這是個令人激動的運動。」弗蘭娜根（Pat Flanagan）告訴我。弗蘭娜根以前是聖地牙哥自然史博物館校外教育專案的主管。她還說：「我們能為城市野生動植物所做的，就是增加傳授花粉的鳥類和昆蟲的數量，包括蝴蝶的數量。種植大量的非本土植物，鏟平山丘，都大大減少了本地的產蜜植物，阻斷了春天從墨西哥向北飛來的成群蜂鳥。」她建議自然史博物館效仿圖森市「亞利桑那索諾拉沙漠博物館」實行的「被遺忘的授粉者運動」，這一運動致力於修復授粉廊道。想像一下聖地牙哥的博物館和動物園出售一袋袋當地生長的授粉植物的種子。聖地牙哥的每個花園「都可以種植一些好看又可以提供花蜜的植物，還要有動物棲息和築巢的場所，以及保護罩」。

現在，一些當地的學校裡已有些關於雨林和全球暖化的課程，卻沒把注意力放在豐富多樣的物種上。在新的動物園城市裡，我們的學校將把周圍的自然環境當作教室。在陽光明媚、天氣如此美好的城市中，可供遊戲的自然場所應該隨處可見。

在城市周邊，綠色城市設計的實踐者更可以施展才幹。「宜居夥伴」機構聖地牙哥分會的會長、景觀建築師埃斯特拉達（Steve Estrada）建議，保護瀕危物種的方法之一，是在城市空間內開發新領土：「一些瀕危的鳥類喜歡柳樹，與其在城市裡種棕櫚樹，何不種一排排的土生柳樹，讓鳥築巢？」新的住宅區應該種植大片連續的當地植物，如幾百年來一直吸引了大量野生動物的英國灌木樹籬。「那段日子，我們都只聚焦在人類的增長，」埃斯特拉達說，「為什麼不是為了動物的增長呢？」他也想讓動植物出現在購物中心——動植物原本缺席的地方。新建築學院院長、前城市建築師斯戴普納（Mike Stepner）認為，與動植物相關的設計問題應該納入建築和規畫課程裡。

在我看來，城市或郊區自然規畫的新方式必須目標明確，具有象徵性、可行性高。

譬如聖地牙哥有幸具有一個獨一無二的地形，四周環繞著生長了一系列珍奇動植物的峽谷。這些峽谷正不知不覺被排放污水的管線、昂貴的房屋、橋梁、道路、公路和熱水浴池等設施破壞著。

曾經，我以《聖地牙哥聯合論壇報》專欄作家的身分提出，我的城市需要的是一個聖地牙哥城市峽谷地公園，政府對這些峽谷的保護，有賴於我們把每一個峽谷看成一個獨立的、有身分的公共資源。回應非常熱烈，事情也有了進展。除了阻止各種對峽谷的侵占行為，聖地牙哥公園與娛樂局負責開放空間的副局長希望，聖地牙哥有一天能「找到一種連接起各個峽谷的方式，這種連接不僅依靠峽谷間的小路，還要加上峽谷之間標明自行車道和人行道的一整套系統」。

但是，要達到這一目標，大眾必須把目前互相孤立的峽谷（或者在其他城市中，其他分離的自然區域）看作是一個大的整體。而要達到這一點，人們必須清楚開放空間的生物學、教育、心理與精神價值，同時也要弄清楚其經濟價值。美國成立最久的非營利性民間自然保護組織「美國森林」最近估算，聖地牙哥的城市森林每年能清除空氣中二千噸的汙染物，「相當於年均一千零八十萬美元的收益」，峽谷和城市其他自然土地還能控制和帶走暴風雨水的逕流。通過保護「美國森林」所說的「綠色基礎設施」，我們避免了在人工基礎設施上進行大量公共投資。

打造動物園城市所帶來的所有價值中，最重要的是帶給後代的價值。社區學院生物學教授伊蓮逝世前致力於保護峽谷，並不僅僅是因為其獨特的生態環境和美麗，而是因為這些峽谷對世世代代具有心理和精神價值，而未來的世代與自然的聯繫正受到威脅。她指出：「城市裡幾乎每一所學校的可接受距離內都有一座峽谷。」她還說到，這是一個令人興奮的前景，兒童因此有機會在一個自然圖書館中了解該地區罕見且脆弱的生態系統。把灌木和鼠尾草打包作為禮物送給未來還不算太晚，而北美洲乃至全世界的其他城市，也還來得及在自己能力範圍內，以各自的方式將自己改造成綠色的動物園城市。

是不是太過理想化了呢？可能吧。但是這一嘗試值得反覆進行。一個世紀前，世界上的一些大城市面臨著不同於今天的一個選擇：城市健康與城市病理學之間的選擇。當時的健康城市運動帶來了修建大型城市公園（包括中央公園）的第一次熱潮。我們這代人有一個類似的機會創造歷史。

歌手蜜雪兒（Joni Mitchell）說得很對：「他們在天堂鋪上混凝土，建了一個停車場。」在不遠的將來，我們也許能為這首歌加上一句充滿希望的收尾：然後他們拆了那個停車場，打造出一個天堂。

第二十章　野性在哪裡：新回歸土地運動

當後退有意義時，就意味著你在前進。

——溫德爾．貝瑞

夏天的清晨，一個九歲小女孩被史密斯家的大公雞從睡夢中喚醒了，她靜靜看著塵埃在晨光中飛舞。

想起昨天是最後一天上學，她笑了起來，匆匆穿上牛仔褲、T恤和帆布鞋，抓起一本平裝書，塞進了背包裡，那是她最喜歡的桑達克（Maurice Sendak）寫的書。她的父母仍然在睡夢之中。她躡手躡腳穿過走廊，停在她哥哥的房間門口，悄悄地把他的鞋帶綁在一起，接著從廚房抓起一袋全麥餅乾，向著太陽，衝了出去。

她沿著公共綠地旁的小路跑著，經過自家的花園，一路向前。發電廠發出的週期性嗡嗡聲，和小村旁新建的風車的呼呼聲衝撞著她的耳膜。她跑過了史密斯家，屋頂上長滿了綠草和鮮花，那隻大公雞慌慌張張地穿過小路。伊蓮揚起手追著牠跑，然後便順著一條羊腸小徑朝小溪跑了下去，這條小溪是貫穿村莊的一條水路。她知道這是由天然植被過濾過的再循環雨水，但是她現在想的不是這個：她想的是水裡的漣漪。她坐在小溪邊等著。現在，她的父母可能已經起床了，她媽媽經常比她爸爸先一步坐在電腦前，因為她爸爸更喜歡爬上綠綠的屋頂，站在綠草裡喝著咖啡，看著太陽在遠處的地平線上慢慢升起。

小女孩看見了一顆氣泡從水中冒了出來，然後又是一顆。她不動聲色地坐著，青蛙的眼睛從水面露了出來，盯著她看。她脫掉鞋子，撲通一聲踩到水裡，青蛙們一下子都跑光了。她的腳趾頭在泥裡動來動去，想著哥哥是不是已經發現鞋子被動了手腳，她笑了起來……

更好的生活方式

如果想為孩子、為後代改進生活品質，我們需要更廣闊的視野。我們現在可以在家庭中、在教室裡，在為兒童服務的組織裡，做出些許改進，但是長期看來，這些改進並不能保證自然和後代會緊密連結。正如我們所看到的，一種新型的城市——動物園城市——是可能的。但是不管設計者怎樣塑造它，任何城市都有承載人類的極限，特別是如果將自然也考慮進去的話。將來的孩子仍然會在城市之外的住宅區裡長大。目前城市郊區的擴展和鄉村地區的發展模式還不是很理想，因為孩子都被隔離在自然之外。

但是，透過綠色都市生活的稜鏡向外看時，小城鎮和鄉村生活的未來令人興奮。在新型綠色城鎮長大的孩子有機會體驗自然，自然成為他們日常生活的一部分。這種綠色城鎮的設計原則和建造技術已廣為人知，回歸土地運動也正在興起。你和我可能等不到綠色城鎮普及的那一天，但是構想和創建這些綠色城鎮將成為我們後代子孫的偉大工程，現在我們可以為他們創造一個好的開始。

想要完全實現這個願望，就需要對荒野有更寬廣的定義。詩人史耐德曾經說過，「荒野永遠是一個特別的地方，一般來說，那是原生植物的棲息之所。有時，人類也會居住在那裡。這樣的地方很稀有，而且一定都被森嚴地保衛著。荒野是把我們都聚集起來的進程，是自我組織的自然……」只要有可能，自我組織的自然就該受到保護，但是，為了重新把後代介紹給自然，我們不能就此止步。實際上，自然創造了人類，它很少是自我組織的，至少不是以史奈德所提到的那種質樸的方式。

其實許多美國人仍然住在鄉村，在鄉村農場長大的人們也都有鄉村生活的記憶——儘管經常被理想化。我的朋友伊蓮，在她去世之前，她精心照料著拉荷亞的最後一片自然綠地，那是密西根州西部的一個小城市，那裡有她祖父母的農場，童年時期的夏天她都會在那裡度過。她如此描述那兒：「漫步在農場上，總覺得有的地方沒人去過。當農場被賣掉的許多年以後，我又去了那個農場，我走進一片樹林，過去那並不屬於我祖父母，我發現一座破敗的老房子，那房子我以前從來沒見過。」殘敗的老房子離她小時候和表兄妹一起玩的沙谷只有幾百公尺。「但是我們從來沒有冒險穿過我祖父母圍的鐵柵欄。那邊的土地在我們看來很荒涼，但是實際上一百年前就被開墾過了。」伊蓮偶爾回密西根州西部去探望親戚，發現自己很容易重拾她對荒野的幻想。隨著時間的流逝，她發現若要身處野外，她的車不得不愈開愈遠，因為吹雪機、沙丘車、雪地車讓遠離城鎮的生活變得愈來愈容易，即使是在樹林裡，也住著愈來愈多的人。不過，就算是在小城鎮裡，出去散步時，依然很容易找到一片人跡罕至的小樹林或小溪。

如今仍然可以在美國的很多地方找到荒地，在自然中遊樂也還是有可能的。我們也發現，進入自然並不能夠完全解決問題。在美國的某些地方，即使依然與鄰居住在樹林或田野中，父母也很迷惘，因為他們的孩子更願意和三C產品打交道。但是居住地確實也很重要。如果我們的後代要重新尋找自然，他們要去哪兒尋找呢？過去，孩子們即使是在最密集的鬧區也能發現自然的影子，譬如在空地上、長滿枯草的小路、水岸邊，甚至屋頂上探索自由。但是，即使是這麼一點地方，「填充城市行動」（在現有社區的空地上蓋房子，以交換對城市周邊綠色地帶的保護）也正在慢慢地讓它減少。

隨著這些填充，城市變得愈來愈密集，公園規畫則經常事後才會被想起，而空地已逐漸變少。這樣的變化正在迅速蔓延。在美國發展最快速的城郊，這是主流發展模式。在最偏遠的鄉村地區，它也滲透進去，創造了一種市區環境，就像伊蓮說的，「尖叫著宣布人類的存在。」在這些地區，大多數的原始植被很久以前就被根除了，所以偶爾的景觀美化變成了唯一的生活娛樂，而這種環境下的景觀美化僅僅是城市設計中的一個建築元素。這種類型的發展在佛羅里達南部和南加州頗為盛行，在全美國也隨處可見，新型居住區的發展與這種建築模式和法律模式如出一轍。

我們沒有必要在這條路上繼續走下去。還有另一種具有長遠潛力的可能：最近幾十年農業及相關產業的不景氣，導致了美國鄉村地區產生大量荒地，這些荒地會重新成為定居點。我們姑且叫它「領先自然」（Pro-nature）群聚發展。一九九三年起，人口調查局不再公布鄉村人口報告，作家暨《紐約時報》丹佛辦事處主管強森（Dirk Johnson）曾經指出，一個世紀之前，透納聲稱，根據人口調查局給出的定義，如果每平方英里的人口超過六個人，這塊土地就被稱作「有人居住」，那麼，美國邊疆已經關閉。但是到了一九九三年，在美國大平原上的大約二百個郡，人口密度已經降低到邊疆界限以下。強森寫道：「幾乎沒有人對這件事情予以關注，在美國廣闊的土地上發生了很不正常的事情：它已經空了，和一九二〇年相比，美國大平原的五個州內，更多的郡每平方英里已不足六人。在堪薩斯州，這樣的郡比一八九〇年還多……甚至每平方英里只有二人的郡都在增加。」

從那時起，美國鄉村地區的閒置土地一直在增加。原因是複雜的，其中之一是因為集體大農場的增長和小農的破產。但是大片的土地確實人口稀少。幾年前，愛荷華州州長邀請外國移民到愛荷華州定居。而羅格斯大學的地理學家要求聯邦政府驅逐流浪者，將美國大平原一部分變成野生公園，叫做「野牛公共地」（Buffalo Commons）。這件事情不太可能行得通，地理學家也對這個有爭議的提案做了修訂。但是類似這樣的事情是可能發生的。對平原土地的清空，動物園城市的概念，還有我們與其他動物之間關係的新認識——這些趨勢顯示，對後代來說，邊疆觀念並非一成不變，地球的後代子孫可能會找到明智的方法來分配人口。年輕一代和自然的永久分離並非是種必然。

在人與自然關係上，誠然一方面諸如在家庭和學校層面上，短期的釋放很重要，另一方面，子孫後代和自然之間長遠的重新連接需要一個根本性的轉變，包括如何設計城市，人口怎樣分布，還有這些人口如何使用土地和水資源。想像一下，在第四個邊疆，會有一個不同以往歷史的回歸土地運動。

這樣的想法似乎比較切合實際，而不是虛無縹緲，它來源於傑弗遜總統（Thomas Jefferson）的農業觀點、梭羅的自力更生觀點和美國西部宅地觀點，先例則是十九世紀英國中產階級的回歸土地運動。一九六〇年代，某些西方國家利用回歸土地運動試圖進行復興，反對當時的唯物主義文化。當時的這個運動在美國吸引了超過一百萬人。雖然最初的移民中剩下的人留了下來，但一九六〇年代的農業運動既沒有成功，也沒有失敗，演化成環境保護主義，關注永續生態，發展出簡樸運動（Simplicity movement）。

一九八〇年代初期，另一個趨勢似乎也在改變美國鄉村地區的面貌。一九八〇年美國人口普查顯示，國家人口不再那麼集中了，除了市郊的蔓延，也有愈來愈多的美國人搬到鄉村地區，而不是人口密集的舊城市。隨著個人電腦的盛行，不管是農民，還是高層資訊工作者，都能即刻想像自己住在新式伊甸園內，在這裡，現代化把城市世界和鄉村世界完美地聯繫在一起。一些美國人實現了這個夢想，但是兩個現實問題突顯而出：一是當人們搬到小城鎮，也會帶來他們在大都市的期望和問題，包括市郊的蔓延；二是這種從城市搬到小城鎮的遷徙運動，只不過是人口統計圖上暫時的現象：一些小城鎮轉型了，但是大多數城鎮的人口仍持續減少，特別是在大平原地區——當然也沒有回歸土地熱緊隨其後。

但是夢想的元素仍在，且從此之後，永續生態群設計的新文獻也產生了。一場新的回歸土地運動也許可能出現，因為市郊人口愈來愈稠密，而且沒有實現增加自然環境的承諾。新的研究顯示，自然對健康來說很必要，而且人們重新意識到，如果要子孫後代能夠與自然直接接觸，那麼看似不切實際的重大改變是必須的。西歐和美國部分地區的綠色城市化為此指明了方向，說明這種不切實際的改變也是可能的。我們談論的不再是後退到農村公社，而是建立技術上和道德上的、較為複雜的人口中心，根據他們的設計，它會將成人和兒童與自然重新聯繫在一起。

勇敢的新草原

小女孩一家從洛杉磯搬到了這裡，她很開心。有關那座城市的記憶，城裡的壅塞，還有那裡空氣的味道，她都已經開始淡忘。她甚至不介意漫長的冬季，雪花在地上愈積愈厚，狂風將雪花愈吹愈乾，即使不再飄雪，暴風雪也持續著。她喜歡置身書籍和畫紙中，從臥室的窗戶往外看雪花飄。

一天晚上，小女孩的父親半夜把她叫醒，領她來到外面，站在星空下，他說：「看！」她看見了地平線上的閃電，還有上面一條河似的亮光。她父親摟著她的肩告訴她：「那是閃電和銀河。」接著他說：「太神奇了！」她喜歡聽父親說出這個形容詞。輕輕地，她一句話也沒再說，直到父親把她抱進被窩裡。

早上，她醒後，又到處跑，跑到村子邊……

歐柏林學院的奧爾教授認為，他所相信的「設計智慧」中的實例轉移，和十八世紀的啟蒙運動相似。他呼籲眾人追求「更高級的英雄主義」，一個包含著慈善、荒野和兒童權利的英雄主義。正如他定義的一樣，一個健全的文明「應該有更多的公園，更少的購物中心，更多的自行車道，更少的高速公路，更多的火車，更少的汽車，更多的慶典，更少的匆忙……」烏托邦？不是的，奧爾說：「我們已經嘗試過烏托邦，我們負擔不起。」他呼籲一場運動，「數以百計，數以千計的年輕人能擁有在地球上重建美好家園、城鎮和社會這樣的先見之明、毅力和學問。目前的這種教育模式對他們幫助不大。他們需要成為自己居住地的學生，更要有能力成為像傑克森（Wes Jackson）說的，「這個地方土生土長的人」。

幾年前，我在薩萊納附近的堪薩斯草原上的土地學院拜訪了傑克森，著名的《大西洋》人物評論曾盛讚他為智慧上僅次於梭羅，或者不相上下的人物。麥克阿瑟獎（被譽為天才獎）的獲獎者傑克森，在沙加緬度的加州州立大學建立了美國最早的環境研究系，曾擔任系主任。傑克森和妻子戴娜（Dana），被自然問題困擾，他們認為反自然的農業發展是死路一條。他們回到了家鄉堪薩斯州，創建了土地學院。這個研究學院被數百公頃的草原和草地圍繞，是和國立授地農業大學相連。二十多年來，傑克森一直號召人們以全新的方式在大平原上重新定居。有些人認為傑克森過於激進，是美國鄉村地區的布朗（John Brown，傑克森的曾祖父曾追隨廢奴主義者布朗）。他想解救土地，和土地上的我們。他描述了一個世界，家庭返回一個更自然的存在方式，但是避免了過去回歸土地運動的錯誤。

傑克森聲明，現在的農業是一個大錯誤，是一場「全球疾病」。犁頭可能已經摧毀了後代子孫更多的選擇，比刀劍更厲害。在傑克森的辦公室裡可以俯瞰起伏的群山和綿延的草地，他向前欠了欠身（高大雄偉的身影被某位作家描繪為先知彌賽亞和美洲野牛的完美組合），說道：「我想在草原模型之上，建立一個新型的農業。」又補充說：「但是我們不能到那裡就止步不前：我們需要的是人類經濟體系立基於草原，立基於自然。」傑克森曾說，天然草原上的常年生植物能夠保持表層土壤，但是現在因為定期耕作，土壤已經變得稀鬆，結果祖先留下的寶貴的表層土壤被河流沖走，在水底沉積。中西部的溪流變得非常泥濘，侵蝕作用以二十倍於自然補充的速度剝離著土壤，沖刷的速度甚至比當年「塵盆」時期（Dust Bowl，一九三〇至一九三六年，美國與加拿大草原遭受一連串嚴重的沙塵暴襲擊）還快。粗粗略估計，愛荷華州在過去的一百五十年內，已經喪失了一半的表層土壤；堪薩斯州喪失了四分之一。傑克森認為目前將重點放在輪作方式的因應之道只是美好的願望。

在土地學院，傑克森和研究員正進行一項生態和基因研究，試圖創造出類似於草原的草地，傑克森稱之為「未來的馴養草原」（domestic prairie for the furture）。現代農業依靠一年生作物，例如玉米、小麥等必須每年播種的植物，但土地耕種後，必然結果就是土地的侵蝕。相反的是，原生種草不會讓表層土壤流失，而能保持並建構表層。唯一的問題是，原生種草不特別適合人類食用。

傑克森的新型草原會包含混合的、多品種的耐寒多年生植物。一些天然草原的野草來年會長出可食用的穀物，因此傑克森希望能生產出高產量的穀草，既能通過根部再度繁殖，且能禁受嚴寒的冬季，保持根下的土壤。傑克森對基因工程不抱希望。他說，只要犯一個錯誤，我們要承受的災難就會是臭氧所覆蓋的範圍。通過比較緩慢的、傳統的基因研究——多數研究所採用的方法，而非物理複製DNA——傑克森估計要花費五十年的時間（也有可能更長）來生產出適合發展永續農業草原的植物。但是總有一天，傑克森說，一旦能源成本被算進去，這個馴養草原每公頃的小麥產量就能和現在堪薩斯州每公頃的產量一樣多。他能想像，本世紀稍晚或下個世紀，這種新型草原在美國大多數耕地上將會如雨後春筍般湧現。

但是有一個問題，如果馴養草原真的能夠維持我們，我們就要重新分配人口，過著一種我們今日難以想像的生活，一種比回歸土地的嬉皮更激進的生活。在傑克森看來，我們的子孫會住在分布全國的農場或村莊裡。他們的分布將基於複雜的生態公式，而這些公式是基於我們曾經熟悉的，但是又和一九九〇或一八九〇年代的那些技術截然不同。這種未來到底是新烏托邦還是鄉村古拉格（俄羅斯的一個集中營），傑克森說，「取決於你的想像力」。他相信太陽能的任何形式，包括這個馴養草原，都無法產生足夠的能量維持我們的生存，除非人口能夠重新分配。本世紀稍晚一段時間，據傑克森分析，美國的定居模式會由每個生物區域所能維持的人口數量所決定。城市依然存在，但是規模會有所縮減，大部分城市的居民維持在四萬人左右。城市之外，鄉村人口會是一九九〇年代的三倍，但是這些人口會被小心地重新規畫，例如在堪薩斯州中部的平原，每十六公頃支援一個家庭。在愛荷華州和西部的一些地區，包括沙加緬度山谷，每戶家庭至少有四公頃。我的一個朋友聽到這個說法後，說：「我知道這個地方，它叫『法國』。」

鄉村地區會有新型的農場和鄉村生活。人們生活的社區最多是二．五平方公里，社區在村外，中心就是農場，住在那裡的家庭過的是自給自足的生活，而且鄰里相近。幾百人至幾千人（並非每個人都是農民）會住在這些新型的社區。農民耕作的馴養草原會提供大部分的蛋白質和碳水化合物，包括抗寒的美洲野牛和飼養牛的雜交品種等各種動物，會在沒有圍欄的空間內放牧，這樣能減少圍欄的維修費用，還可以讓野生動物自由遷移。住在村莊裡的人們每天花一點時間種植蔬菜、水果，在太陽能棚架裡飼養動物。能源需求會由多種技術來提供，從被動的太陽能裝置到風力發電機，再到舊式的馬力。對孩子來說，這種又有現代化氣息又有懷舊風味的環境，是多麼的特別啊！

生態版《出埃及記》

回歸到野生草原是有先例可循的。隨著農耕集中在美國的中西部和西部，新英格蘭的小型農場就衰落了。從一八五〇年代到一九五〇年代，新罕布夏州、佛蒙特州和緬因州的數千平方英里的農田變成了林地。像古老文明的遺跡一樣，被遺忘的農場石頭圍牆淹沒在茂盛的松樹和楓樹中。緬因州貝爾法斯特市《共和雜誌》（*Republican Journal*）的編輯傑・戴維斯（Jay Davis）把這段時期叫做新英格蘭的「沉睡世紀」。在戴維斯寫到他的祖國歷史的時候，他說：「沃爾多郡的圍欄倒下了，樹木站起來，重新宣布它們的占領，磨坊被拋棄了，溪流再度流淌，田埂也荒蕪了。大部分人都離開了，留下的人為了生存努力工作。出現的這一片景象是——至少相對而言——二十世紀的荒野。」

這聽起來多麼像大平原現在的情形啊。在二〇〇四年的《國家地理雜誌》中，米歇爾（John G. Mitchell）描述了這些地方的人口流失。他描述了在一些社區裡，青壯年如何貌似花甲老人。「事實上，草原也已經開始重新出現在公共土地上了，」米歇爾還說道：「從北達科他到德克薩斯州，十五個國家級草原已經出現在一百四十二萬公頃的土地上了。這是由於一九三〇年代數以千計的農民不幸破產，喪失抵押品贖回權後被政府驅逐出去的結果。這足以創造人類奇蹟了：當草原回歸大平原，美洲野牛的到來還會遠嗎？」事實上，馴養牛的替代品——美洲野牛，數量已經在急劇增加了。在大平原北部，銀行幫助農場主將馴養牛換成美洲野牛。這樣的替換，正像《國家地理雜誌》說的那樣，提供了「一個機會讓人們充分了解大平原過去的樣子，某種可能是未來的面貌」。

新一代移民會繼續這樣做嗎？至少我們已經看到了一個錯誤的開始。一九七〇年代中期，也是自一八二〇年以來，鄉村地區首次比城市發展更快（按比例來說）。至今一些小城鎮仍在快速發展，特別是被大企業選中的地方——譬如說，汽車製造廠，或者更常見的大都市邊緣，一般開車一個小時內能到市區的地方。那裡的房價比較便宜，油價也低得驚人。但是一九七〇年代在美國鄉村和小城鎮的廣大地區，城市到鄉村的移居活動並沒有持續。經濟是一個原因，還有一個原因是，人類畢竟是社會動物，而鄉村地區太封閉。所以現在，城市擴張是更普遍的。移居到更偏遠地區的情況依然在發生，或許到目前為止，這種移民方式是最好的。多數情況下，被城市移居者入侵的小城鎮會失去原有的特點和美麗，開始過度發展。

歷史仍然充滿了錯誤的開始。這樣的開始如同潮水，終究是要退潮回到主流中去。一八六二年，林肯簽署了《宅地法案》（*Homestead*），宣布開放數百萬公頃的土地供移民墾拓。除了該項法案，美國國會也持續通過其他本質精神類似的法案。其一稱為《新宅地法案》，是以提供利多給願意在嚴重流失人口的鄉村地區展開新事業的人，來取代實際發放土地。這項法案提供了賦稅減免優惠，提供創業者資金，替大學畢業生償還最高一半的助學貸款（對於其中四〇%的借貸學生，他們的貸款還款額超過了每月工資的八%，該法案幫助償還大部分金額）。其他促使人口從高密度中心移出的政策也可能更有力，譬如電腦無線網路的廣泛架設（目前，美國的無線寬頻網路在鄉村地區橫越了一千五百多平方公里，其中最大的城鎮僅有一萬三千二百人）；大批建設專門服務小型城市和城鎮的機場；對較大城市可能面臨恐怖主義的擔憂等等。

在此基礎上，有孩子的家庭能有多種選擇。他們可以現在搬到稍小型的城市，譬如南達科他州的蘇族瀑布市。社會學家羅絲瑪麗·艾瑞克森（Rosemary Erickson）在二〇〇四年從加州搬回家鄉南達科他州，她說：「住在這裡，最好的就是所有事都很輕鬆。」這是她的第二次回歸，第一次是在一九八〇年代，那時她在離蘇族瀑布市幾十公里處工作。蘇族瀑布市絕不是小城鎮，但比海岸邊的人口稠密城市更安靜，更貼近自然，它在羅絲瑪麗小時候喜歡的草原和農場的環繞之中。羅絲瑪麗指出，蘇族瀑布市已經變的「非常多元化，有蘇丹難民，還有其他人」。她還說：「我小時候在戴維斯的時候，只有一個黑人學生。」蘇族瀑布市的人完全沒有感覺到和外界隔離。回到蘇族瀑布市的人大部分是退休人士，羅絲瑪麗還知道一些家庭搬到南達科他是為了讓孩子體驗到更恬靜的成長方式，其中包括更直接地體驗自然。

氣候可能是最不利的因素，但是透過更複雜的阻隔技術（有些因為綠色工程師的努力而達致完美），以及更準確的天氣預報和居民防風暴室的普及，這種不利因素是可以克服的。「我們所有的大型購物中心內都有龍捲風避難室，許多人反而會說，『發布龍捲風預報了，我們快去購物中心！』」羅絲瑪麗大笑著說。

所以我們能選擇要建立什麼樣的城市和城鎮，人口如何分配，以及這樣的政治決策和個人決策的價值。有一天，我們能在美國正流失人口的地區建立小型的生活圈。

鄉村地區的綠色城鎮

在鄉村建立綠色城鎮的夢想有著悠久的傳統。都市計畫領域的重量級人物，艾本札・霍華（Ebenezer Howard）出生於一八五〇年，在英格蘭的小城鎮長大，年輕時移民美國，在內布拉斯加州做農民，但是失敗了。他在一八七二年來到芝加哥，就在芝加哥大火的第二年，他見證了這座城市的重建。在美國的這些年，他閱讀了惠特曼、愛默生和美國烏托邦主義者的著作，讓他有了透過城鎮規畫實現更好生活的想法。一八九八年，他出版了《明天：通向真正改革的和平之路》（*Tomorrow: A Peaceful Path to Real Reform*），後來改名為《未來的花園城市》（*Garden Cities of Tomorrow*）。他的「城鎮—鄉村」（town-country）觀點到今天依然有意義。社會組織的三塊磁鐵，他寫道，是「城鎮」、「鄉村」和「城鎮——鄉村」。城鎮——鄉村集合了前兩者最好的社會和經濟特徵，避免各自的缺陷。因此出現了各種形式開展的花園城市運動。

艾本札的主要想法是，一定數量的居民組成一個聯合公司，在經濟不發達的農業地區買土地，建立新型城鎮，每四平方公里上固定有三萬二千人的人口。每座城鎮周圍有二十平方公里的綠化地帶。他繼而把這個想法擴展到了他的「社會城市」（Social city）：幾個花園城市藉由鐵路或高速公路串連起來。艾本札的理論在往後的十年內被付諸實踐，主要是在英格蘭和美國，對郊區發展產生了影響。問題是，現在許多基本的綠色影響在發展中已經遺失；取代綠色城市的是「門戶城市」（gated cities）。從發展者的觀點來看，販賣對安全的恐懼比綠色觀念更有市場。嚴格來說，艾本札的「城鎮—鄉村」概念並未真正得到發展，但是在最近應用新城市主義（New Urbanism）思想的趨勢下，實現那些想法的時代可能已經來臨。新城市主義，這個經常和「智慧增長」（Smart Growth）、「控制城市蔓延」（controlling suburban sprawl）聯繫在一起的社區營造哲學，傾向於回歸傳統特徵，譬如前門廊、後院車庫、多用途的房屋和居住在商業服務區附近。

當然創建新型綠色城鎮，重新將後代直接和自然聯繫在一起，不僅僅是城鎮規畫上的挑戰。難題之一是，這樣的布局要做到真正的綠色，得和工作區域建立完整的交通聯繫，而這種交通體系不僅僅是汽車，最終甚至於要超越混合動力車。單純的社區營造無法符合這個條件，還需要多方面的合作，包括綠色城市填充（green-urban inll）、綠色城鎮、更多的大眾交通運輸工具，以及更大量利用遠距離辦公和視訊會議。

艾本札會將這種布局當作城鎮——鄉村，未來的「花園城市」。類似的城鎮規畫和試驗性方案已經存在了，比麥克．柯伯特在加利福尼亞戴維斯的「鄉村之家」計畫更鄉村化。譬如說，位於溫哥華的CIVITAS，是獲得國際認可、跨研究領域的土地規畫公司，曾為加拿大英屬哥倫比亞省的里齊蒙，一個農地土地保護區內的吉爾莫農場，做過長期永續的願景概念規畫。根據CIVITAS做出的計畫，要在那片一百三十公頃農地上蓋兩座小型村莊，分布在包含一條市場街在內的一系列公共空間周圍；村莊周圍的農地將使用特別的農業技術，種植有特色的農作物。「這個概念還可用來發展生態公園、野生生物觀光、環境研究和禁獵區。」

CIVITAS規畫的另一個專案，是在英屬哥倫比亞省查華森的灣邊村，建立一個「生態村：有著鄉間小村落那種凝聚力氛圍的小型群落」，裡頭的道路「比一般的郊區」更小、「更人性化」，原生植物和景觀將為住宅區內的鳥類提供新的棲息地。生態村內的每戶人家的生活環境都將是在「經過改進的大片野生地和鳥類棲息地內，包括可耕地、牧場、天然公園、水鳥棲息的溼地沼澤和海灘的鳴鳥緩衝區」。

持懷疑態度的人可能會說，這樣的新型城鎮聽起來不錯，真正施行起來就沒這麼好了，而且這種特洛伊木馬的發展，可能會使鄉村陷入更大的城市擴張。考慮到規畫型社區和新城鎮發展始終無法延續的歷史，懷疑論者的質疑還是有道理的。但是如果這個方式不是片斷的，如果這一綠色城市主義原則伴隨著相關法律的執行，以及綠色城鎮發展邊界的限定，那麼的確很有可能有正面的結果。至少，這樣的概念城鎮提醒我們城鎮的建設方式不只一種。

讓我再回到為什麼這種未來思考對兒童和自然關係很重要。在我們的家庭生活和學校中，在我們生活的所有環境中，我們可以——立即——做很多事來鼓勵兒童和自然的重新結合。但是長期看來，除非我們改變文化模式和建設環境，不然我們和自然的鴻溝將愈來愈大。更重要的是，我們的目標不僅僅是維持現有的健康水平，還要大大的改善，為那些願意跟隨的人創造出更好的生活。我們可以節省能源，減少對地球的破壞，同時為了快樂拓展文化的容量。作家馬修森（Peter Matthiessen）說過，「看著美國荒野的消失，有一種悲哀的感覺，因為這是我們自己的神話，美國的邊疆，正在我們的眼前惡化。當我想到我的孩子將看不到我曾經看到過的東西，而他們的孩子什麼也看不到，我就覺得很悲傷。看著自然，我感到深深的哀痛。」這樣的悲傷，在某個層面上是可以理解的，但是在思考可能的、再生的、新邊疆的遠景，就是不合適的了。

沒有某種必然的未來。那些現在急於找到能夠投身一生事業的孩子和年輕人，可以成為第四邊疆的建築師、設計師和政治力量，使他們的孩子和後代子孫和自然快樂地聯繫在一起。我現在是否正坐在樹杈上，冒著樹枝隨時可能斷裂的危險？當然是，但正像諺語所說，樹枝正是結出纍纍果實的地方。

西元二〇五〇年

一個名叫伊蓮的小女孩跑過了一排公共自行車，靈巧地閃過核桃樹的樹枝，眼前突然出現一個全新的世界，小山丘上全是野洋蔥、印度大麻、樓斗菜和天藍色的紫苑。她知道所有植物的名字。她沿著山裡的小路跑著，依循這條小泥土路上的足跡，找到了長耳大野兔和鶺鴒的蹤影。她把手放在小山狗的足跡上，比較自己的手指頭和山狗腳趾的大小。

她手腳並用地爬上了小山丘，然後屏住呼吸，把那些溢出白色乳漿的草撥開，向那邊瞟著。她坐在草地上，看著天空，想著是雲在動，還是自己在地球上轉。她把手伸進書包裡，拿出了書，順勢躺在草叢裡翻開書，讀了起來：

「晚上，馬克思穿上他的狼服，開始惡作劇……」

她感覺晨風在她的臉上輕輕吹過。

她聽到了蜜蜂的嗡嗡聲。

半小時後，她睜開眼睛，雲彩已經飄走。她坐了起來。光線和剛才完全不同，在北邊的山脊，她看到了一隻，兩隻，現在是三隻羚羊。「叉角羚。」她輕聲說道，一邊品味著這個詞的味道。牠們慢慢將頭轉向她。在西邊，伊蓮看到了小型的電動聯合收割機正在收割原生穀物的果實。在東邊遠處，她看到了移動的黑點，「野牛，」她悄悄說著，「美洲野牛。」她覺得自己更喜歡美洲野牛這個稱呼，於是又說了一遍。

當她入睡的時候，世界已經改變。

第七部

感受驚奇

有個小孩問什麼是草？他捧著一手心來到我的面前。
我該如何回答？我知道的一點也不比他多。

——惠特曼（Walt Whitman, 1819-1892）

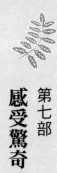

第二十一章 兒童的靈性需要自然的滋養

追溯一條河流或一顆雨滴的歷史，正如約翰·繆爾所做的那樣，就是追溯靈魂，追溯在身體裡跌宕起伏的心靈的歷史。在這兩種追溯中，我們不斷地尋找，然後突然間發現神性……

——埃里希（Gretel Ehrlich,1946-）

我兒子馬修四歲時曾問過我：「上帝和自然母親是夫妻，還是只是好朋友呢？」好問題。

在為本書作調查的過程中，我聽到很多成年人滿懷敬畏，滔滔不絕地講述自然在他們幼年的精神成長過程中所發揮的重要影響力，以及自然與精神的聯繫又如何隨著年齡的增長而加深。許多人都曾盡力與自己的孩子分享這種聯繫，卻遇到了種種挑戰：怎樣才能繞開錯綜複雜的《聖經》闡釋、語義學和政治學，解釋清楚自然的靈性，或是更準確地說，蘊含於自然中的人類精神。這些挑戰是把我們兒時躺在地上看山觀雲時湧現的敬畏之感傳達給孩子們的真正障礙，也阻礙著自然與兒童的重新結合。

有一條路，可以走出來。

幾年前，一群宗教領袖，包括一位新教牧師、一位天主教牧師、一位猶太教拉比和一位伊斯蘭教伊瑪目，聚在我家的客廳討論如何教育孩子。談話中，貝思艾爾聖會（Congregation Beth-El）的拉比馬丁・萊文（Martin Levin）對靈性做了精采的描述：人的靈性就在於能不斷地感受到驚奇。他說：「引用當代的偉大導師亞伯拉罕・約書亞・赫舍爾教授（Abraham Joshua Heschel）的話，我們的目標應是生活在極端的驚奇之中。赫舍爾鼓勵他的學生，早上起床後用一種不把任何事物看成是理所當然的態度，來觀察周圍的世界。每個事物都是非比尋常的，不可思議的，永遠不要漫不經心地對待生命。人的靈性就在於能不斷感受到驚奇。」

古代文獻認為兒童擁有靈性。亞伯拉罕尋找上帝之旅就始於孩童時期。《聖經》告訴我們，「嬰兒們頌唱著上帝高過天國的榮耀。」以賽亞預言，有一天「狼與羔羊將同住，豹與孩童將同臥，有個孩子將引導牠們」。猶太神祕主義認為，胎兒知曉宇宙的祕密，但出生時就忘掉了。耶穌在《新約福音書》中說，「除非變成孩童，要不然你永遠都進不了天國」。包括充滿幻想的詩人威廉・布雷克（William Blake）和華茲華斯在內的許多人，都把兒童的靈性和自然聯繫在一起。布雷克在孩提時就宣稱，看到先知厄則克耳坐在樹上（他還因此挨了一頓打）。他還說看到了一棵滿是天使的樹，天使們在樹枝間歌唱。華茲華斯的詩也描述了兒童在自然中的超驗經歷。他在〈頌歌：孩童回憶裡的不朽啟示〉裡寫道：

曾經草地、樹叢和小溪，
大地及所有司空見慣之景，
在我眼中
都披上了天國之光，
似夢境般榮耀，清新。

當然，有人認為這種想法是煽情的胡說八道。佛洛伊德是無神論者，他認為上述的神祕主義是種倒退，倒退到了他所謂的子宮「尖峰體驗」（oceanic experience）裡。正如霍夫曼（Edward Hoffman）在《天真的幻象：兒童的精神及靈感經歷》（*Visions of Innocence: Spiritual and Inspiration Experiences of Children*）中所說，「佛洛伊德認為童年時期是最低等的，動物性衝動最強烈的時期。」在佛洛伊德看來，兒童受本能驅使，為自我滿足滿懷亂倫情慾。樹上長著翅膀的天使是不會出現在他們的生活裡的。

榮格曾是佛洛伊德的學術盟有，但在一九一三年與他決裂，並提出一種深受東方哲學、神祕主義和童話等因素影響的人類心靈論。榮格認為，人在後半生會逐漸適應幻象經驗，雖然根據霍夫曼的說法，「榮格後來的觀點有所改變」。但在榮格的自傳《回憶・夢・省思》（*Memories, Dreams, Reflections*）中，他還提到自己七、八歲的時候，獨自坐在離的家不遠的大石頭上沉思：「我是坐在石頭上的那個人呢，還是被人坐著的那塊石頭呢？」但是，除了這些童年的回憶之外，榮格對兒童的精神生活並無太多著墨。霍夫曼認為：「就這點來看，不幸地是，榮格恰代表了當時主流心理學及其應用治療分支的觀點。」

即使是二十世紀初創立了美國心理學的威廉・詹姆斯（William James），雖然他對宗教經驗有濃厚的興趣，也從來沒有把注意力轉向兒童的靈性，。直到一九六〇、七〇年代，兒童的靈性才引起人們的注意，主要表現在寇爾斯（Robert Coles）的《兒童的精神生活》（*The Spiritual Life of Children*）裡。自然對兒童靈性的影響這一更為狹窄的領域一直是備受忽略的。極為諷刺的是，當代許多關於自然對兒童認知和注意力的研究都源自於詹姆斯的觀點。

霍夫曼是少數研究這一領域的心理學家之一。作為紐約地區的臨床心理學家，他專攻兒童發展學。他在撰寫馬斯洛（Abraham Maslow，他於一九六〇年代後期提出了著名的需要層次論）傳記時，發現這位傑出的心理學家與自己一樣，也認為即使是幼童也會有精神方面的疑問。馬斯洛還沒來得及闡釋自己的發現就去世了。霍夫曼就接著研究。他採訪了兒童和數百名成年人，這些人都講述了自己童年時期「除常規宗教之外，對偉大意義、美和靈感等」的自發經歷。霍夫曼寫道：「基本上，可以確定無疑地說，我們當中有些人（人數要比我們想像中的多很多）幼年時曾經有過高峰經體驗，甚至神祕體驗。從這點來看，傳統心理學及其相關學科對兒童的描述極其不完整，並由此推知，對成年人的描述亦是如此。」

霍夫曼搜集到的有關兒童方面的資料顯示（就像寇爾斯的研究結果一樣），在童年時期，人們是有可能經歷崇高或超驗經歷的。激發出這種過程的可以是真誠的祈禱，也可以是正式的宗教儀式。其結果可能是「一段幻象，一個夢境，也或者只是平常的一個時刻，卻突然讓人感到莫大的幸福」。美學也可產生此種過程：譬如親眼目睹到少年音樂天才莫札特或者貝多芬。然而，最有趣的就是，霍夫曼的研究發現，絕大部分兒童的超驗經歷都發生在自然當中。

信仰聲明

自然是珍妮特靈性的種子，她把這顆種子也栽在女兒的心靈中。當珍妮特回顧在自然中度過的童年生活時，她不僅把這段生活看作是自己成為環保積極分子的緣由（她參與了保護西維吉尼亞州境內群山山頂的工作），也把它視為靈魂的養分。童年時，她最喜歡去的地方就是姑父、姑母開的牛奶牧場。那裡，她的想像與精神可以盡情遨翔。

她跑到穀倉、雞舍、山坡、草地或溪水旁，去挖掘自然豐富的寶藏。無論是觀看小貓的出生，或是悼念躺在冰冷地面、還未長出羽毛的小鳥的死亡，自然都為珍妮特提供了大量的機會來滿足她對生命的好奇心，並教會她死亡是無法躲避的道理。

珍妮特說：「我直到現在對諸如彗星、日月蝕、流星雨之類的天象，都懷有敬畏之心。當我看著這些天象奇觀時，不知怎的就會想到在我出生前的千百萬年裡，也有人或類人的生物做著和我一樣的動作。無盡而神祕的宇宙讓我以正確的眼光來看待生活。和從前相比，普通平常的事物更能讓我產生驚奇之情，譬如我發現鳥的每根羽毛都由數以百萬計的小部分組成。幼年時，我在自然中享受到了無盡的快樂，現在我依然能在涓涓溪水邊或燦爛星光下體驗到最深刻的喜悅。」珍妮特說她能在自然中體會到無法用言語表達的東西，這就是「上帝對他／她自己的渴望與嚮往」。珍妮特的女兒已經成年，她雖然住在一個相當都市化的環境裡，卻也依然能感受到上帝的存在。

米涅里（Joan Minieri）在紐約市內一個由不同信仰的員工組成的環境機構工作，已有幾年時間了。雖然她住在繁忙的都市裡，但是自然引導著她的精神生活，教導她為他人奉獻。米涅里的信仰聲明強調了對城市自然的需求，更多更多的需求。作為母親，她也知道父母需要對自然抱有滿腔的熱情，並且如她所言，要「有意識地培養這種熱情」。米涅里的精神生活根植於天主教，但她近幾年一直在練習佛教徒式的靜心，這種靜心能讓人們在沉默中找到慰藉。「就像我們的父母認為把我們領進教堂是他們的責任一樣，法蘭克和我作為父母，也認為把孩子們領到自然中是我們的責任，」她說，「我們教女兒祈禱。但自然為她的祈禱詞提供了一個很重要的標準和語境，也是她學習熱愛和尊重所有生命的好地方，在那裡，她可以親眼看到，親手觸摸到，甚至聞到生命的誕生，也就能理解為什麼她要盡好自己的義務去照顧其他的生命。」

米涅里笑著補充道：「我希望她長大之後，還能像現在這樣真摯地愛昆蟲。」

對於其他父母而言，自然在精神方面的重要性被看作道德問題。有些父母認為孩子在自然中的經歷對他們的道德培養具有很重要的作用。譬如，雖然有些人認為釣魚是項有爭議的運動，但也有人認為透過釣魚可以與孩子討論道德話題，如保護環境、人類與其他動物間的關係、生命與死亡。

作為全國著名的飛繩釣作家，諾曼（Seth Norman）主張的就是這種觀點。諾曼教他的繼子釣魚，認為釣魚是個讓人感受到驚奇的活動。但他同時也教孩子不要浪漫化或神化自然。當我讓諾曼談談自己在自然中的精神生活時，他反而把我的問題完全倒轉過來。「我希望自己能更早知曉：我在美麗的自然中見識到愈多的野性，就愈珍視人類，」他說，「我很疑惑，我看到的森林、沙漠根本不像伊甸園，野生動物相互殘殺，毫無公平可言。讓我吃驚的是，人類對此無計可施：我花了好幾年時間才明白全能的天父真的拯救不了我帶回家的所有孤兒。」

他還記得幼時在自然中曾向上帝提出了一些尖銳的問題。「我現在還會這樣做。掌握命運這一要求對成年人來說太苛刻了。對於看迪士尼動畫長大的孩子們來說，發現一群斑比小鹿才能餵飽一隻獅子王，毛克利的狼朋友們會吃掉小兔桑普和他所有的家人，肯定會非常震驚。最終絕大部分人都會明白是人類創造了道德、價值和倫理，而不是自然——即使是自然值得保護這一觀點也是由人提出來的，不是自然自己。我們可以充當守護者和管理員，也可以不當。我們可以過理性的生活：讓水、空氣和一切事物的本質保持平衡（這種平衡我們也是剛剛開始理解）；也可以過非理智的生活，在這種情況下，自然母親就會填充人類留下的空白。她很敏感又極其冷漠。」

自然向孩子們介紹了一個觀點，或一種知識：它們在這個世界上並不孤獨，除了它們的世界，還存在別的現實和空間。約翰·伯格（John Berger）一九二六年出生於倫敦，現居於法國鄉村。作為著名藝術和電影評論家，他寫人類如何體驗現實，如何觀察世界，文風善辯。在《影像的閱讀》

（*About Looking*，遠流出版）中，他寫道，動物首先以使者和徵兆的形象進入人類的想像空間，而且是具有魔法般的，甚至是神諭的功能。動物的生長方式雖與人類相似，但他們「對人類的陪伴，完全不同於任何形式的人與人之間的陪伴，因為動物的陪伴針對的是人類作為一個物種所感受的孤獨」。譬如，印度人認為地球由大象的背著，而大象又是由陸龜馱著。神人同形同性論（Anthropomorphism），「作為繼續沿用動物比喻的最後陣地，」是人類與其他動物關係的核心內容。但神人同形同性論在過去的二百年裡名譽掃地，因為動物被當作原料和實驗物件加以利用，他們的DNA也與機器相組合。當野生動物逐漸從我們的生活中消失，「神人同形同性論使我們在面對這新的孤獨時，變得更加不安，」伯格說。至少在已開發國家裡，以前從沒有這麼多的家庭擁有這麼多的寵物。「已開發國家的兒童，身邊滿是『動物』肖像：玩具、圖片、小飾品上、動畫裡全是。其他肖像是不能和動物肖像抗衡的。」伯格寫道。雖然兒童都會玩帶有動物形象的玩具，「但直到十九世紀，動物肖像複製品才成為中產階級兒童的必備玩具。」

之後，動物玩具由象徵性轉變為寫實性。傳統的木馬剛開始只是根木棍，「騎上去就像騎掃帚；十九世紀時，象徵性的木馬演變為寫實性的木馬。這些木馬被做成真馬的形態，漆成真馬的顏色，有時還會裝上真馬皮、鬃毛，設計成駿馬飛奔的模樣。而在相應的意識形態裡，動物總是被觀察的對象。動物可以觀察人這一事實已經完全不重要了。」難道就真的不重要了嗎？我把兒子放進被窩裡的時候，常常是我，或是兒子，拿起一個動物毛絨玩具和他說話：一隻綿製無尾熊，一隻聚酯做的猴子，一條組裝魚，每個都有名字和自己的個性，每個都能進行對話。科學家可能不接受神人同形同性論，但孩子卻不這樣想：動物毛絨玩具愈來愈多，成排地出現在機場走廊、商場貨架、動物園，博物館，甚至是速食店裡。伯格寫道，這些動物玩具「迎合了人類這一物種感到的孤獨及心底強烈的渴望，這種精神饑渴說到底是人類無形的信仰」。他接著寫道：「即使野生動物已經從孩子們的生活中消失了，這些動物玩具也顯現了孩子們的精神饑渴——或者更準確地說，我們感受到了孩子們的精神饑渴。我們用圖騰，用生活在我們周圍的神人同形同性的象徵符號來滋養孩子們的心靈，我們繞了一圈又回到了原點。」

即使是最理智的父母也會跟泰迪熊對話。幾乎所有的父母都會講述自己童年時的一些靈性經歷，這些經歷往往發生在自然當中。他們也會講述自己孩子童年時的相似經歷。但自然中的靈性經歷在兒童的世界中，卻很少得到關注。這方面研究的欠缺，或許正好說明了人們對此神經緊張。畢竟兒童在自然中的靈性經歷，特別是在獨自一人的情況下，是大人或某些機構無法掌握的。

有些宗教組織或信仰體系不相信自然和精神是相互聯繫的。他們懷疑環境主義是一種人造宗教，認為它是一種可怕的文化萬物有靈論。這種觀點在美國文化中根深柢固，可能是兒童與自然之間最不被人注意、卻也最重要的阻礙之一。

關於環境對人類行為的影響，湯普森（Suzanne Thompson）有深刻的認識。幾年前，當她五十出頭時，意識到南加州社區環境太冷漠，孩子生活在其中不安全。父母們除了上班外，極少敢到外面去，因為在屋前玩耍的孩子極易受到不法路人的侵害。於是她拆掉前院，重修了一個大院子。用石頭砌成圍牆，院內放幾把寬大的木躺椅，然後邀請鄰居前來聚會聊天。在一個黃昏時分，我參觀了湯普森的社區庭院，看到鄰居們坐著喝茶，孩子們坐在牆上或在綠油油的草地上嬉戲。她的簡單創意之舉再造了當地的社區精神。

她喜歡在自然中打發時間，同時鼓勵女兒也這麼做。然而，與許多虔誠而保守的基督徒一樣，對於任何強調「靈魂——自然」聯繫的文化，以及被她稱為「環境議程」的事物，她都抱持著一種懷疑的態度。

她說：「上帝創造了人類，將他們放在一座花園裡，並下令他們在服從造物主的前提下，可以享受並支配管理花園的一切。」她認為上帝創造世界這個故事的核心就是：「人類是以上帝為原形而被創造出來的，因此享有上帝獨有的一些能力，譬如選擇的自由、創造力以及對支配被創造物的權力。」所以她認為，如果通曉《聖經》這一基礎，對於環境的憂慮只會淪落為情感主義、自然崇拜、生物平等主義（它「提高了動物的地位，貶低了人類的重要性」），以及生物中心論（它「無視《聖經》中認為當人類的需求與非人類的需求起衝突之時，人類的需求必須首先得到滿足這一觀點」）。湯普森認為，「我們首先必須讓兒童與自然進行直接的接觸，之後再讓他們了解這種接觸的重要性這類抽象概念。這並不是他們自己想不想去接觸，而是讓他們了解為什麼要去接觸。」

現在，環境主義內部一個新興的運動顯示，湯普森的信仰與人們更加努力保護自然，讓兒童接觸自然這一趨勢並不相左。

以信仰為基礎的環境主義、科學以及我們的下一代

若不熱愛上帝創造的世界，也不可能會熱愛上帝。高曼（Paul Gorman）說：「我們讓自己的孩子與自然萬物隔離了多遠，也就將他們從造物主——上帝身邊拉離了多遠。」高曼是美國「國家環境宗教之友」的創建者和負責人，這一機構總部位於麻州安默塞特。在他看來，「不管是什麼樣的宗教信仰，只要它成為隔離兒童與自然這一行為的幫兇，便都是異端邪說，都是有罪的。我們之中的許多人都逐漸同意這一激進觀點。」激進，沒錯，但是並不偏激。高曼的機構成立於一九九三年，與猶太教和基督教的主要信仰組織及教派結成聯盟。它有四個創始機構，其中包括美

國天主教聯合會、美國全國基督教協進會、環境與猶太人生活聯盟，以及福音派環境網。高曼描述了一個逐漸壯大的環境運動，這一運動以信仰為基礎，藐視自由或保守的種種刻板思想。

此類聯盟並不是新事物。一九八六年，我參觀了華盛頓州的霍特科姆郡，這是一個漂亮到令人讚歎不已的農業區，擁有悠久的荷蘭宗教傳統。在當地，，一個非營利性組織「憂慮的基督教居民」，發起了反對墮胎、保護環境的運動。該組織的負責人白林克（Henry Bierlink）告訴我：「我們擁有基督徒管理員的倫理觀。美國人對環境的態度受到了《聖經》上『征服地球』這一法令的影響。但是我們相信，上帝授予我們的責任並不是去征服，而是去熱愛這一片大地；我們只是這片土地的過客，所以要小心地將它傳遞下去。」霍特科姆郡文化中的宗教元素牽引著她在生態方面的態度。當地的許多農民都拒絕把土地賣給開發商，並與公共土地信託基金會合作以永遠保護他們的綠草牧場。高曼在《自然保護》（*Nature Conservancy*）這本雜誌的一篇封面故事裡，講述了這種倫理觀的傳播，尤其是從一九九〇年教皇提出，基督徒在道德上均有保護上帝創造的世界的責任以來，這種倫理觀是如何傳播開來的。

如今，在阿肯色州，當猶太會堂慶祝果樹日（即猶太的果樹新年），孩子們會種下當地牧草的種子。同時，太平洋西北天主教的主教們會發布一封主教信，宣布哥倫比亞河流域為「一個神聖的公共資源，上帝存在的啟示，指示我們進入一個逐漸轉變和變化的過程」。

有些宗教傳統可能將這樣的言談視為瀆神的萬物有靈論——也就是自然崇拜。不過，在北卡羅萊納州的羅利市，《新聞與觀察家報》（*News and Observer*）報導了一家浸信會的「環境使命團」在其教會的耶誕節展銷會裡出售蚯蚓堆肥回收箱，以及建立起一個名為「兒童與自然手牽手」的營地的過程。美國各個禮拜的場所（如教堂、寺院等）現在均提供聖經生態學的課程，教授出自《創世記》裡關於生物多樣化的片段。高曼說：「人們還在繼續爭論。一些人聽到管轄的言論，並視之為人類對自然肆意掠奪這種態度的成因，這是可以理解的。但是人類對自然的肆意破壞並不需要《聖經》的指導。沒錯，我們要從管理員的角度去思考，而不應該從統治者的角度去思考，這點很重要；但是，正如我一直強調的，既然人類現在對自然的作用有這樣的力度，我們其實已經管轄了自然，不管我們喜不喜歡。」

許多做禮拜的場所已經逐漸變得環保起來，相應地，各個環境組織也逐漸變得更能喚起靈性。例如，「大自然保護協會」這個機構將其土地購買活動描述成救贖的行為；公共土地信託基金會則宣稱自己將「土地的靈魂」轉換成「文化的靈魂」；一九八九年出版的環境主義的經典讀物《自然的終結》（*The End of Nature*），作者麥奇本在書出版後，就提出了一則虛構的報紙頭條，為我們的時代進行了完美的總結：人類取代上帝；一切都已改變。如果主日學校開始聽起來像是生態學一〇一課程（生態學的入門課程），而環境主義者（這類人很多都對教堂反感）與街頭傳教士聽起來沒兩樣，這代表著什麼呢？這對兩者來說都是好消息吧。

我們不應該低估這種新型互補，對形塑下一代和自然之間的關係所具有的影響力。以信仰為基礎的環境主義思想可以創造出奇怪的夥伴，也可以創造出有力的聯盟。二〇〇三年，高曼和一群福音派人士發起了一場現在廣為人知的運動，「耶穌會開什麼車？」這場運動反對的目標是極其耗油的ＳＵＶ。二〇〇二年，美國「全國基督教協進會」和「山巒俱樂部」聯合贊助了一個電視廣告，反對阿拉斯加北極國家野生動物保護區的石油開採。同年，美國議會勉強通過反對在此保護區進行石油開採的提案。在連結年輕一代和自然世界這方面，做禮拜的場所可能比學校更有影響力。高曼說：「愈來愈多有宗教信仰的人，在逐漸意識到自然和宗教之間的連結時，開始把自然列入他們的討論話題。然而，你必須從父母著手。首先，也是最重要的是，讓父母了解這種連結的本質。孩子的未來並不是像設計課程一樣，而是要他們意識到天地萬物的存在。孩子們必須要在父母身上感受到這種連結的必要性和深刻性。他們一直透過我們來觀察世界；他們知道什麼是虛假和偽裝。當我們愈來愈清晰地感受到這種聯繫的時候，我們也會更真實地投身其中，而孩子也會回應這種真實。最重要的事就是覺醒。覺醒和發現的喜悅就正是孩子該有的樣子。」重新致力於建立靈性與自然之間的連結應該是這樣一種過程。「它可以是非常棒的一種過程。」

那麼，對於擔心孩子們崇拜自然，而不崇拜創造自然的上帝的湯普森，高曼又會說什麼呢？回想一下《創世記》吧：「上帝創造世界的目的是讓我們、兒童和所有人，更親近祂。作為父母，你鼓勵孩子感受自然不是因為自然的美麗，而是因為你的孩子能因此接觸到比他們短暫的人生更為宏大、長久的事物。」高曼如是說。透過自然，物種進入了超驗狀態，因為在其間有某些超越個體存在的事物正在進行。多數人在靈性旅程中，因為自己在自然界的體驗有所覺醒或者變得更為堅強。高曼說：「對個人的靈性來說更是如此，自然體驗不同於神學，後者是教堂和猶太會堂的作品。當然《聖經》使用了自然的語言，『上帝是我的牧羊人，我不再有欲望，祂使我躺臥在青草地上，領我到清澈的水邊，讓我的靈魂可以安歇。』」

重新連結精神和自然，不單單是這類信仰組織的工作。許多科學家都提出，科學的實踐和傳授都必須重新發現或是承認自然的奧妙，以及它靈性的一面。一九九一年，三十二位諾貝爾獎得主和包括愛德華．威爾遜及古爾德（Stephen Jay Gould）在內的著名科學家，發表了一封「致美國宗教團體的公開信」，這封信就人類對環境的反應表達了深切的懷疑。這份文件在一定程度上促成了「美國全國環境宗教之友」這個機構的創立。這些科學家在信中說，只有科學資料、原理及經濟誘因是不夠的，保護自然環境已經不可避免變成了一個道德問題：「身為科學家……我們迫切呼籲全球宗教團體共同努力保護地球的環境。」其中一位科學家，喬治城大學的物理學及宗教學教授，那司爾（Seyyed Hossein Nasr）爭辯道：「如果世界只是一碗相互撞擊的分子，那麼自然的神聖何在？」

納卜漢是北亞歷桑那大學可持續性環境中心的主任，同時也是《為什麼童年需要沃野》（The Geography of Children）的作者。他相信他的生態學家夥伴能更深刻地理解生物群體的相互聯繫，同時也逐漸意識到科學與宗教之間所共有的一個基本的特點：這兩者在人類經驗前都顯得卑微。那納卜漢說：「科學是人類的一種努力，它讓人類不斷地意識到自己可以錯得多離譜。」如果科學家只依賴理性，「我們的工作也就變得毫無意義。我們需要將我們的工作放在某種非物質的背景裡來考慮」。

環境也是一樣。在這個問題上兒童是關鍵。一九九五年，麻省理工學院出版社出版了一項調查報告，內容是美國人如何看待環境問題，是這類調查中規模最大之一。調查結果讓研究者十分震驚。他們觀察到語言中增添了環境意識（譬如，曾被稱為沼澤區的小塊土地，現在更有可能被稱為溼地），還注意到一組處於核心地位的環境價值觀。這份報告宣稱：「對於有孩子的人來說，讓後代接受環境倫理上的責任，能賦予環境價值觀堅實而具情感性的基礎，比抽象原則更為扎實。」研究者宣稱，環境價值觀已經和親職的核心價值觀相互交織，密不可分；這是「一項重大發現」。絕大多數接受調查的人援引上帝作為保護環境的正當理由；各個群體在這一點上驚人的一致。研究者的問題是：「怎麼回事？為什麼這麼多不信神的人會以上帝創造世界這個觀點為基礎來為自己的觀點辯解？」似乎「上帝創造世界是美國文化中最能表達自然之神聖的一個概念。不管你是否真的相信《聖經》中上帝創造世界一說，這已是美國人表達這種價值觀最好的工具」。如果這份報告是正確的，保護環境的靈性上的論據（儘管它很少為環境運動所用）將會比功利主義的論據更為有效。換句話說，與其為保護某種癩蛤蟆而辯論，還不如呼籲保護上帝的創造物（包括那種蛤蟆）更有效。因此，思考後代子孫對上帝創造的世界所具有的權利（包括其形成及恢復的特點），其實就是一種靈性的行為，因為它的範圍超出了我們這一代人的需要。這種靈性上的論據是代表未來的兒童提出的，它是最為有力的情感武器，能用來捍衛地球和人類自身。

上帝和大自然母親

接下來的幾十年是西方思想和信仰的關鍵時期。於學生而言，對靈性環境的進一步強調可能會讓他們對自然和科學的奧妙重新產生敬畏之意；於環境運動而言，他們則有機會呼籲一般擁護者以外的人超越實用理由，轉向更為靈性的動機：保護環境其實是一種靈性行為。畢竟這個世界是上帝所創造的，是要留給後代子孫的。對父母而言，這種更為廣闊的思想，將使子學習綠色牧場和澄靜之水在生物學和靈性上的價值這件事至關重要。

我們的家庭和組織需要仔細傾聽年輕人的渴望，他們渴望一些只能在自然中找到的事物。心理學家霍夫曼認為，十四歲以下的孩子不具備描述早期自然靈性體驗的能力或語言技巧。但我的親身經歷告訴我，在自然和靈性方面，孩子和年輕人是有許多可以說的，只要我們願意去聆聽。聽聽一位九年級學生和我分享的一則故事，關於他口中「那個地方」的故事，在那裡他感受到了驚奇：

> 在我的回憶中，每次我聽到「自然」這個詞，我就會想到一座森林，遠遠就能望見環繞森

林的山峰。但我對此從未多想，直到有一年，我和家人在曼莫斯山度假之時，我決定試著去尋找，這個我自孩提時期就一直想像的地方。我告訴我父母我要出去散散步，之後，我抓了件上衣就出發了。

讓我驚奇的是，我只花了大約五分鐘或十分鐘就找到了「那個地方」。我滿懷敬畏地站在那裡；它和我想像的一模一樣：高大的松樹隨處可見。在距離我站立處三十公尺的地方，白雪輕輕覆蓋著地面；松針四散地分布在各處。越過樹頂能看到遠處山頂的絕美風景。我身旁有一條小溪。我唯一能聽到的聲音就是涓涓的水流聲（偶爾也能聽到從不遠處的公路傳來的汽車聲）。我像被星星擊中了腦袋，整個人處於暈眩狀態，感覺大約過了五到十分鐘，但其實已經過了兩個半小時。

因為天色已晚，我父母一直在找我。當我們會合的時候，我告訴他們我迷路了，因為我不知道怎麼跟他們分享這樣的經歷，這樣不可思議的一次靈性之旅。這次經歷讓我切實地開始思考自然的真正含義。

我最後的結論是，一個人對自然的想法就是他對天堂的想法。對我來說，我在「那個地方」的時候感到無比滿足。

弗瑞德・羅傑斯（Fred Rogers）擅長傾聽。在他逝世前幾年，我為了自己的報紙專欄採訪過他，並帶著剛過六歲生日的兒子馬修同行。馬修一直精力充沛，性格很外向，但在那一天，他顯得很緊張，一直不說話。當我將他介紹給弗瑞德的時候，我注意到他的上唇在顫抖。弗瑞德對他微笑並和他握手。之後，弗瑞德中斷和在場成年人的談話，坐到馬修身邊；當時馬修已經從他的小背包裡掏出了一本有關卵石的書。

弗瑞德說：「我也喜歡卵石。」他說他有一架切磨機，但因為它經常嗡嗡響，只好把它放在穀倉裡。馬修聽了睜大眼睛，因為他的生日禮物就是一部切磨機，可以轉動並打磨他所收集的漂亮的石頭。弗瑞德和馬修一起傾身閱讀這本書的其中一頁，輕聲說著卵石的祕密。

我記得弗瑞德已被授予牧師一職，所以我跟他提起馬修那個關於上帝和自然的神學問題：「他們是夫妻呢？還是只是好朋友？」當我兒子問這個問題的時候，我忍不住大笑；但弗瑞德沒有笑。

他想了好一會才回答說：「馬修，這是個很有趣的問題。你的媽媽和爸爸結婚，並有了兩個好兒子；他們對這兩個男孩來說十分重要。所以我覺得這是我們了解上帝和自然的一種方法，那就是，擁有一對愛我們的父母。」

也許這個答案如今不是很政治正確（譬如單親家庭？），但是對馬修來說已經夠了。然後弗瑞德輕聲說了一些只有我兒子才能聽到的話，馬修聽後笑了。

之後在大家都準備離開的時候，弗瑞德坐回馬修旁邊，對他說：「你以後能不能告訴我，你為自己的問題找到了什麼樣的答案？」

第二十二章 大火和重生：發起一場運動

天剛濛濛亮，我妻子凱西下床到屋外去拿報紙。一陣熱浪襲來，她抬頭望天，天空呈現出一種黑暗渾濁的琥珀色。

「出事了！」她搖著我的肩膀說。

四小時之後，我們駕車離開斯克瑞普斯農莊。幸虧我們家那裡是一條死胡同，阻隔了那團熊熊燃燒的橘黃色火焰。車裡承載著過去的回憶——相簿，孩子們的塗鴉，他們小時候穿的衣服，以及從牆上撕下來的畫。小貓賓克利躲在紙盒裡，跟著警笛聲喵喵叫。「怎麼會這樣呢？地毯就這麼被拉出來……」小兒子馬修說不出話來了。這個只有十幾歲的孩子看起來惶恐不安而憂心忡忡。他堅信自己的世界將在大火中成為一片灰燼。「沒事的，」我回答，試圖安慰這個孩子，儘管沒有什麼效果，「當作是冒險好了。嘿！我就是跟龍捲風一起長大的。每年春天我們都要像這樣玩一次。」

「但我不是。」他說。的確如此。

我們朝西北方向駛去，遠離大火引起的滾滾濃煙。路上車子一輛接著一輛。四十分鐘之後，我們開到了高速公路邊上的漢普頓旅館，把車停在停車場。這裡靠海。這家旅館對火災逃生者打折開放。旅店大堂裡擠滿了暈頭轉向的聖地牙哥人，還有他們的寵物。

大螢幕電視裡正在播報火災報導，人們聚集在電視前，一臉錯愕地用手捂著嘴。

大火在離我們家還有三個街區的地方止住了，調轉方向，被大風又吹到了野外。

直到二〇〇三年十月這場南加州歷史上最大森林大火被撲滅的時候，在火災中喪生的人數達到二十四人，兩千多棟房屋被大火燒為灰燼。在這個郡，我最喜愛的庫亞馬卡森林消失了。大火燃燒引起的高溫，使得房屋那麼大的石礫都爆炸了；八百年歷史的老樹也燒成了黑炭。

之面介紹過為孩子們建立自然計畫的地區，其中的一部分也在這場大火中消失了，或者遭受到嚴重損害。范德荷芙，一名建築設計師，已經為克雷斯特里奇生態保護區的建立花費了兩年的心血。這片保護區本來是一片山地，高中生可以在那領略到野外奇妙獨特的風光。而現在，保護區的大部分地方都已經化為烏有。

范德荷芙和其他克雷斯特里奇的志工花費了數週的時間，在保護區入口處建起教育示範亭，這個由藝術家詹姆斯・哈貝爾設計，主要由可分解的麥稈垛建造的亭子，也在森林大火蔓延至克雷斯特里奇時被毀了。大火唯一留下的是因燒焦而扭曲的橡樹樹枝和被大火熏黑的大石礫，上面還殘留著庫米亞部落磨橡果時留下的點點印痕。

哈貝爾安置在保護區入口以東五十公里處、橡樹叢林中的藝術園區，也毀於這場大火。他花了四十年的時間打造這些告造物，這些利用混凝土、磚塊、石頭、木材、鍛鐵、玻璃等媒材所完成的雕塑作品。數十年來他為這裡增添了一片繁華景象，一件萬人矚目的玻璃巨作。這些建築都像天外來物一般矗立在地表之上。長期以來，成千上萬的遊客每日來到這裡，領悟哈貝爾偉大作品的精華。而現在大火燒毀了大部分的園區。以往像鬼魂一樣出沒的鹿群，也消失不見。

但哈貝爾這個溫文儒雅、因為癱瘓而雙手顫抖的老人，卻仍然相信播種，相信重生。火災過後的幾個星期，哈貝爾和妻子安妮重返家園，重新播下新生活的希望和他們對這片土地的熱愛。不久之前，我收到哈貝爾的來信，信的內容完美體現了詩人史耐德對自然精神的概括——出生、構造、特徵、萬物進程，以及超越自然的誕生——從自身中起源：

今年，積極美好的事物會從灰燼中成長，正像綠草總是從燃盡的叢林灰燼中生長出來一樣。驚喜總是伴隨著毀滅而生。看著這片土地，我們發現了一種先前未曾發覺的空曠的美。原來隱藏不見的大石礫現在都露出原貌，像擺設在花園裡的景觀。這裡是適合沉思的幽靜之地。堅硬的土層在大火烘烤之後，踩上去柔軟無比。地貌起伏一覽無遺。這片空曠的新天地裡，蘊含著令人雀躍的希望。這是一扇通往另一個隱約可見的世界之門。我們的任務就是穿越這扇門，去找尋門那邊的世界。

這個故事是一個比喻。當我們審視自然與孩子之間漸行漸遠的關係時，我們也許會把這種漸行漸遠當作是兩者之間的一場大火，僅此而已。我們渴望大火之後的重生。

播種的時代

修復孩子和自然之間被割裂的關係似乎是一項艱巨，甚至不可能完成的任務。但是我們應該相信，我們可以改變這種趨勢的方向，或者至少可以減緩它的速度。為了保護人類健康和自然環境，我們別無他法。

近年來的理論發展給予我們很大的鼓勵。

從一九五〇、六〇年代走過來的人，都經歷過這樣一個時代，人們隨意從車窗裡往外丟蘇打汽水瓶或是菸蒂，認為理所當然。現在，這種行為幾乎已經絕跡於街頭。垃圾回收和禁菸運動也許是說明社會政治壓力怎樣聯手、僅用一代人的時間就能改變社會的最好例子。我們可以總結早期運動的經驗教訓。作為華盛頓特區「倡導協會」的創始人之一、卡特總統任內的聯邦貿易委員會主席，同時是六〇年代早期發起禁菸運動的核心領導人之一，佩斯楚科（Michael Pertschuk）就總結出這樣一種觀點。他現在是反對跨國菸草企業向發展中國家擴張市場的領軍人物，寫過四本關於倡導公民權利的書。他渴望發起一輪新的運動，重建自然和未來年輕一代之間的連結。

與民權運動和勞工運動不同，菸草防制運動起源於科學研究結果以及健康專家公開發表對吸菸的擔憂，這是一場自上而下的運動。同期發生反菸運動，一場自下而上的運動，在初期與菸害防制運動並沒有關聯，主要關注二手菸引發的病痛與壽命縮短現象。

「只有當二手菸對非自願吸菸者生命的威脅（現在科學稱之為「環境菸草煙霧」）被科學證實了以後，這兩個運動才合二為一。」佩斯楚科如是說，「來自基層的社區住戶，有組織地以單位團體的形式，向默許吸菸者汙染空氣的社會舊俗發出挑戰。正是由於社區團體的呼籲與權威科學論證的共同影響，能夠改變社會舊俗的運動才真正站穩腳跟，開始發揮作用。」許多全國性組織，包括倡導心肺健康抗擊癌症的志願者協會，都加入這一運動，在關愛健康支援無菸空氣的大眾公共教育的支援下，為建立營造無菸環境的法律而奔走、遊說。

「也是這樣，把童年和自然重新聯繫起來的運動，雖然尚在襁褓之中，卻得到了社會各界的大力支持，包括研究在自然環境缺失下成長的孩子的健康損害狀況的機構。同時，對於眼看孩子們把時光消磨在沙發上或是電腦桌前的父母來說，他們對這個運動的熱情也日益高漲。」也正是因為這樣，這一運動將從個人的意識和決心中興起，同時能得到有組織的國內團體機構的支援。

我們已經取得了不錯的成效。環境教育運動，校園環境工程，簡樸生活運動，都在逐步而穩固地展開；環境組織和禮拜場所紛紛採取行動；在美國和歐洲興起的校園綠化工程頗具成果；人們對身心健康與自然環境緊密關係的認識逐步提高。我們同時也看到，通過改革立法來平復爭議的做法愈來愈得民心。雖然對民事侵權行為的立法改革是富於爭議的，但律師界認為這項改革必須進行，以減輕許多家庭對訴訟的恐懼。許多全國性組織也致力於進行社區設計的變革，把日常生活與自然聯繫起來，其中包括「鐵路改步道保護委員會」、「公共土地信託基金會」、「設計推動的積極生活」計畫。公共土地信託基金會旨在確保所有的美國家庭都能享有社區公園，方便日常休閒娛樂。「設計推動的積極生活」計畫則是羅伯特．伍德．強森基金會倡導的一項國家專案，也是北卡羅萊納大學教堂山分校公共健康學院的主要工作之一。這個計畫以各種方式，力圖透過社區營造和公共政策來增加身體鍛鍊活動。而其中一項重點就在關注城市中的自然因素。

我們也看到了一些組織在趨勢和活動上潛在的共通性：新城市主義、智慧增長、適宜居住社區、綠色城市主義、新農業運動等。這些組織的目標是一致的：他們厭惡國家對中東石油和其他石化燃料的依賴，擔憂全球暖化和其他環境壓力的影響，並呼籲在現在居住的城鎮之外尋找其他住所。組織成員的觀點一致而明確：我們所打造的環境直接影響我們的身心健康，同時對自然和人類生活漸行漸遠的現狀都深表遺憾。當他們把焦點聚集在年輕一代身上的時候，這些組織發起的運動就都具有了特殊的意義和力量。

更廣博的知識理論具有更強大的力量。伊利諾大學的研究學者泰勒和郭表示，現在最需要的是有對照組的實驗研究。這種研究顯示，自然不僅促使兒童健康成長，而且比起常用的其他方法，更加有效。雖然創建這種理論的代價很大，但是這種知識對於保存自然、增加我們生活裡的自然因素有著深遠的影響。不僅為孩子們，也為我們自己。

樂觀的理由

在仍以煤礦為主要產業的西維吉尼亞州和肯塔基州，像小山一般高的採礦機器大面積遮擋了人們的自然視野。推平山頂式的採礦和河谷填積式的露天採礦，已經鏟平了五百平方英里的山脈，填平了一千英里長的溪流，摧毀了大量的社區。煤礦公司堅持這樣的礦產開發有利於當地和全國經濟，但是許多西維吉尼亞州和肯塔基州的居民卻不這麼認為。這樣的開發往往留下了如裸露的月球表面般的高原。在煤礦沖洗和加工過程中剩下的成山礦物碎渣和化學物質，構成了煤漿，和雨水混合，匯流入廢水水壩裡。

二〇〇〇年十月十一日，肯塔基州附近的一個廢水水壩塌陷，兩億五千萬加侖的泥漿和廢水滲漏出來（比全國最嚴重的「埃克森瓦爾茲」號油輪原油洩漏量還要多二十多倍），汙染了西維吉尼亞州和肯塔基州內超過七十英里的溪流，並毒死了溪流中的所有水生生物。

我的朋友珍妮特，俄亥俄谷環境聯盟的領導人之一，一直在與推平山頂式的採礦法鬥爭。俄亥俄峽谷環境聯盟這個組織近年來的成功，和人們對孩子與自然的聯繫日益關注的證明（在本書中許多人表達了這樣的關注），使珍妮特對環境的未來保持著樂觀的態度。她舉了一些她了解的人的例子，這些人「並不介意自己的鞋上沾點泥，這群重新回歸土地的人，選擇在屬於他們自己的一小塊土地上輕柔地行走」。他們居住在非常邊遠的郊區，在家裡教育孩子。「這些小孩了解生命網，因為這和他們未來的美好生活息息相關。這並不是這些居民在樹林中的一次偶爾遠足，這是他們的生活。這些孩子被教導要重視和關心地球，地球是他們生命的基石，這是生命的真理。」

最讓珍妮特備受鼓舞的是她的女兒，也像許多同齡人一樣，「以一種我做夢也想不到的方式」接受全球化社會的觀念。「年輕人在這個國家版圖以外的地方旅行，不僅感受著不同文化的衝擊，也了解到美國鋪張浪費的生活方式給世界各地帶來的嚴重破壞。這些親身經歷，在年輕人理想主義發展的鼎盛時期裡，必將催生出新的青年領袖，不僅為拯救我們的自然世界而鬥爭，更將立志為全世界爭取更大的正義。

「在自然世界裡的親身經歷，對偉人建功立業的自傳閱讀，促進我個人的社會和環境意識的形成。我相信這些全球性的經歷將催生出高漲的熱情，來拯救地球和地球人。年輕一代之間跨越國界的交流愈來愈多。我女兒可以直接和一位來自布宜諾斯艾利斯或者加德滿都的年輕人通過網路對話，在幾秒鐘之內獲得最可靠的真實資訊。這些都讓我對未來充滿了希望。」

我希望珍妮特是對的，但是我始終相信，只有當整個社會對我們的孩子和自然界之間的直接連結做出更大的社會承諾時，珍妮特的希望才不會落空。這個承諾不僅意味著今天的環境主義。當珍妮特在與西維吉尼亞的推平山頂式採礦鬥爭時，另一行露天採礦隊正在我家後院採礦。轟隆巨響的機器破壞了地表的自然曲線。事實上這是聖地牙哥的露天採礦。在更大的建築工程中，幾輛重型推土機一天之內可以移除九萬立方碼的土量。如果把這些泥土以單位立方碼堆砌起來，可以堆成一個高達八萬二千公尺的高塔。這只是一天的工作量，只為了一個發展目的。對地貌的毀壞只是創造新的城市空間的第一步。在這種城市空間裡，人工評判決定一切。除非選擇不同的道路，否則這裡就是美國年輕一代成長的環境。

在本書的前期研究過程中，我和大學生的交流讓我看到希望。談到自然對人類健康（生理、心理、靈性）的影響時，談話氛圍發生了變化。對臭氧層空洞問題必然性的高深討論立刻演變為陳述個人的見解。一些學生走近我，說從來沒有從一個如此個人、直接的角度去思考環境的未來。我覺得這些年輕人，可以說是第一代沒有自然陪伴著成長的一代，有著更宏偉的目標。一些學生後來寫信告訴我，他們和同學之間關於自然和兒童關係的討論，深深觸動了自己。所以說，即使處於休眠狀態，自然的種子還是在一點點水分的滋養下，開始生根發芽。

也許多年以後，這些年輕人會意識到自己在這項事業中的使命感，把自己的職業技能運用到其中。這種認識並不僅停留在意識形態層面，或是生存層面。他們在這其中看到了快樂，他們和他們的孩子有一天可以分享的快樂。其實我們這一代人也能享受到，只要我們動作夠快。

第二十三章 一切都在繼續

一切就像是發生在幾天前……

孩子們都還很小。我們在內華達山脈東面山坡上的小屋子裡安頓下來，這所小屋挨著歐文斯河，有三個房間。在這裡可以聽見從山上吹下來的十月的風聲。傑森和馬修躺在床上，我讀吉爾格（Jim Kjelgaard）寫於一九五五年的少年小說《獵獅犬》（*Lion Hound*）給他們聽。我上國中時就有這本書。我讀道：「當托靈頓睡醒的時候，離天亮還有兩個小時。正值秋分。」

「他享受著這奢侈的片刻，在溫暖的被窩裡舒展四肢。聽著風從臥室敞開的窗戶吹進來，他把被子拉緊，蓋上了臉。雖然這風和昨天一樣冷，卻似乎具有昨天沒有的質感。」小兒子架著大大的圓邊眼鏡，掙大了眼睛。大兒子傑森把他的臉藏在毯子下面，好像在那能看到獅子踱來踱去。

第二天晚上，馬修和他媽媽一起進城以後，傑森和我帶著沒有魚鉤的蠅繩，步行到歐文斯河的一段支流釣魚。我們釣魚的時候，看見一隻很大的藍色蒼鷺騰空而起，毫不費勁。我想起很久以前另一隻在樹林池塘中飛起的蒼鷺。與那時一樣，一種對自然的敬畏之情油然而生。我看著兒子握著很長的杆柄把飛繩高舉過頭頂。在棉白楊樹下，他神情堅定地告訴我他要自己繫上導杆。我忽然明白孩子大了，是時候放手了，應該在釣魚的時候和兒子保持一定的距離。

暮色降臨，我們開始看不清水面，於是在寒風中步行回家。這時矮樹叢中傳來聲響，我們抬頭一看，七隻長耳鹿正看著我們。暮色中淡紫色的天幕下勾勒出牠們頭和長耳朵的輪廓。矮樹叢裡還混雜著其他聲音。走上砂礫路，一輛車在我們身後停下，一位老人搖下車窗問：「需要我載你們一程嗎？還是你們差不多到了？」

我說：「我們差不多到了。」

我們能看見我們小屋的燈光。妻子和馬修在等我們。今晚我仍然會在孩子們睡前讀些《獵獅犬》的故事給他們聽。

如今傑森已經是個大人了，去年春天他大學畢業；馬修還有兩年就高中畢業了。我為他們的健康成長感到十分驕傲和欣慰；我的孩子已經不再是小孩，這也讓我有點失落。作為小孩父親的時光一去不復返，只存在記憶中。我也很感激，在自然中和孩子們共度的時光在我的記憶中是最有意義的，我希望他們也這麼認為。

我們只有短暫的機會向孩子傳遞我們對地球的愛，講述我們的故事。這些機會存在於世界完整聯繫在一起的時刻。我們一起在自然中的探險將永遠留存於孩子的記憶中，成為他們古老的傳說。

誌謝

和大多數書一樣，本書是共同努力的成果。我的妻子凱西、兒子傑森和馬修給了我生活、情感和知識的支持；他們也參與了研究。

出版社的伊莉莎白和經紀人詹姆斯使本書的出版成為可能。伊莉莎白和善清晰的視角增加了本書的深度，並仔細地刪減了不必要的部分。跟她一起工作很愉快。阿爾岡基的艾美也提供了具時效性且有見地的幫助，還有克雷格、愛娜、布朗遜、麥克爾、艾咪、凱薩琳，以及阿爾岡基出版社的其他成員。我才華橫溢的朋友和兄弟迪恩替我攬下了繁重的編輯工作，約翰、麗莎、薛莉兒也在編輯層面提供了支援。

另外，我的朋友和記者同行們十年來都在悉心幫助我的工作。他們當中的海倫和大衛・考普雷長期以來支持我在《聖地牙哥聯合論壇報》的專欄，本書的很多想法都是從那裡得到啟發的。我的編輯們凱倫、比爾、博尼、蘿拉、珍妮、皮特這些年來一直在我身邊。此外，還有一些人幫助我進行與實際情況的比對，他們是鍾斯、波伊、恆曼、克奇里希、艾莉克森、施密特、鮑爾溫、格林、芙娜比奇、史托瑟、史戴普那、帕爾、葛斯登、懷特、勞倫斯、懷茲、席伯勒、霍克、斯柏林、芙德、皮爾斯、密斯納以及莫里亞蒂，還要特別感謝麥克・洛夫。

我也要謝謝「改變世界的領導力量」合作夥伴：「宣傳協會」、紐約大學的羅伯特・F・瓦格納公共服務研究生院、福特基金會的耐心和支持。

儘管作者一般不對在書中引用的人表達感謝，但是為了確切表達我的敬意，我要特別感謝幾群人：一群是老師們，特別是瑞克、凱爾索、卡芙卡、沃德、范德荷芙，他們鼓勵學生交流思想；學生們（其中一些用了化名）；另外就是教授和研究者們，他們這幾年在這一領域耕耘，通常沒有得到足夠的認可。我要特別感謝喬拉，她不僅分享她的發現，還向我介紹了其他人的研究成果。你將在書中依次讀到這些人的研究。很抱歉，有些相關的研究在此可能沒有引用，但是這些研究也是非常有價值的。

至於本書的新增修訂版，在研究的更新方面，我深受查爾斯及席納爾的大力協助。同時我也非常感謝勒布蘭克、波茨查克、艾瑞克森、帕爾、凱勒特、伯格斯、克魯格、匹茲查克、包曼、席容、皮爾特、以及再一次，我要感謝查爾斯，同心設立推動本書工作的「兒童與自然網絡」組織。

最後，我要感謝伊蓮，雖然她沒能等到這本受她啟發的著作出版，但是字裡行間你都能聽到她的話語。

野人家 41

失去山林的孩子（修復身心靈、擺脫網路成癮4.0版）

震撼全美教育界，搶救科技冷漠小孩，治癒「大自然缺失症」的最佳處方

作　　者　理查・洛夫 Richard Louv
譯　　者　郝冰、王西敏
　　　　　謝維玲、王聖棻、魏婉琪（新版增補 譯者）

野人文化股份有限公司
社　　長　張瑩瑩
總 編 輯　蔡麗真
副總編輯　陳瑾璇
責任編輯　林毓茹、李怡庭
行銷經理　林麗紅
行銷企畫　李映柔
封面設計　萬勝安
美術設計　奧嘟嘟工作室、洪素貞

出　　版　野人文化股份有限公司
發　　行　遠足文化事業股份有限公司（讀書共和國出版集團）
　　　　　地址：231 新北市新店區民權路 108-2 號 9 樓
　　　　　電話：（02）2218-1417　傳真：（02）8667-1065
　　　　　電子信箱：service@bookrep.com.tw
　　　　　網址：www.bookrep.com.tw
　　　　　郵撥帳號：19504465 遠足文化事業股份有限公司
　　　　　客服專線：0800-221-029
法律顧問　華洋法律事務所　蘇文生律師
印　　製　博客斯彩藝股份有限公司
初　　版　2009 年 05 月
二　　版　2015 年 01 月
三　　版　2019 年 11 月
四　　版　2025 年 02 月

歡迎團體訂購，另有優惠，請洽業務部（02）22181417 分機 1124

國家圖書館出版品預行編目資料

失去山林的孩子【修復身心靈、擺脫網路成癮 4.0 版】：震撼全美教育界，搶救科技冷漠小孩，治癒「大自然缺失症」的最佳處方 / 理查. 洛夫 (Richard Louv) 著 ; 郝冰, 王西敏譯. -- 四版. -- 新北市 : 野人文化股份有限公司出版 : 遠足文化事業股份有限公司發行, 2025.02
　面；　公分. -- (野人家 ; 41)
譯自 : Last Child in the Woods : Saving Our Children from Nature-deficit Disorder
ISBN 978-626-7555-45-3(平裝)
ISBN 978-626-7555-41-5(EPUB)
ISBN 978-626-7555-42-2(PDF)

1.CST: 兒童心理學 2.CST: 環境心理學 3.CST: 自然環境 4.CST: 生態教育

173.1　　　　113019053

野人文化官方網頁　野人文化讀者回函

失去山林的孩子

線上讀者回函專用 QR CODE，你的寶貴意見，將是我們進步的最大動力。